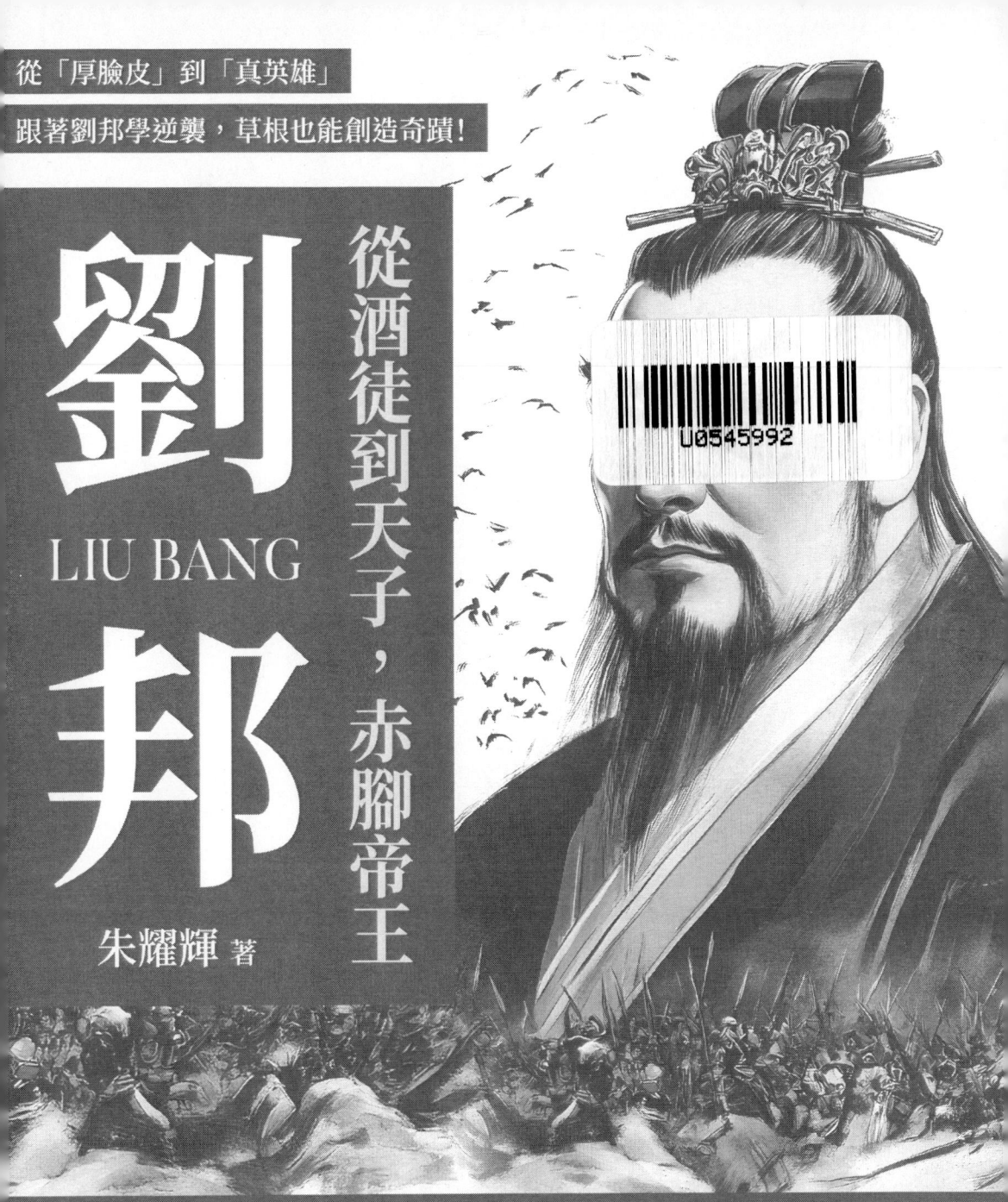

從「厚臉皮」到「真英雄」
跟著劉邦學逆襲，草根也能創造奇蹟！

劉邦
LIU BANG

從酒徒到天子，赤腳帝王

朱耀輝 著

想仕途平步青雲，就要跟對人、帶對人、做對事。
想職場一路凱歌，就要能服人、願分享、懂賽局。
他一個不務正業的市井無賴，何以成為人生贏家？
他如何挑戰群雄，成就帝業，領導一群能人將才？

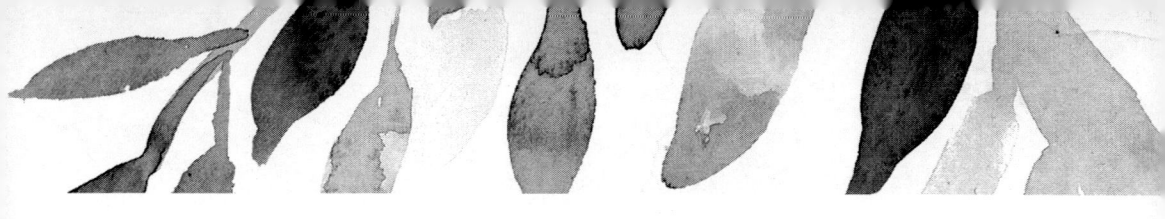

目 錄

序言　年少只知項羽勇，中年方懂劉邦難

第一章　草澤「龍種」

人生沒有最晚的開始 …………………………………… 013

龍的傳人 ………………………………………………… 016

榜樣的力量是無窮的 …………………………………… 019

識人是用人的前提 ……………………………………… 022

人生始於立志時 ………………………………………… 026

大言欺人卻得嬌妻 ……………………………………… 029

三尺劍，斬白蛇 ………………………………………… 034

第二章　帝國餘暉

帝國的合法性焦慮 ……………………………………… 039

懂政治更要懂人心 ……………………………………… 042

胡亥：大秦帝國的掘墓人 ……………………………… 046

王侯將相，寧有種乎 …………………………………… 050

目錄

第三章　沛縣起義

待機而動，進退有方 ································· 053

順從民意做沛公 ····································· 056

親密戰友雍齒叛變了 ································· 061

張良：從俠客到帝王師 ······························· 064

第四章　風雲初湧

伯樂對一個人到底有多重要 ··························· 071

項羽的志氣：彼可取而代也 ··························· 075

楚雖三戶，亡秦必楚 ································· 078

陳嬰：名利面前克制自己 ····························· 081

第五章　劉項合兵

仁心才是不容置疑的道理 ····························· 085

打出旗幟很重要 ····································· 088

別讓自信變自大 ····································· 091

伎倆面前，用實力「打臉」 ··························· 097

破釜沉舟，百二秦關終屬楚 ··························· 102

第六章　沛公西征

別人看不見的，才是機會 ····························· 109

格局決定結局，態度決定高度 ························· 113

入秦關，謀江山 ………………………………………… 118
　　約法三章 …………………………………………………… 123
　　民心，還是民心！ ………………………………………… 129
　　下屬的意見，領導者必須斟酌採納 …………………… 131

第七章　鴻門之宴

　　論「危機公關」的重要性 ………………………………… 137
　　化被動為主動 ……………………………………………… 142
　　鴻門宴上，項羽輸在哪兒了？ …………………………… 148
　　學會管理自己的情緒 ……………………………………… 152

第八章　霸王分封

　　利益分配是一門技藝 ……………………………………… 157
　　組建核心團隊很重要 ……………………………………… 160
　　彎下腰做漢王 ……………………………………………… 163
　　韓信：不與爛人爛事糾纏 ………………………………… 166
　　蕭何月下追韓信 …………………………………………… 173

第九章　還定三秦

　　君以國士待我，我必國士報之 …………………………… 177
　　高位審視，才能找到突破點 ……………………………… 181
　　明修棧道，暗度陳倉 ……………………………………… 184

彭越：規則意識很重要 …… 186

適當示弱，巧妙轉移火力 …… 189

第十章　楚漢爭雄

留住人才：以真心換真心 …… 193

用人要疑，疑人也要用 …… 196

得道多助，人心是事業的基石 …… 200

彭城之戰，劉邦為何一敗塗地 …… 202

實施股權激勵，向劉邦看齊 …… 207

外交談判是門藝術 …… 211

第十一章　韓信北伐

先得人心，再得天下 …… 217

知己知彼，方能百戰不殆 …… 220

張耳、陳餘的塑膠兄弟情 …… 225

「聰明過人」必將自食惡果 …… 228

教條主義要不得 …… 229

上兵伐謀，其次伐交 …… 233

第十二章　生死突圍

格局決定高度 …… 237

信任毀了，人心就沒了 …… 241

戰略比戰術更重要 …… 244

快速掌握主動權 248
　　小不忍則亂大謀 252
　　人心不是靠武力征服，而是靠寬容征服 255

第十三章　龍戰於野

　　酈食其：一人之辯強於百萬之師 259
　　爭功的韓信 263
　　獅子也會敗給狐狸 266
　　齊國封王，劉邦第一次動了殺機 269
　　面對三分天下的誘惑，韓信猶豫了 272

第十四章　垓下悲歌

　　劉邦耍起無賴，項羽也無可奈何 279
　　項羽前腳剛走，劉邦就撕毀了盟約 283
　　韓信和彭越的心思 286
　　性格決定命運 288
　　為什麼最後贏的是劉邦 292

第十五章　君臨天下

　　有一份堅守叫作道義 299
　　與其亡羊補牢，不如防患於未然 301
　　「勸進」是門技術活 305

目錄

有等級才會有秩序 ································· 308
一個好漢三個幫 ··································· 312

第十六章　翻雲覆雨

田橫：氣節比性命更重要 ··························· 317
季布：你的寬容必定會有回報 ······················· 321
丁公：如果沒有忠誠，能力無足輕重 ················· 325
韓信：成在疆場，敗在官場 ························· 327

第十七章　北疆憂患

懂得隱忍，見得月明 ······························· 333
玩什麼都別自負 ··································· 336
學會選擇，懂得適時放棄 ··························· 341

第十八章　未央風雲

管理者如何穩定人心 ······························· 347
韓信：鋒芒太盛遭人妒 ····························· 350
張良：前半生拿得起，後半生放得下 ················· 354
唯有不懈奮鬥，才是人生的常態 ····················· 357
借力者強，借勢者智 ······························· 362
人生需要永不言敗 ································· 366

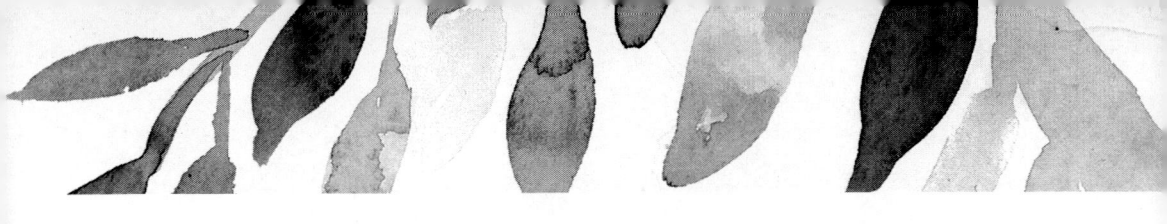

序言　年少只知項羽勇，中年方懂劉邦難

對於劉邦的認知，最初源於他的那首《大風歌》。

第一次讀到《大風歌》，是在十多年前的國中階段。那時的自己在讀到這首詩時，心中熱血湧動，豪情萬丈，為劉邦的見識和胸襟佩服不已。

多年後，當我在社會上奮鬥打拚，幾乎快被磨去稜角和銳氣時，再一次讀到這首詩，忽然很想哭。那一刻，我第一次觸及了劉邦的內心世界，拋開勝利的歡喜和遊子歸故鄉的榮耀，我看到了年邁的劉邦對於自己事業未盡的深深遺憾，這是一曲勝利者的人生悲歌！

那剎那，我忽然淚流滿面。

從那一刻起，我決定重新認識一下這位漢帝國的開創者。

當我重新梳理有關他的歷史時，卻發現他身上掩蓋著厚厚一層的歷史塵埃，遮蓋了他本來的面目。大齡晚婚、不務正業、遊手好閒、貪酒好色、蹭吃蹭喝、滿嘴大話，這些構成了劉邦的人生底色，怎麼擦也擦不去。

作為中國歷史上少有的以布衣起家，最終成功登上九五之位的皇帝，難道這就是他所有的標籤？這樣一個滿身缺點的地痞無賴，為何最終能擊敗西楚霸王項羽？

事情一定沒有這麼簡單。

懷著這樣的想法，在一個夜深人靜的夜晚，我翻開了手頭那本早已泛黃的《史記》，再一次穿越時光，回到了秦末漢初那段歲月。

序言　年少只知項羽勇，中年方懂劉邦難

這一次重讀，我又發現了一個不一樣的劉邦。

這個劉邦，雖然也是滿身缺點，但我卻從他放浪形骸的外表下，看到了任俠重義、領導能力突出、不拘小節的形象。

為了追隨自己的偶像，成年後的劉邦開啟了一場說走就走的旅行，他孤身一人，遠赴魏國大梁，想到信陵君門下做一名門客。

不巧的是，等他到大梁城時才得知，信陵君已經去世好幾年了。

這時，有個叫張耳的人對他說：「走吧，跟我去外黃，包吃包住。」

劉邦就這樣跟著張耳，度過了一段任俠尚義的遊俠生涯，而這段經歷也讓他養成了崇尚自由、豁達大度的性格。

常常有人提出異議，為什麼劉邦這樣一個地痞無賴，卻能駕馭各色人物？上到身為貴族的張良、縣吏蕭何，下到遊士陳平、狗屠樊噲、落魄貴族韓信、車夫夏侯嬰、強盜彭越，都心甘情願為他賣命？他身上到底有何魔力？

這就要說到劉邦卓越的領導能力了。不得不承認，劉邦本身的文化水準確實不高，草莽出身的劉邦，沒有專門學習過領導力之類的管理學課程，但他知人善任，充分授權下屬行事。劉邦作為統帥，知道把手下的人才放在合適的位置，讓韓信帶兵、讓張良謀劃、讓蕭何治國，讓人才真正發揮自己的作用，正是劉邦用人的核心。

漢王朝建立以後，在和臣僚探討漢興楚亡的得失時，劉邦曾經指出：「夫運籌帷幄之中，決勝千里之外，吾不如子房；填國家，撫百姓，給餉饋，不絕糧道，吾不如蕭何；連百萬之眾，戰必勝，攻必取，吾不如韓信。三者皆人傑，吾能用之，此吾所以取天下者也。」

一個成功的領導者，不僅要維護權力、運用權力，還需要適時適度、透過各種方法把自己的權力授予下屬，讓他們充分施展個人能力去完成某一方面或某一領域的任務，從而達到自己的戰略目的。

　　在此過程中，劉邦雖然經歷了鴻門宴的屈辱妥協、彭城之戰的慘敗、滎陽突圍的狼狽以及與項羽對陣時中箭的凶險，但他憑藉著身邊這群同心協力的弟兄和永不服輸的精神，居然撐了過來，在最後一戰中擊敗項羽，奪得天下並建立了大漢王朝。他用自己的實際經歷證明：人生，沒有最晚的開始！

　　然而，在光芒萬丈的功業後面，我卻看到了一顆孤寂的心靈。

　　年少只知項羽勇，中年方懂劉邦難。即便貴為皇帝，劉邦依然有很多的無可奈何。

　　在登上皇位後，他的人生關鍵字依然是忙碌。那些分封的異姓王在封國並不安分，時不時地出來搗亂。他不放心，本想派太子劉盈領兵出征，但是所有人都說太子不行，連自己的皇后呂雉也哭哭啼啼地說：「上雖苦，為妻子自強。」無奈之下，劉邦只能強撐病體，一次又一次地領兵出征，到各地去滅火。

　　面對自己心愛的戚夫人和幼子劉如意，劉邦本想改立太子，不料卻遭到了群臣的一致反對。在呂后的安排下，太子甚至請來了劉邦也請不到的「商山四皓」，為太子上賓。年邁的劉邦猛然發現，太子一黨早已根深蒂固，而那個相濡以沫的妻子呂雉，也表現出了對權力的極度渴望。面對這一切，劉邦卻無能為力，他甚至想到，自己身為天子，卻可能保護不了最心愛的女人！

序言　年少只知項羽勇，中年方懂劉邦難

　　晚年的劉邦猜忌之心日重，他甚至不相信與自己從小玩到大的朋友盧綰，也不相信自己的妹夫樊噲。他不懼死亡，但在權力中浸淫多年的他，早已被權力吞噬，變得越加患得患失，最終落得個孤家寡人的下場。

　　你見證了他的崛起和榮光，也目睹了他的歸途，原來，命運對所有人都是公平的。

寫於西北一座雨水中的荒涼城市

第一章　草澤「龍種」

人生沒有最晚的開始

　　如果要舉辦一場投票，評選中國歷代帝王中，誰的人生堪稱逆襲的典範，你會選誰？

　　平民出身的劉秀？賣草鞋的劉備？被販賣的奴隸石勒？私鹽販子朱溫？還是乞丐皇帝朱元璋？

　　不可否認，這些帝王確實有著跌宕傳奇的經歷。他們在當時風起雲湧的大時代，從底層一步一腳印，歷經千難萬阻，擊敗了無數強大的對手，最終登上了帝王的寶座，在史書上留下了濃墨重彩的一筆。

　　歷史貌似很客觀，其實很主觀。都說「一千個讀者就有一千個哈姆雷特」，其實，讀歷史也是如此。即使隔了數千年的風霜雨雪，我們依然可以從同一本泛黃的書卷中，在字裡行間描摹出自己心目中的歷史人物原貌，在思辨中獲得獨屬於自己的那份快樂。

　　如果要評選我心目中逆襲的典範，我會把票投給他——

　　劉邦！

　　沒錯，就是那個沛縣的小混混，前半生堪稱失敗者的浪蕩少年。

　　中國這麼多歷史故事，如果只能挑一則最重要的，我認為是——劉邦的逆襲。

　　自古至今，皇帝不可謂不多，但是自草莽而起，一步步終登九五之尊的卻屈指可數。

第一章　草澤「龍種」

他，出身寒微，卻挑戰群雄，成就帝業；他，知人善任，善於借勢，有過人的領導才能。蘇東坡在他的《晁錯論》中曾說過這樣一句話：「古之立大事者，不惟有超世之才，亦必有堅忍不拔之志。」在血雨腥風的年代，在艱難的境況下，劉邦始終屹立不倒，一步步走向成功。他並非憑藉運氣，是對人心的深刻洞察，是不拘一格地使用人才，成就了他的偉業。劉邦是中國歷史上第一位平民皇帝，他以一介布衣，逐一打敗了那個時代所有的競爭對手，邁著滿是泥濘的雙腿，實現了人生的逆襲。

他的成績，舉世無雙，他一手開創的大漢王朝，無論從治理框架還是格局氣度上，都是歷史上任何一個王朝所無法比擬的。

以最卑微創最偉大，這樣一個人，是怎麼實現這一切的呢？

在大眾眼裡，劉邦不過是一個因人成事的齷齪之徒，年過四十，依然遊手好閒、不務正業，整日裡只會跟一群狐朋狗友廝混，總被老爹鄙視。畢竟，無論是他的出身、相貌、才能，還是性格，都很難引起大眾的敬畏，被別人立為偶像。相比之下，他的對手項羽和屬下韓信，則以無雙的勇氣和罕見的才能，贏得了無數後人的追思和感懷。

劉邦真的一無是處嗎？

如果真如上面所說的這樣，為什麼劉邦能在短短的七年內，從一介亭長一路逆襲，成為那個時代最大的贏家？

仔細分析歷史，我們會發現事情的真相往往沒有這麼簡單。

劉邦與秦始皇其實是同輩人，秦始皇生於西元前259年，劉邦生於西元前256年，只比始皇帝小三歲。

嬴政，這位中國歷史上最厲害的私生子，以渺渺之身，振六世之餘威，席捲海內，窮滅六國，完成了一百五十年來秦國六代先王的遺願，為秦人統一天下的事業畫上了完美的句號。

秦始皇去世時，只有四十九歲，當他完成自己的歷史使命時，他的同輩人劉邦卻還在沛縣遊手好閒、混吃混喝，過自己逍遙快活的日子，一點也看不出有天子的氣象。

但是不要緊，因為有一個詞，叫大器晚成；有一句話，叫人生沒有最晚的開始，一切都還來得及。

如果你不信，請接著往下看。

黃忠六十歲跟隨劉備，德川家康七十歲打天下，姜子牙八十歲為丞相，佘太君一百歲掛帥……

打個不太恰當的比喻，劉邦四十七歲出門創業，就像褚時健八十歲出來做褚橙。你問褚時健，八十高齡從頭再來，還來得及嗎？他會微笑著告訴你：一切剛剛好。

對於一個真正有所追求的人來說，生命的每個時刻都應該是年輕的，別總說年齡漸長，一切太晚。

無數的事實證明，只要你願意去做，任何時候都不算晚。

劉邦出來創業時，已經四十七歲了。

彼時的劉邦，已近知天命的年齡，在那個普遍壽命不長的年代，四十七歲堪稱高齡了。他的人生即將步入遲暮之年，他的牙齒開始鬆動，頭髮開始花白，氣血和力量已開始衰退，腦力、記憶力也大不如前。而他最大的敵人西楚霸王項羽，以及韓信、彭越、英布、韓王信（當時有兩個人叫韓信，一個是天下聞名的戰神韓信，一個是被封為韓王的韓王信），正值巔峰時期，血氣方剛，無所掛礙，腎上腺素滿溢，洪荒之力充沛，正愁無處發洩。

在那個風起雲湧的英雄時代，年老的劉邦一眼望去，正是這樣一群雄心勃勃的年輕對手。

第一章　草澤「龍種」

可是，面對這種局面，劉邦沒有要求重新洗牌，或是乾脆亮牌認輸，他依然坐上牌桌，拿起了手中這副普遍不被看好的牌。

人生就像打牌一樣，每個人都會拿到一些牌，有時候我們的牌面不好，但不要灰心氣餒，將手中的牌經營好，把它打好，說不定就可以勝過那些拿到好牌的人。

燈光亮起，牌局開場。

龍的傳人

讓我們把時間的指標撥回到他出生的那一刻。

據傳說，西元前256年的某一天，家住秦泗水郡沛縣（今江蘇沛縣）豐邑的平民劉太公見證了一件怪事。

這天傍晚，劉太公回家，發現老伴兒去田間務農未歸。眼看著天邊烏雲滾滾，似有一場大雨將至，劉太公心中惦記老伴兒，便帶了雨具出門尋找。到了大澤，突然雷聲陣陣，電閃雷鳴，前方濃霧彌漫，劉太公上前一看，就看見了驚心動魄的一幕——一條龍趴在老伴兒的身上，若隱若現。

等到雨收雲散，劉太公上前扶起老妻劉媼詢問，不料劉媼卻對剛才發生的事情茫然無知，只說是走路累了，在大澤邊歇息，夢見神人云云。

劉太公無奈，只好扶妻子回家。十個月後，劉媼生下一子。

神話故事先講到這裡。好了，想必大家已經猜到了，這個孩子就是我們接下來的主角——劉季，後來的漢高祖劉邦。

創造奇蹟的人，自身往往極其簡單。

然而，史書永遠不會這樣簡單，它總會為這個人物的出現，做各種誇張的渲染和粉飾。

有一個有趣的現象：大抵上中國古代的帝王出生之時，總會伴有某些異象，什麼天上星星閃爍啦、地上冒紅光啦、到處冒香氣啦之類的，這一點就連秉筆直書的司馬遷也不能免俗。

《史記》中記載了商、周、秦先祖的起源傳說。

相傳，帝嚳的妃子簡狄吞玄鳥蛋生契，契成為商族的祖先，這便是《詩經》裡記載的「天命玄鳥，降而生商」；姜原到野外去，看見巨人的足跡，她十分興奮，踩踏了巨人的足跡，受孕生下了棄，而棄就是後來周王朝的先祖；嬴秦始祖的出生，也是吞了「玄鳥之卵」的結果：「秦之先，帝顓頊之苗裔。孫曰女脩。女脩織，玄鳥隕卵，女脩吞之，生子大業。」所以《春秋公羊傳》說：「聖人皆無父，感天而生。」

有趣的是，希臘人在追溯自己的家族譜系時，也會相應地整理出一套神的譜系，因為希臘人相信自己身為英雄的祖先們必定起源於神。在希臘人眼裡，神與神的後裔是神，而神與人的後裔則是英雄，這些英雄往往又被當作王者的始祖。可見，從將祖先神聖化這一面來講，中西方是相似的。

翻開史書，古代帝王無一不是造勢炒作的高手，傾其全力地神化自己的出生，譬如劉邦，為了表明自己是龍的兒子，不惜給自己的父親戴上「綠帽子」。在今天看來，他們的這些神化手段往往有些滑稽可笑，但古代帝王及身邊的史官依然挖空心思編織五花八門的謊言，大有前仆後繼之勢。

行文至此，有一個疑問冒了出來：古代皇帝為何喜愛編織各種神奇的「符瑞徵兆」，用神話來包裝自己的出身？

第一章　草澤「龍種」

中國古代自先秦以來，就非常重視天人關係，且主流思想始終崇尚「天人合一」。這一思想反映到政治上，就變成了帝王總要表明自己是受命於天，民眾普遍相信「天」會派遣人來治理他們的國家，這個人是傳達「天」的意旨，那麼顯然這個人必定不是「凡人」。

換一個角度來看，在古代中國，一個人要想成為統治者，他就必須讓人民相信他不是常人，而是代表「天」的意旨，是由天派來治理這個國家的人。自己乃是上天之子、命世之君，老百姓必須老老實實、俯首貼耳地服從其統治。對於每個帝王（尤其是開國皇帝）來說，如何使人民相信這點，便是他們所要思考解決的問題。

換句話說，在面對如何論證自己統治的合法性這一重大問題時，神化自己往往是古代帝王最直接、最有效的解決方案。鼓吹「君權神授」是封建帝王宣揚統治合法性的最佳選項，異象作為其重要佐證之一，在正史中占據著獨特地位。

名不正則言不順，秦始皇作為一代強人，在統一天下後，還覺得自己名不夠正、言不夠順，特意跑去泰山舉辦了個封禪大典，詔告天下自己是受命於天。

劉邦也存在這個問題。他是農民出身，即使翻遍家譜，也找不出有名的先祖，跟夏商周三代的天子和諸侯更是扯不上半點關係。如何讓天下百姓相信，劉邦也是受命於天，是史家修史時無法避開的一道難題。

基於以上原因，《史記》和《漢書》中刻意記載這個故事的意義也就不言而喻：

為劉氏天下正名！

榜樣的力量是無窮的

一個孩子的出生，當然不會引起時人太多關注。天要下雨，娘要嫁人，風起雲湧的戰國時代，一天到晚都不知道要降生多少孩子，誰會去理會他？

在劉邦之前，劉太公已經有了兩個兒子，老大劉伯，老二劉仲，後來還有一位小兒子劉交，與三位哥哥不同母。按照古代兄弟排行的次序，從大到小依次為伯、仲、叔、季，劉邦是第三個兒子，按順序來講應該起名叫劉叔，父親叫兒子叔，這豈不亂了輩分？估計劉太公也不會同意，這才為他起名為劉季。

劉邦生來就與常人不同。《史記·高祖本紀》記載：「高祖為人，隆準而龍顏，美鬚髯，左股有七十二黑子。」用通俗的話來說，就是鼻梁高挺並且上額突起，頸很長，面貌有龍相，還留有漂亮的五綹長鬚。更奇特的是，他的左腿上竟然生有七十二顆黑痣！

雖然生在農家，但年輕時的劉邦卻是個不事生產的人，整天遊手好閒，是個好吃懶做、好財貪色的不良典型。家裡的活全被劉老先生、劉老太太和大哥包了，他從來不去關心，也不肯下地務農。眼看著都快四十歲了，大哥、二哥都已娶妻搬出去住了，只有他還賴在父母家裡，過著既沒有老婆，也沒有工作的「啃老族」生活。

要說《紅樓夢》中的賈寶玉做富貴閒人那還說得過去，畢竟人家有的是家財；可劉邦要做他們家的閒人那就說不過去了！劉老先生家非官非富，全家上下也就靠著那一畝三分地過活，遇上個洪澇旱災還得喝粥度日，家裡可養不起這樣一個閒人！

劉邦的這種行為簡直就是無賴、流氓。村裡人沒少說他，劉老爹也經常訓斥他為「無賴」，而且常常拿他與二哥劉仲相提並論，說老二勤勞

第一章　草澤「龍種」

誠懇、會經營，很早就掙下了一份家業；再看看劉邦，除了混吃混喝還會做什麼？

然而，不論是鄰人的苦心勸說還是父母的動輒打罵，劉邦卻依然是我行我素。不過，劉邦的充耳不聞並不代表他沒有將這些話放在心上。多年以後，成為皇帝的劉邦，在未央宮建成後大擺宴席宴請群臣，邀請了被封為太上皇的劉太公。

在向父親敬酒時，劉邦一臉得意：「早年太上皇經常指責朕是無賴，不能經營產業，不如二哥劉仲勤勞。現在朕成就的功業，和二哥相比怎麼樣？」

劉老爹一臉尷尬。

儘管上面羅列了一大串劉邦的不良紀錄，但有一點是無可否認的，劉邦是一個交遊廣闊的人。

劉邦不喜歡讀書，不喜歡工作，卻喜歡交朋友，他渴望的是水滸英雄人物的生活方式，走江湖路，會八方友。這種過於外向張揚的個性，決定了他不可能安心做一個普通的農民，他有更高的理想和追求！

在四處遊蕩廝混中，劉邦也總結出了一套江湖打滾的經驗，黑白兩道都有朋友。不難看出，劉邦是精通「關係學」的高手，他能夠左右逢源，廣交天下英雄，上至達官豪傑，下至販夫走卒，他都能夠迅速熟絡，與其成為朋友。所以在最危急的時候，劉邦總能找到可以幫助自己的人，一次次化險為夷。

劉邦人生中的第一個偶像是魏國的信陵君。可以說，信陵君對於劉邦的影響，是從少年時開始貫穿終生的，信陵君是光照世界的燦爛明星，劉邦是蟄居鄉下的狂熱粉絲。劉邦家在楚國的沛縣豐邑，沛縣是楚國和魏國的邊縣，時常流傳著信陵君好賢養士、竊符救趙的事蹟。

劉邦欽慕信陵君的謙謙君子風，也讚賞信陵君的任俠重義。如同今天的年輕人迷戀偶像明星一樣，成年後以遊俠自任的劉邦為了追星，生平第一次出門遠行，他孤身一人涉千山、過萬水，遠赴大梁城去拜訪自己的偶像。

遺憾的是，當劉邦開始遊俠生涯時，信陵君已經去世。張耳接續了信陵君的遺風，在外黃廣交天下豪傑，以英雄後人自任，疏財仗義，網羅遊士。

在張耳門下，劉邦與張耳相談甚歡，結為摯友，共同度過了一段意氣風發的歲月。

秦滅魏後，秦軍接管了外黃縣，張耳被秦政府通緝。因此，張耳逃離魏國，劉邦也結束了自己的遊俠歲月，回到了故鄉沛縣。

在那個閉塞的年代，增長一段閱歷、多讀一本書、多認識一個朋友，就足以在人生的賽道上超過很多人。

這個道理，現在同樣適用。

這段外出遊歷的時間雖然不長，卻對劉邦的性格培養有極大的幫助。正面的偶像帶給劉邦巨大的激勵，信陵君打破門第、以賢能結交天下英才、任俠重義的氣質深深地影響了劉邦，並在此後展現出來。

為什麼要崇拜偶像？如果你去問劉邦，他會指著信陵君告訴你：所謂偶像就是，他從來不曾讓你失望，他站在那裡，就像信仰一樣，讓你情不自禁地想要靠近，成為他的樣子。

第一章　草澤「龍種」

識人是用人的前提

　　回到沛縣後的劉邦內心以信陵君自許，在他的身邊，慢慢聚集了一幫朋友，跟著他到處生事遊蕩。身邊整天圍繞著這麼多狐朋狗友，請客吃飯總是難免的，但劉邦沒有太多的錢上館子，怎麼辦？

　　兩個字：蹭飯！

　　劉邦的大哥劉伯死得早，留下大嫂和兒子劉信單獨生活，劉邦時不時帶一群死黨去大嫂家吃飯。剛開始，大嫂還熱情款待，但隨著次數增多，大嫂也吃不消了，對劉邦這群狐朋狗友產生了厭煩心理。

　　有一天，當劉邦一夥人又吆三喝四地跨進大嫂家院門時，他們沒有看到豐盛的飯菜，卻聽到從廚房裡傳來勺子猛刮鍋底的刺耳聲音——鍋裡沒飯了。

　　劉邦的朋友們見此情景，都識趣地離開了劉伯家。劉邦進到廚房一看，米飯剛做好呢！他認為大嫂在自己的朋友面前給自己難堪，心裡那個氣呀，但又不好發作，一氣之下離開了大嫂家，從此再也不上大嫂子家吃飯了，心中暗暗記恨，一直未能釋懷。

　　不要看不起任何一個人，他現在混得不好，不代表將來就不好；你混得好，不一定你永遠都這麼好。世界一直在變，人生的起落沉浮誰都無法預料。

　　雖然劉邦平時以遊俠自居，但在村民眼中，他依然是一個整天好吃懶做又愛喝酒的無賴。這樣的失敗者，誰家願意把姑娘嫁給他？所以劉邦到了四十多歲都沒有結婚。

　　雖然沒有結婚，但史書記載，劉邦在村裡有一個相好，還為劉邦生了個兒子，即後來的齊王劉肥。關於劉邦的這個情人，我們只知道她叫

曹氏，至於曹氏的情況如何、年齡多大，後來怎麼了，今人已不得而知。她又為什麼沒有和劉邦結婚，是那時候劉邦太窮？還是曹氏已經是別人的妻子，他們只是偷情？這點同樣不得而知。從劉邦後來把全國經濟最發達、最繁榮的地區齊國分給劉肥，我們可以隱約猜到，劉邦對曹氏是很有感情的，而且應該是真正的患難夫妻。

誰也不會相信，就是這樣一個流氓地痞後來會乘勢而起，只用了八年的時間就蕩平天下，建立了自己的王朝。

有必要介紹一下劉邦身邊的一眾朋友。

盧綰，劉邦的同鄉，又是同年同月同日生，他倆初生時，鄉親們還帶著酒肉去兩家祝賀。等到長大後，兩人又在一塊讀書。劉邦還沒發跡時，多次犯事被官吏緝捕，東躲西藏，盧綰總是陪在左右。劉邦在沛縣起兵時，盧綰以賓客的身分相隨，到漢中後，擔任將軍，後來被封燕王。

蕭何，時任沛縣吏掾，即縣裡的獄吏。他平時勤奮好學，心思機敏，對歷代律令頗有研究。對於這位沛縣人盡皆知的小流氓劉邦，蕭何卻對他極為欣賞。劉邦在外沒少惹事，隔三差五地就有人上門檢舉他，而蕭何憑著職權多次保護他，為他開脫。

曹參，時任沛縣的獄掾，即管理監獄的小吏，在沛縣很有知名度。生性豪邁的曹參與同樣任俠好義的劉邦一見如故，二人惺惺相惜，結下了很深厚的友誼。對於劉邦的一系列脫序行為，曹參也沒少為他開脫罪責。

樊噲，在鄉間以屠狗為業，為劉邦的豪氣所吸引，尊他為大哥，跟著劉邦打拚，是劉邦集團的頭號猛將。

夏侯嬰，人稱滕公，早年在沛縣縣衙養馬駕車，是縣府的一名馬

第一章　草澤「龍種」

夫，和劉邦關係不錯。還在和平年代時，夏侯嬰就認定了劉邦，當時他是縣政府的司機，劉邦還是泗水亭的亭長，夏侯嬰每每送長官出境，都要有意無意從劉邦的轄區繞過，和劉邦擺龍門陣，一擺就是一整天，把這個亭長看得比縣長還重要。劉邦起兵後，有一次打了敗仗，與老婆逃亡的路上遇到了一雙兒女，劉邦把他們帶上車一起逃命。眼看後面的楚騎追上來了，劉邦嫌車速太慢，將一子一女都踹下馬車。幸虧夏侯嬰不顧情勢危急，將這對子女又抱上馬車，使得劉邦的子女免於喪命，這讓劉邦和劉盈感念不已。

多年以後，這些鄉里的好哥們兒組成了他的領導團隊。與項羽的貴族集團相比，乍看之下，劉邦的這個領導團隊基本上全部是底層民眾，有屠戶、有喪事吹鼓手，還有司機，最多也就是縣裡的牢頭。但一旦給他們機會，把他們推上歷史舞臺，個個精神抖擻，無論是當將軍還是當宰輔都不含糊，個個青史留名，連見多識廣的司馬遷也感到驚詫：

「吾適豐沛，問其遺老，觀故蕭、曹、樊噲、滕公之家，及其素，異哉所聞！方其鼓刀屠狗賣繒之時，豈自知附驥之尾，垂名漢廷，德流子孫哉？」

偏偏，就是這樣的領導團隊，打敗了項羽的貴族集團，為什麼？

有人說，劉邦會用人。我告訴你，這個答案不完全正確。

劉邦的確會用人，這一點無可辯駁，但會用人的一大前提是，你得知道他是人才，有一技之長。可是在眼下觀察，無論從任何方面，都無法看出這些哥們兒有治國平天下的才能。

要我說，劉邦身上還有一個比會用人更難得的優點：能識人，了解他的才能和性情，進而激發他的長處。

沒錯，是識人。

普通人，只要找到自己非凡的一面，並將其展現出來，就會立即成為顯赫的明星。

很多事情，看似隔行如隔山，但隔行不隔理。比如，打天下建立政權與經營企業，二者有很多相似之處，無論是打天下，還是經營企業，都是一個創業的過程，而這個過程都是由領袖帶領追隨者完成的。

樊噲，一個賣狗肉的莽夫，一身血腥氣。劉邦卻從他身上看到了勇武和果決，給了他上陣殺敵的機會。樊噲顯然也沒有辜負劉邦的信任，領兵作戰時總是身先士卒，在血與火的拚殺中，逐步成長為一代名將。

蕭何，一名底層的小公務員，手無縛雞之力，整日埋頭於案牘之中，給上級寫寫報告。劉邦卻從他平日的沉默寡言中發現了他的見識與格局，以及運籌帷幄的能力。在楚漢相爭的艱難歲月裡，劉邦與項羽在前線對峙，大後方完全交給蕭何掌管，而蕭何也不負劉邦的信任，勤勤懇懇、兢兢業業完成劉邦交代給自己的任務，堪稱古今第一經理人。

人是可以改變的，可以強大無匹、氣勢如虹，也可能是卑微懦弱、愁苦悲涼，這取決於你希望激發出自己的哪一面。

劉邦是一個善於激發者，普通人在他手中稍加點撥，就可以立即呈現出明星效果。

隨著年歲漸長，劉邦內心的焦慮也越來越重。遊俠生活固然瀟灑，但作為社會角色的個人，還是得有一份安身立命的正經工作。好在劉邦人脈廣，在蕭何和曹參的幫助下，劉邦參加了沛縣的公務員考試，並順利擔任了泗水亭長一職。劉邦一生的事業也由此而始。

第一章 草澤「龍種」

人生始於立志時

有人要問了,這泗水亭長是個多大的官?

這裡我先對「亭長」做個介紹。

亭長是秦漢時期的一種官名,秦帝國實行郡縣制,從上往下依次是郡、縣、鄉、亭、里。一鄉有十亭,每亭設有亭長。亭主要設置於交通要道處,是秦漢時代政府的末端組織之一。

毫無疑問,這是一個最底層的小公務員,薪水低不說,還要受到各方的冷眼和掣肘。對於任俠重義、散漫慣了的劉邦而言,這無疑是個牢籠。

可是,劉邦沒有嫌棄職位低微,他不僅做了,還做得很好。

亭長主要負責轄區內的社會治安工作,迎來送往過路的官員,肩負著驛館的重任。由於地處偏僻,來往的官員並不多,工作倒也清閒。精於交際的劉邦很快就和職場同事拉近關係,融入了他們的圈子中。在這裡,劉邦知道了不少官場上的事情,也對帝國的行政體系有了初步的了解。正是這些人和事,慢慢打開了劉邦的眼界。

有人曾說,如果工作沒有意義,那就形同終身監禁。幸運的是,劉邦很喜歡這份工作,也充分享受工作帶給自己的成就感。雖然在別人眼裡,劉邦的基層公務員職位低微,看不到晉升的希望,但劉邦並不在乎這些。想成功,就要有一種從底層做起的精神,不斷累積經驗,不斷磨練意志,提升自己的能力,才能穩紮穩打,能上能下。

當劉邦在亭長的職位上任勞任怨的時候,外面的世界已發生了天翻地覆的變化。

統一天下後的秦始皇雄心勃勃,徵發民眾修長城、建宮殿、築陵

人生始於立志時

寢、開邊戍守，正如賈誼在《過秦論》裡所寫的：「南取百越之地，以為桂林、象郡；百越之君，俯首繫頸，委命下吏。乃使蒙恬北築長城而守藩籬，卻匈奴七百餘里；胡人不敢南下而牧馬，士不敢彎弓而報怨。」

秦始皇堅信，天下在他的手中一定會長治久安，他要開創一個盛世，要把皇位永遠由他一家繼承下去，後繼者稱二世、三世乃至萬世。

遠在沛縣的劉邦當然無法知曉秦始皇的宏偉藍圖，他所能直接感受到的是，百姓的賦稅徭役一天天增加了，村裡越來越多的年輕人都被徵調去戍邊服徭役，只留下一些孤寡老人守護著自家的田園。每次看到上面發下來要求徵發百姓服徭役或增加賦稅的文書，劉邦的眼前總是會浮現出鄉鄰們那悲憤孤苦的臉龐。

每當這個時候，劉邦也會為百姓們所遭受的苦難而憤懣不平，繼而又是搖頭嘆息。自己只是沛縣一個芝麻大的小小亭長，能改變什麼呢？連自己這個基層小吏也要時不時地被調去服徭役，更何況無權無勢的百姓呢！

想起那次去咸陽服徭役的經歷，劉邦的眉頭舒展開來，面上也露出了喜色。那是劉邦一輩子都難以忘記的一次經歷，時至今日仍記憶猶新。就在咸陽城裡，他遇到了他這一生中想都不敢想的一個人。

事情的經過還得從頭講起。

秦政府當時的法令規定，凡年滿十七歲的成年男子，都有服勞役和兵役的義務，兵役和勞役不分，每年在戶籍地服役一個月，這是常年都有的徭役。除此之外，每個男性一生中，還有兩年的集中徭役：一年在本郡本縣服役，一年在外地服役。

劉邦雖然是基層小吏，但也無法逃避徭役。他曾以官吏的身分到咸陽服役，臨走之時，同僚按照常例送他三百錢作為盤纏，唯獨蕭何送他

第一章 草澤「龍種」

五百錢，對他格外關照。

事實證明，蕭何這多出來的二百錢沒有白出，他將在今後獲得巨大的回報。

劉邦就這樣跟隨著貧苦百姓踏上了去往咸陽的路途。

在咸陽城，劉邦有幸遇到了一位令他永生難忘的人物。

這一天，劉邦走在咸陽城的大街上，正好碰到秦始皇出巡，遠遠望去，只見烏黑發亮的駿馬開道，玄色的獵獵旌旗遮天蔽日，如黑雲垂空，華貴的鑾輿、副車，如一派流動的宮室，好不壯觀！

秦始皇的威嚴氣勢與浩大排場深深震撼了劉邦，也點燃了劉邦胸中的熱血和欲望，他感到體內有一股洪荒之力，幾乎要噴薄而出，不由脫口而出道：

「嗟乎！大丈夫當如此也！」

能夠說出這樣的話，已經表明劉邦非同尋常的志向，他內心對未來是有強烈憧憬的，畢竟一個從沛縣到咸陽服徭役的人，能夠敢於這樣表達，也展現出他不同尋常的一面。

從那時起，劉邦就在心裡暗暗下定決心：等著吧！總有一天我也會成就出一番大事業的！

論身分，劉邦只是一個小小的亭長，在秦朝的官職中，是上不了檯面的級別，與始皇帝相比，一個在天上，一個在地下。依照秦帝國的官僚體制，從理論上分析，劉邦可以在體制內不斷奮鬥，進而躋身為朝廷高級官僚階層中的一員。但這種職場始終有一層天花板，無論他如何努力，永遠也不可能達到秦始皇的地位。

即便如此，面對冠蓋如雲、霸氣十足的同輩人秦始皇，劉邦依然發出了自信的感嘆。這聲感嘆，不是自怨自艾，而是一種發自內心的嚮

往,是劉邦對權力的崇拜和信仰,對榮華富貴的渴望和追求!

當很多人回望人生,悲嘆自己一事無成的時候,常常會埋怨命運的不公、時運不濟或環境不好,可是有幾個人能夠真正找到原因呢?

我們常聽人說「成名要趁早」,其實,立志也須趁早。

人生之所以迷茫,歸根結底主要是沒有遠大的志向和為之奮鬥的明確目標。沒有人生目標,只會停留在原地;沒有遠大志向,只會變得慵懶,只能聽天由命,嘆息茫然。

王陽明有句話:「志不立,天下無可成之事。」

立心就是立志,立下志向,心也就有了方向。

「夫志,氣之帥也」,對個人而言,不患才不及,而患志不立。這句話對我們每個人都是一種警醒。你的志向有多高,那你的路就有多遠。事實證明,一個人的志向如何,直接影響著將來取得的成就,只有為志向執著付出,才能不斷接近心中的理想抱負。

但是,眼前的劉邦還只是一人吃飽全家不餓的赤裸裸光棍兒。

不過,劉邦並沒有對此事擔憂太久,因為很快,好運就落到了他的頭上。

大言欺人卻得嬌妻

一天,劉邦到樊噲的狗肉攤上「照顧」他的生意,忽然聽得旁邊有人在嘀嘀咕咕談論著什麼。劉邦湊過去一打聽,這才知曉,原來沛縣來了位呂公。

這位呂公是名門望族,家裡有錢又有地位,而且還是沛縣縣令的好朋友。呂公原來住在單父縣,後來和別人結了仇,估計仇家比較厲害,

第一章 草澤「龍種」

呂公為了避仇只好搬到沛縣來。而今天則是沛縣縣令大擺宴席,給老友接風洗塵的日子。

劉邦聽完後心裡打起了盤算,今日這五臟廟還沒祭呢,要不我也去光顧一下?

旁邊的人看出了他的心思,不禁笑道:「你就不用想了!赴宴吃酒席是要給紅包的,你有錢嗎?」

如果換作一般人,恰好身上沒帶錢,聽到這種嘲諷,肯定就放棄了,畢竟厚著臉皮去蹭飯,一般人還真拉不下這面子。

可是,劉邦不是一般人,他決定要挑戰自己,做一件從未做過的事!

做從未做過的事,叫成長;做不願做的事,叫改變;做不敢做的事,叫突破。

有一種人習慣在做任何事情之前先三思,優點是理智、不易衝動,缺點則是想得太多、瞻前顧後,反而裹足不前。

當時,主持接待客人的是蕭何。因為來的客人太多,為了解決座位安排問題,蕭何就宣布了一條規定:凡是賀禮不到一千錢的人,一律請到堂下就座。

劉邦站在門外,看到縣衙內的官吏那一張張趨炎附勢的笑臉,氣就不打一處來。他平日裡就瞧不起這群官吏,正準備離開,抬眼看到門口迎賓的是蕭何,心中立時就有了主意。

此時的呂公正在堂上與賓客們談話,門外一道聲音忽然響起:「沛縣劉季,賀錢一萬!」

整個客廳瞬間安靜下來。

呂公聞言一驚,急忙起身出門相迎。堂上堂下的眾賓客也都循聲望

去，只見一位鼻梁高挺、貌有龍相、頷下留有漂亮的五綹長鬚的漢子，面帶微笑向客廳走來，步伐沉穩而有力，目不斜視，身體筆直，頭微抬，眼神中充滿自信！

呂公連忙恭請劉邦入座。這可把蕭何給急壞了！他趕緊給呂公解釋道：「劉季這人一向喜歡吹牛皮，做事沒個分寸，還請您不要和他計較了，我這就讓他出去。」

不料呂公卻拉著劉邦的衣袖，徑直將他帶到了堂上。劉邦也不謙讓，大剌剌坐了上座。這下堂上堂下的賓客們可都傻眼了！這劉邦一個市井無賴，他有何德何能敢安然坐在上座？

宴會熱鬧非凡，推杯換盞，觥籌交錯，一道道精美菜餚被呈了上來，劉邦估計是好幾天沒吃飽飯了，哪還顧得上什麼吃相，拿起筷子就是一陣狼吞虎嚥，期間還不忘與鄰近的賓客假意謙讓一番。吃飽飯，劉邦抹抹嘴，開始與賓客高談闊論起來。

呂公則是目不轉睛地盯著劉邦，不時點點頭，一臉笑意。酒宴快結束時，呂公以目示意劉邦，劉邦心領神會，酒席結束後找個藉口留了下來。

待客人全部散去，呂公對劉邦說：「我年輕時，喜歡給人看相，相過很多人，沒一個有你這樣的貴相，希望你保重自己。我有一個女兒，想許配給你，做你執箕帚的妻子。」

此時的劉邦這才相信，原來世上真有從天而降的餡餅，而且還恰巧砸到了自己頭上！當他確信呂公不是在開玩笑後，當即一口應承了下來。

兩個人都很高興，可是有一個人不高興。

酒宴結束後，呂公把將女兒許配給劉邦一事告訴了夫人。呂夫人一

第一章 草澤「龍種」

聽就不樂意了：「先前，您常想把這個與眾不同的女兒嫁給貴人。沛縣縣令與你關係那麼好，求娶女兒，你都不答應，怎麼隨隨便便把女兒許配給了劉季？」

面對夫人的不解和疑問，呂公只是淡淡地說了一句：「這不是妳們女流之輩所能懂的。」

旁人說劉邦臉皮厚，對他指指點點，但社會經驗豐富的呂公一眼就看出，劉邦此人性格豁達，手段不凡。面對眾人的質疑，劉邦不卑不亢，內心安然處之，談笑如常。內心沒有足夠的定力，還真不能如他這般冷靜。如此人物，一旦社會格局發生變化，定然會掀起一陣驚濤駭浪來，至於成就多大的功業，就看歷史發展大勢了。

直到此時，劉邦才堅信，很多事情不是真的難，而是自己的心太難。只有跨越自己內心的恐懼，才能迎來更寬廣的世界。

一直以來，「厚臉皮」都是一個貶義詞，而「臉皮薄」卻變成了我們的一種優秀品性。為了保持這種品性，我們常常會犧牲某些機會，當我們面對失敗時，常常會安慰自己：「誰讓我臉皮薄呢？」當某人獲得成功後，我們在心裡羨慕的同時，又會在心裡對自己說：「誰讓他臉皮那麼厚，無所畏懼呢？」你看看，成功竟然變成一件丟臉的事情了！

殘酷的現實是，在你還沒成為「某號人物」時，面子一文不值。在弱肉強食的世界裡，沒有誰會可憐臉皮薄的人，你為了面子而放棄的機會，一瞬間就會被別人撿走。

有人說過：「當你放下面子賺錢的時候，說明你已經懂事了。當你用錢賺回面子的時候，說明你已經成功了。當你用面子可以賺錢的時候，說明你已經是名人物了。當你還停留在那裡喝酒、吹牛，什麼也不懂還裝懂，只愛所謂的面子時，說明你這輩子也就這樣了。」

厚臉皮的人是不怕被拒絕、羞辱的，不怕失敗、挫折，他們目標堅定，鍥而不捨，無論如何一定要達到目的，即使要做許多在別人看來是很丟臉的事情也在所不辭。

這麼說，並不是要你丟下面子去做些損人利己的事，而是教會你在恰當的時候為自己主動爭取機會，在弱肉強食的社會裡不吃不必要的虧，不受不必要的罪。死要面子，你只會越做越差。

歷史將會證明，呂公的眼光沒有錯。

呂雉早年稱得上是賢慧女子，嫁給劉邦時，生活並不富裕，劉邦時常為了公務及應酬，三天兩頭不見人影。呂雉不僅包攬了家裡所有的農活，還為劉邦生了一雙兒女，女兒叫劉樂，也就是後來的魯元公主；兒子叫劉盈，即後來的孝惠帝。

呂雉的勤儉持家解決了劉邦的後顧之憂，結婚後的劉邦小日子過得有滋有味。什麼叫家？屋裡有個女人才叫家！劉邦對這句話有著很深刻的感受。趁著閒暇的時候，劉邦就到農地裡去看看妻子和兒女。

要說這劉邦其實並非一個整日只會騙吃騙喝、四處閒逛的街頭無賴，他也有自己的理想和抱負，只是他生性慵懶，身邊正缺少一個能督促他實現胸中抱負的人，而呂雉正是這樣一個絕配。

據傳說，有一次，呂雉帶著兩個孩子在田間勞作。一個老頭路過討水喝，呂雉將水罐端過去，又給老人一點兒乾糧。作為報答，老頭免費幫呂雉看了面相，嘆道：「夫人的相貌，是貴人之相啊！」

呂雉很開心，心想，這老頭真會說話，又讓老者看看兩個孩子。老者看看男孩，說：「夫人之所以能大貴，就是因為這個男孩的關係！」又看了眼女孩，也說是貴相。

老頭剛走，劉邦就回來了，呂雉把老頭的事情說了，劉邦對此產生

第一章　草澤「龍種」

了濃厚的興趣，問老頭在何處？呂雉說剛走，應該不會走遠。

劉邦趕緊去追，追上後詢問相面之事，老者驚嘆道：「我剛看過你的老婆孩子，果然是一家子，你的面相簡直貴不可言！貴不可言啊！」

劉邦一聽大喜，向老者道謝：「如果真如先生所料，這相面之恩絕不敢忘。」言畢，邁開腿跑回家了。

三尺劍，斬白蛇

隨著秦始皇大規模地徵發徭役修建驪山墓，遠在沛縣的劉邦也接到了一次外派任務，以亭長的身分為沛縣押送徒役到驪山，為秦始皇修築皇陵。

幾乎所有人都知道，修皇陵是個苦差事，搞不好這一去就回不來了，所以途中有許多勞工趁機脫逃。走著走著，一不小心跑掉一個，走著走著，一不小心又跑掉一個。走到半路上，劉邦心知此行已經不可能順利完成任務，等到了驪山，民夫估計早就跑完了。

怎麼辦？

這天傍晚，劉邦在芒碭山（今河南永城）澤前休息，備下酒肉請大夥兒大吃大喝一頓，借著酒意對眾人說道：「眼下的處境大家也都知道，我也不難為諸位了，大家儘管吃飽喝飽，各自逃生去吧！我也準備跑路了。咱們就此別過，後會有期！」

民夫們聽到劉邦的宣布，如遇大赦，各自不顧道義地拔腿就跑。剩下的人大多無處可去，其中有十幾個青壯年主動留下來，說我們乾脆跟著你吧！

劉邦在冒險！但他並不怕！

別看劉邦平時是個大老粗，他的肚量是很大的，敢做敢為，關鍵時刻豁得出去。凡是成大業、成大事的人，一定是能豁得出去的。

說到底，想好了就豁出去，是一種冒險，但是它能開創出一片新的天地。沒有冒險，何來生命中的巨大喜悅、盛大收穫？

想好了就豁出去，並不代表盲目，相反地，是審時度勢之後的理智選擇。少年時的遊俠經歷，使得此時的劉邦熱血上湧，他心中十分感動，危難時刻還堅定追隨自己的，才是真正的朋友！劉邦自始至終都有一幫貼心的「兄弟」，雖一敗再敗，但終難「亡」。

就這樣，本來等著光榮退休的劉亭長，搖身一變，成了土匪頭子。

可是天下雖大，他們能去哪裡呢？

劉邦把目光投向了西南。他記得，在泗水郡和碭郡的鄰近地區，有一片山，叫作芒碭山，那一帶林木茂盛，周圍沼澤密布，是個落草的好去處。酒足飯飽之後，劉邦帶著十餘人向著芒碭山出發。

劉邦的身上有一個潛質，他很善於推銷和包裝自己，「斬白蛇起義」就是一則經典案例，我們不妨回顧一下。

在去往芒碭山的路途中，劉邦遇到了一件怪事。

劉邦帶著醉意，與幾個人趁夜色抄小道穿過一片沼澤地，前方探路的人神色慌張地跑了回來。劉邦畢竟是帶頭大哥，立即問道：「何事如此慌張？」

那人結結巴巴答道：「前面有大白蛇擋住了去路，咱們還是回去吧。」

劉亭長喝的酒起了作用，熱血上湧，加之本身豪氣沖天，便對那人說道：

「大丈夫走路，有什麼可怕的！」

說話間，劉邦撥開眾人，仗劍前行，果然看到路途正中橫臥著一條白色巨蛇。劉邦趁著酒意，拔劍將大蛇斬作了兩段，這就是後世常說的劉邦斬白蛇起義。

劉邦斬蛇處在今豐縣城西十四里的白衣河畔。唐朝詩人胡曾來此憑弔，留下《詠史詩·大澤》一詩：

白蛇初斷路人通，漢祖龍泉血刃紅。

不是咸陽將瓦解，素靈那哭月明中。

由劉邦斬白蛇還衍生出了一個神話故事，即「高祖斬蛇，平帝還命」。

傳說劉邦斬蛇前，白蛇忽然開口說話了：「你今天欠下的帳總有一天要還的。你斬了我的頭，我就篡你的頭；斬我的尾，我就篡你的尾。」劉邦一劍把白蟒從正中間斬為兩段，所以西漢傳到平帝時，白蛇轉世的王莽篡漢為新。後經光武中興，滅了王莽，才又恢復了漢室王朝，而東西漢恰巧各傳兩百餘年。當然了，此乃小說家言，不足為信。

劉邦斬蛇之後，繼續前行，走了數里後，酒勁上湧，醉臥道旁。後面的人經過斬蛇之處，看見一個老婦人在哭泣，大家很好奇，決定去問個究竟：

「老人家，您為什麼哭啊？」

老婦人道：「我兒子被人殺了。」

眾人問道：「是誰殺的？」

接下來，神話般的回答出現了。

老婦人道：「我兒子本是白帝之子，在此化蛇擋道，卻被赤帝之子殺了。」

有這等奇事？眾人紛紛不信，有一名壯漢耐不住性子舉起拳頭就要打，那老婦人忽然不見了。

三尺劍，斬白蛇

這可嚇壞了眾人，趕緊跑過去找劉邦。劉邦聽後暗暗高興，赤帝之子，這不就是在說我嗎？更加覺得自己不平凡。

劉邦斬白蛇這個行銷方案真令人拍案叫絕，為劉邦問鼎中原做足了勢。如果認真探究起來，也只是普通的政治讖語而已，大概和現代的灌水炒作宣傳沒什麼兩樣，什麼龍種、什麼赤帝之子都是講大話而已。它的政治意義在於，讓老百姓相信劉邦乃真命天子，為劉邦造反尋一個名正言順的理由。

劉邦就這麼帶著一眾兄弟，到芒碭山落草為寇。對於未來，劉邦並沒有太多規畫和把握，但劉邦並不迷茫。他堅信，採取多大行動，才會獲得多大的成就。而不是知道多少，就會有多大的成功，只有勇於冒險的人才可能成功。看起來成功機率很小的事件，不去冒險試一下怎麼就能斷定一定會失敗呢？

但常言說得好：跑了和尚跑不了廟，劉邦可以一走了之，呂雉卻為此而受了不少罪──她被下獄了。

監獄生活不好過，而更讓呂雉難以忍受的是，沛縣監獄中的獄卒還經常虐待侮辱她。幸運的是，有一個叫任敖的獄卒，平日和劉邦關係很好。他看見獄卒虐待呂雉後，教訓了那名獄卒。這下子，沛縣監獄的獄卒再也沒有人敢欺侮呂雉了。一直在設法營救呂雉的蕭何、曹參等人便趁此機會說服縣令，把她放了出去，恢復了呂雉的人身自由。

出獄後的呂雉一心掛念著劉邦的安危，曾多次赴芒碭山為劉邦送衣送飯，而且每次去都能很快找到他。劉邦有一次就刻意問她：「我每次躲的地方都不一樣，妳是怎麼找到的？」

呂雉配合著答道：「夫君你所在地方，上空經常有雲氣，我每次都是循著雲氣找著你的。」劉邦聽後大喜。這段夫妻兩人唱的雙簧戲居然不

第一章　草澤「龍種」

脛而走,沛縣子弟皆認為劉邦是真龍天子,紛紛投到了他的麾下。

劉邦就這樣帶著這些人藏匿於芒山及碭山一帶的深山湖澤之間,他在等待,等一個亂世之中一展身手的機會。

而此時的中原大地,一場前所未有的亂世序曲也即將拉開序幕。

第二章　帝國餘暉

帝國的合法性焦慮

西元前221年,經過秦國數代國君的奮鬥,嬴政以極大的魄力,逐一擊敗了韓、趙、魏、楚、燕、齊六國,建立了中國歷史上第一個大統一的中央集權國家。嬴政用行動告訴天下人,他已經是天下之共主,即使是當年的周天子,也無法與他的功業相比擬。

三十九歲的秦王嬴政終於完成了秦國歷代先君的宏願:一統天下,橫掃六合!這種巨大的歷史成就感讓嬴政無比自豪,他在大殿上俯視著群臣,開始誇耀起自己橫掃六合的豐功偉業,從滅韓,一直講到滅齊,激昂的聲音迴盪在大殿的每一個角落:

「寡人以眇眇之身,興義兵誅暴亂,靠的是祖宗的神靈護佑,六國君王都依他們的罪過受到了應有的懲罰,天下已定。現在如果不改名號,無法將我的功業傳之後世,眾臣擬個新的帝號吧!」

嬴政的意思很明白,一統天下的偉業,幾百年來,唯獨我一人能夠完成,如今天下大定,我作為天下共主,豈能繼續稱秦王?「王」的尊號已經無法和自己的功業相匹配,名號必須換。

於是,更換名號的任務迅速指派給了廷尉和御史。

李斯心領神會,秦王嬴政之所以要更改名號,目的無非是兩點:一是「稱成功」,二是「傳後世」。

所謂「稱成功」,就是要彰顯自己的赫赫功勳,如果繼續稱秦王的

第二章 帝國餘暉

話,如何彰顯我大秦的強盛,又如何顯示我嬴政的尊貴?

所謂「傳後世」,就是要建立一個傳之萬世的偉大帝國,讓後世之人都能記住我嬴政的偉大功業,讓子孫後代都來傳承我的名號。

廷尉李斯等人接詔後,不敢怠慢,找來眾多博士開始了激烈的討論,最後達成了一個較為統一的意見:泰皇!

應當說,「泰皇」的名號不可謂不尊貴,然而,嬴政是一個完美主義者,他對「泰皇」的名號仍然不滿意。要說原因也很簡單,「泰皇」的稱號雖然也是尊貴無比,但這畢竟是別人用過的稱呼,就相當於是一個二手貨。二手貨再好,終究也是二手貨,嬴政要的是一個嶄新的稱號。

嬴政稍作沉思後,重新做出批示:「泰皇」除去「泰」字,留用「皇」字;再用上古「帝」位的號,並稱「皇帝」!

自此,「皇帝」的稱號應運而生,並且被後世沿用兩千多年。

在確立稱號之後,嬴政追認自己的父親秦莊襄王為太上皇。同時,自稱「始皇帝」,後世以計數,二世、三世,直至萬世。

從現在開始,請不要再稱嬴政為秦王了,他是始皇帝,是獨一無二的秦始皇。

然而,此時擺在嬴政面前的,還有一個急需解決的難題:周室雖然衰微,但好歹也是享國八百載的王朝,你嬴氏家族奪了周王室的天下,如何證明你政權的合法性?

為了讓天下人心服口服,必須為大秦取代周室找到一條政治正確的理論依據,堵住六國的悠悠之口。

政治合法性涉及政治學最古老也是最基本的問題,那就是:如何使政權統治取信於民。只有得到大多數民眾的認可,嬴政一手建立的大秦帝國才能贏得民眾的擁戴;反之,如果無法證實政權的合法性,無法取

信於民，那麼民眾自然就有理由取而代之了。

《左傳》中說：「國之大事，在祀與戎。」這裡的「祀」即祭祀神靈，「戎」即武力或軍隊。掌握一定的軍事力量，抵禦外來侵略、維持國內治安，是政權得以存在、統治得以施行的現實手段。而祀天拜祖，則為政權提供了不可缺少的合法性基礎。

對於嬴政而言，也面臨著如何「正名」的問題。不過很快，他就找到了一條為自己正名的理論依據：五德終始說。

所謂「五德終始」學說，是戰國時期齊國人鄒衍首創的天命迴圈學說，它的基本理論依據是中國傳統思想中的五行學說。鄒衍把五行相生的觀念與社會歷史變遷連繫在一起，創立了一套解釋朝代興衰的理論，認為朝代的更替受到五行相生相剋的規則所支配。

「五德終始說」作為一種改朝換代的理論工具，自創立之日起，就受到了歷代新王朝建立者的信奉。秦始皇一統天下之初，便有人對他說：夏朝是木德，商朝是金德，周朝屬火德，現在秦朝代替了周朝，按照這種推理應該屬於水德。

可是，如何才能充分論證秦朝確實屬於水德呢？

上司的煩惱就是自己的煩惱。為了想嬴政之所想，急嬴政之所急，李斯等人絞盡腦汁，查遍資料，終於找出了一條「證據」：

陛下，您難道忘了，五百年前，秦文公打獵時，曾經捕獲過一條黑龍？

嬴政一聽，腦中飛快地回憶著祖輩的事蹟，先祖打到過一條黑龍，自己怎麼沒有印象？既然大臣們眾口一詞，想來那應該是有吧？

陛下，那就是證據啊！

嬴政恍然大悟，為李斯點了個大大的讚！

第二章　帝國餘暉

緊接著，嬴政還配套頒布了一系列政策：

第一，將黃河改名為「德水」。

第二，以十月為正月，作為歲首。在五行中，水對應的季節是冬季，冬季是從十月開始的。

第三，色尚黑。黑色為王朝正色，服侍、旌旗一律用黑，一股「黑色旋風」開始在全國流行。

懂政治更要懂人心

秦滅六國，塵埃落定，封國和獨立王國長期的混戰局面已經過去。嬴政以極大的魄力，第一次在中國實現了車同軌、書同文；一座座烽火臺在邊疆拔地而起，各國的長城連接成了一體；號稱「千八百里」的秦直道，從關中一直修到了漠北；帝國的武裝一分為二，一支北上抵禦匈奴，一支南下征服百越……

一生的宏圖霸業完成了，按理說，嬴政應該是沒有遺憾了。可是，嬴政仍不滿足。在人生的後半段歲月裡，嬴政開始追求人類的終極夢想：長生！

為了獲得長生不老的仙藥，秦始皇開始寵信方士，派出了大批術士四處訪求。在中國古代歷史上，長生不死是每個帝王內心的願望，漢武帝、嘉靖皇帝等人都曾經極度痴迷於此，其中又以嬴政最為典型。在追求長生不老的過程中，嬴政多次上當受騙，屢屢受挫，但卻越挫越勇，誓把迷信進行到底。

始皇帝已經老了，兩鬢白髮漸生，他迫切希望尋到長生藥延續自己的生命。李斯是聰明人，他明知這是一個騙局，卻不說破，只因為那是嬴政的唯一希望，他不能戳破這個夢。

當劉邦還在感嘆自己亡命江湖的時候，遠在千里之外的沙丘，一個驚天大陰謀正在醞釀之中。

這一年，嬴政最後一次到南方巡遊。出巡車隊到了沙丘平臺，秦始皇病倒了。

秦始皇痛恨人們說「死」，群臣誰也不敢提醒他安排後事。直到病逝前夕，始皇才命中車府令趙高，代理起草賜給長子扶蘇的詔書：「與喪，會咸陽而葬。」

秦始皇駕崩在外，丞相李斯擔心各位皇子在京城爭權，便將始皇已死的消息嚴格封鎖，祕不發喪。為了妥善安置秦始皇的屍體，李斯命人做了一輛特製的「輼輬車」。這種車關上車門，放下窗帷，外面的人什麼也看不見。車廂上有排窗，閉之則溫，開之則涼。他和趙高商量，指定幾個貼身的宦官駕車、陪乘，每天照常往車上送膳供物，與平常無異。百官奏事則由陪乘宦者收受，悄悄交由自己裁決可否，再假託秦始皇的名義發出，一切安排等回到咸陽再做打算。

然而，趙高卻從這個間隙中嗅到了機遇。

這一日，當車隊停留下來的時候，趙高揣著秦始皇的遺詔獨自來見少子胡亥，鼓動胡亥篡位。

面對至高無上的皇位誘惑，胡亥心動了。但他也擔心丞相李斯，沒有李斯的同意，光憑他二人是絕對無法扭轉乾坤的。

趙高說，這個好辦，我去說服他！

對於說服李斯，趙高早在心裡演練了很久，他有絕對的信心！

趙高：「丞相，陛下還未留下遺詔就撒手離開，所以定誰為太子，只在丞相和我一句話了，這件事您看怎麼辦好？」

第二章　帝國餘暉

李斯：「你怎麼能說出這種亡國亂政的話呢！定誰為太子這種事，不是你我做人臣者所應當議論的！」

趙高暗罵一聲老狐狸，終於祭出了大絕招，他向李斯一連串拋出了五個問題：

您的才能和蒙恬相比怎麼樣？

您的功勞和蒙恬相比怎麼樣？

您的謀略和蒙恬相比怎麼樣？

您的人氣和蒙恬相比怎麼樣？

您與扶蘇的關係和蒙恬相比怎麼樣？

獄吏出身的趙高思路清晰，問的這五個問題個個一針見血，直指李斯要害。才能、功勞、謀略、人氣、與扶蘇的關係，李斯和蒙恬相比究竟如何呢？

李斯沉默了。他不得不承認，在這些方面，自己確實不如蒙恬。趙高很有說客的潛力，幾句話就命中了李斯的死穴！

李斯陷入了深深的思索之中⋯⋯

經過一番痛苦的抉擇，李斯終於被趙高說服，加入了胡趙聯盟。

大秦帝國的喪鐘就此敲響。

為什麼李斯會在沙丘變節？

後人在分析這段歷史時，往往將原因歸結為一個「貪」字：李斯貪戀已得的權勢富貴，為了保住自己的相位，不得不違心地與趙高為伍。理由很簡單，李斯的輝煌人生起於「廁中鼠」與「倉中鼠」之悟，他一生兢兢業業，所求的也不過是做一隻「倉中鼠」而已。而在司馬遷的巨著《史記》中，人們看到的也是一個追名逐利、趨炎附勢、鼠目寸光、利慾薰

心的李斯，一個道德敗壞者，典型的小人形象。

這可真是大大地冤枉了李斯！當時李斯已七十多歲，在那個年代已屬古稀之人了。在人生的最後階段，他何苦要以大逆不道、背叛先帝的巨大代價，換一個沒幾年價值的相位？

其實，只要稍稍考察一下秦國的政治制度和官場生態，就不難發現，趙高所言，不是沒有道理的。

李斯和扶蘇在政見上是有分歧的。扶蘇一直推崇儒家思想，也就是王道。他曾多次勸諫始皇帝要注意休養生息，「天下初定，遠方黔首未集，諸生皆誦法孔子，今上皆重法繩之，臣恐天下不安」。這也是始皇帝貶斥扶蘇的原因。

而李斯是推崇法家的，法家強調嚴刑峻法，打擊儒生以古非今、修長城、建宮殿、築陵寢、開邊戍守，哪一樣沒有李斯的參與？如此不愛惜天下百姓的行為，怎能獲得扶蘇的支持？可以肯定的是，如果扶蘇掌權，第一個要收拾的就是李斯！不光收拾李斯，還會推翻法家在秦帝國的根基，更有甚者，後世「罷黜百家、獨尊儒術」的局面很可能會提前出現！

李斯不甘心！

大秦帝國統一才十四年，百廢待興，李斯不甘心就此退出歷史舞臺，他還有很多事要做，還有很多計畫等著去實現，他無法像歷史上的那些謀臣一樣在功成名就之後飄然隱退，那不是他李斯的理想和追求！

眼下最重要的，是要保證大秦帝國法治的道路不改變，只有這樣，才能鎮得住天下，才能讓這駕帝國馬車不改變它的路線，平穩向前，才能根本地止住可能發生的危險！

這是李斯的苦衷，也是李斯的命門。

第二章 帝國餘暉

趙高出身低微，為了往上爬，他刻苦學習鑽研大秦律法，最終成了律法專家，也改變了自己的命運。趙高的第一份工作是中車令，負責皇帝的車馬，親自為皇帝駕車，總算在嬴政面前留下印象。

這之後，憑藉著對律法的熟稔和寫得一手好字，趙高又被安排掌管印璽，這個職位類似於明朝的掌印太監。在嬴政的提攜下，趙高逐漸成為他身邊的近臣、寵臣。

在嬴政身邊的日子裡，趙高一直奉行勤勤懇懇、少說多做多看的職場原則，每當有官員來向嬴政彙報工作，趙高總是站在適當的位置，向他們微笑點頭示意，記住每位官員的名字，默默觀察他們在嬴政面前的反應。

他必須看清自己，也必須看清嬴政的圈子是個什麼圈子，這圈子裡除了智者就是能人，李斯、蒙恬、蒙毅，隨便拿出一個來都是天下頂尖的精英，和這些人混在一起，哪怕放個屁都需要動動腦子。

在這種政治氛圍的薰陶下，趙高迅速成長為一個善於觀察的高手，他熟知朝中大臣們的底細，也了解他們的心思。李斯懂政治，但趙高更懂人心，說到底，欲望是最大的溝壑，人心才是最大的政治！

懂政治的李斯敗給了懂人心的趙高。

胡亥：大秦帝國的掘墓人

出巡的車隊返回咸陽後，李斯才對外公布了秦始皇的死訊，而胡亥則順理成章地成了大秦帝國的新一任掌門人。

而此時，遠在上郡的扶蘇和蒙恬也收到了一份詔書，展開一看，兩人的心頓時涼了半截：

朕巡天下，禱祠名山諸神以延壽命。今扶蘇與將軍蒙恬將師數十萬以屯邊，十有餘年矣，不能進而前，士卒多耗，無尺寸之功。乃反數上書直言誹謗我所為，以不得罷歸為太子，日夜怨望。扶蘇為人子不孝，其賜劍以自裁！將軍恬與扶蘇居外，不匡正，宜知其謀。為人臣不忠，其賜死，以兵屬裨將王離。

蒙恬就這樣被解除了兵權，而扶蘇見到印有國璽的假詔書毫不懷疑，痛哭之後，堅決要死，他企圖以愛以仁感召天下的理想徹底破滅。蒙恬對此還有疑慮，勸扶蘇弄清楚情況後再做決斷。然而，嬴政多年的積威已經壓垮了扶蘇抵抗的欲望，他放棄了上訴的機會，選擇了屈從。

劍鋒劃過，扶蘇的脖頸處噴出一股鮮血，身軀一晃，倒在血泊裡。

蒙恬拒絕自裁，被監禁起來，最後也落了個吞藥自殺的結果。

那麼蒙恬的弟弟蒙毅呢？

為了報一己之私仇，趙高又開始在胡亥面前灌迷魂湯：

「其實先帝很早就想立您為太子，讓您繼承皇位了。可是蒙毅卻在先帝面前說您沒有足夠的才能治理國家，不應該立您為太子，還說扶蘇比您強多了，他才適合做太子。如果他明知道您賢明而故意拖延不讓先帝冊立，那就是既不忠實又蠱惑先帝。以我之見，不如除掉他！」

在趙高的蠱惑下，蒙毅被囚禁在代郡，隨後也被賜死。

擦乾手上的血跡，趙高獰笑一聲，把屠刀對準了嬴姓宗室皇族。

趙高的理由也很簡單：胡亥登基後，朝中大臣多有不服，諸多兄弟姐妹及宗室貴戚也常常跳出來反對並指責胡亥的一系列行為，長此以往，如何維護帝王的權威性？

於是，屠刀舉起，十多位兄弟姐妹倒在了血泊中。

恐懼和迫害像瘟疫一樣擴散開來，群臣人人自危，就連宗室也惴惴

第二章 帝國餘暉

不安，個個閉門不出，唯恐哪天屠刀會降臨到自己頭上。

與此同時，胡亥也模仿起秦始皇當年的氣派，開始了自己的東巡之旅。

秦滅六國，關東子弟多有不服，始皇帝之所以要東巡，旨在彰顯武力，壓服群雄。而二世皇帝的東巡，表面上說是體察民情，實際上卻是貪玩性子在作怪。

上一次東巡之時，胡亥只是一個什麼都不用負責的皇子，在父皇的庇護下，他領略了三楚大地的風景美色，見識了各色人物，這讓久居深宮的他流連忘返。而另一方面，父皇卻督促他看那些枯燥乏味的奏章，這對生性頑劣的胡亥來說簡直比殺了他還難受。

這一次，胡亥是以新皇帝的身分外出巡遊的，再也沒有人對他指指點點了，取而代之的是所到之處萬民臣服，莫敢仰視。胡亥的虛榮心得到了極大的滿足，他心花怒放，想去哪兒就去哪兒，想做什麼就做什麼。每到一處，胡亥就忙著搜羅美女和錢財珠寶，百姓們的疾苦從來都不在他的考慮之中。

當初始皇帝巡視各郡，每到一處都會調查當地的吏治，審查每年的賦稅，替百姓們解決一些重大問題，以保證帝國的基業不動搖，保證皇族能夠永久地傳承下去。而胡亥的東巡之旅則是輕鬆無比，沒有奏章沒有公文，有的只是葡萄美酒和夜夜笙歌⋯⋯

應該說，上天不是沒有給過胡亥機會，賈誼在《過秦論》中這樣寫道：

今秦二世立，天下莫不引領而觀其政。夫寒者利裋褐，而飢者甘糟糠，天下囂囂，新主之資也。此言勞民之易為仁也。

嬴政在世之時，北逐匈奴，南取南越，連年征伐。胡亥接手後的帝國，民力疲弊，百姓困苦，怨聲載道，水深火熱，百姓們盼望著能有一位仁君出現，獲得休養生息的機會。

應該說，普通勞苦大眾的要求其實是很低的，只需一件短衣，就可讓寒者感激涕零；只需一把糟糠，便能令飢者高呼萬歲。

可惜的是，胡亥沒有把握好展示自己的機會。經過這次東巡，百姓們終於認清了這位新皇帝的面目。這位只顧吃喝玩樂的新皇帝沒有始皇帝的博大胸襟與遠見卓識，也不能給他們艱難的生活帶來新希望，反而會讓寒者更寒，飢者更飢。

換句話說，嬴政攢下的信任，被胡亥的一系列倒行逆施的行為揮霍一空。

信任就像人品一樣，需要慢慢攢，嬴政十三歲登基，二十二歲親政，三十九歲時完成了統一中國的大業，對內壓制各種不服，對外逼退匈奴和南越，透過一系列措施和政策，穩定了國內的局面，民眾對帝國的新政由原來的不信任逐漸轉為擁護，帝國的權威逐漸得到了民眾的認可。

信任作為一種社會資本，具有生產性和可累積性。與之相對應的，信任的存量也可以被消耗、被切割。信任裂痕一旦產生，短時間是難以修復的，因此，消費信任比生產信任更容易。而胡亥，顯然辜負了民眾對他的信任，也辜負了帝國對他的期望。

民眾從希望到失望，從失望到絕望，從絕望到徹底放棄。沉默的大多數人中，已經有人將手臂高高舉起。

趙高扶胡亥上位後即誅殺了大將蒙恬、郎中令蒙毅、右丞相馮去疾、御史大夫馮劫、左丞相李斯等秦朝棟梁，並慫恿胡亥殺光始皇帝的所有兒女。

第二章　帝國餘暉

由此，大秦帝國失去了核心管理層，外無大將鎮邊制亂，內無輔宰能臣守成，亂亡只是時間問題。

王侯將相，寧有種乎

帝國建立的第十二個年頭，也就是秦始皇死後的第二年，一支九百餘人的戍卒隊伍，在兩名秦吏押送下，日夜兼程趕往漁陽（今北京密雲西南）。

不巧的是，在走到蘄縣大澤鄉（今宿州）時，天降大雨，道路被洪水沖斷，無法繼續前行。他們已經在路上耽誤多時，很難按約定的日期趕到漁陽了。而按照秦朝的律法，如果不能按期到達，整個隊伍都是要被處斬的。

一邊是嚴苛的秦法，一邊是瓢潑大雨沖斷的道路，怎麼辦？

這支戍邊隊伍的中層領導者中，有兩個人比較有想法，一個叫陳勝，一個叫吳廣。

這一日，兩人在隊伍中交頭接耳。

一個說，我們已經趕不上到達漁陽的期限了。按照秦法，這是死罪，我們現在已經是死刑犯了。而如果我們逃跑，抓回來也是死罪。橫豎都是死，不如造反一場！

另一個說，天下人已經受暴秦的壓迫很久了，現在的秦二世是秦始皇的小兒子，我聽說，長子扶蘇才是真正的皇位繼承人。當年我們在楚地抗秦的時候，也曾經出過一名叫項燕的將軍。這兩個人現在都不知所蹤，很多老百姓都認為他們還活著，只是躲起來了。如果我們打著這兩人的旗號起事，肯定能得到很多人的回應。

面對未卜的前途，他們決定為那個遙不可及的目標奮鬥一把。

陳勝振臂，喊出了那句流傳千古的豪言壯語：「壯士不死即已，死即舉大名耳！王侯將相，寧有種乎！」

陳勝這一喊，驚醒了無數夢中人。戍卒們紛紛響應號召，殺掉兩名秦吏，「斬木為兵，揭竿為旗」，在大澤鄉舉起了反秦的大旗。

翻開陳勝的簡歷，我們會發現，他從來就不是一個安分的人。

陳勝年輕的時候，跟一幫朋友在地主底下做佃農，負責耕地。炎炎烈日，別人都在埋頭工作，陳勝卻跑到田埂旁，若有所思地看著遠方，一邊遠眺一邊唉聲嘆氣。過了好一會兒，陳勝忽然憤憤不平地說了一句：「苟富貴，勿相忘！」

田地裡務農的人都面面相覷，愣了一下，然後不約而同地發出一陣大笑：「我們都是底層的佃農，哪有什麼富貴的機會呢？你趕緊下來耕地，別拖我們後腿了！」

陳勝看了看他們，用非常不屑的口氣說：「你們這幫麻雀，怎麼能理解鴻鵠的志向呢！」

是啊，一隻安於現狀的小小麻雀，怎麼能理解大雁的志向呢？

我們很多人做著安逸的工作，領著湊合的薪水，過著還算歡快的週末，節假日還能出去度個假，就這樣輕易地滿足於現狀，還自覺得人生快意無比。然而，捫心自問，這就是我們的最終理想與追求了嗎？

年輕人的血應該是熱的，怎麼能就這樣冷卻？

人這一生，會經歷很多次抉擇，很少有人能夠勇於跳出舒適區，改變已有的現狀。真正有大格局的人，非常明白自己真正想要的到底是什麼，所以會心無旁騖地朝著目標前進，越是這樣的人，越不會和閒人雜事糾纏，不因旁人的看法患得患失，不為現實中的流言蜚語糾結。

第二章　帝國餘暉

　　正因為長久懷著不甘於現狀的志向，陳勝才能在後來失期當斬的命運關頭振臂一呼，帶領九百多名戍卒反抗暴秦，改變自己的命運，也改變了歷史的走向。

　　隨著陳勝的一聲吶喊，蠢蠢欲動的六國遺老、飽受壓迫的貧苦百姓紛紛站了出來，打土豪、分田地，生怕趕不上最後一波機會。那真是鑼鼓喧天、鞭炮齊鳴、紅旗招展、人山人海……用白雲大媽的話來說：那是相當壯觀！

　　直到這一刻，陳勝才發現，原來造反是這麼容易的。原來只要你敢走出第一步，前面的路豁然開朗。

　　人各有志，陳勝不信命；人各有命，陳勝不信天，他只信自己。

第三章　沛縣起義

待機而動，進退有方

當反秦起義的烽火傳遍九州時，沛縣縣令坐不住了。膽小怕事的他擔心被反秦的怒火所淹沒，為此召來縣裡的蕭何和曹參商議。商議什麼呢？

造反！

蕭、曹二人都是縣令手下的主要官吏，他們二人的建議是，縣令作為秦朝的官吏，現在背叛秦朝，率領沛縣的子弟起義，恐怕沒有人會信服。不如將本縣流亡在外的人召集回來，先行起義，一來可以增加力量，二來也可以取得民眾的信任。

一句話：信譽度不夠，找外援！

誰是那個外援呢？

劉邦！

可是，劉邦現在身在何處？

蕭何和曹參相視一笑，這就不勞大人您操心了，我們肯定能找到他。

在蕭何和曹參二人的授意下，樊噲迅速趕往芒碭山深處，去尋找劉邦。

那麼此時的劉邦，在芒碭山做什麼呢？

第三章 沛縣起義

　　兩個字：蟄伏。

　　芒碭山秦時屬於碭郡，今在河南永城市境內，是一片澤國，諸多河流縱橫其間，周邊全部是原始森林，鬱鬱蔥蔥。按照《史記》的記載，秦始皇聽信方士之言，於死前一年巡遊東南方，以鎮天子氣。劉邦也就是在那時解散犯人，帶領眾人上了芒碭山的。

　　那時的秦始皇正雄心勃勃，帶著浩浩蕩蕩的隊伍在東南大地四處遊歷，勒石刻功，宣揚自己的偉大功業。劉邦雖早有反秦之心，但卻不敢太過招搖，只能隱匿在芒碭山的山野水澤之間，當個逍遙快活的山大王。

　　那麼劉邦在芒碭山待了多久呢？不到一年。

　　當嬴政回到咸陽，中途暴斃的消息傳來後，跟隨劉邦一起上山「鬧革命」的司機夏侯嬰坐不住了。這支隊伍自打上山後就一直謹小慎微，不敢公然舉起反秦的大旗，無非是顧忌嬴政還健在，大秦的黑色鐵騎仍一如既往地凌厲雄壯。而如今嬴政已死，在胡亥一系列倒行逆施的政策下，各地民心思動，此時不舉義旗，更待何時？

　　夏侯嬰曾不止一次地對劉邦說：「主公，時候到了，咱們反吧！只要您一聲令下，我這就帶人殺向縣衙！」

　　每當這個時候，劉邦總會笑著安撫躍躍欲試的夏侯嬰，輕輕說一句：「再等等，還不到時候。」

　　夏侯嬰很焦躁，什麼時候才是時候呀？

　　劉邦告訴他，秦始皇曾說過，東南有天子氣，我們先稍安毋動，看看形勢再說。再者，棒打出頭鳥，刀砍地頭蛇，不妨慢人一步，等待時機。

　　面對瞬息萬變的局勢，蟄伏也是一種策略，耐心等待恰當的時機才

是聰明人的正確選擇。

狼在冰天雪地中等待經過的羊群，所付出的是堅強的勇氣和耐心。那些飛速奔跑的羊出現了，但如果不是最好的機會，狼會一直等待，直到那隻又老又笨的羊出現，才騰身而起，抓住用等待換來的美食。

蟄伏不是沉寂，恰恰是爆發的潛臺詞。

為什麼需要蟄伏？一為保存自己，二為等待時機。

你有才華和潛力，但是沒能力和機會，這時亂出風頭就很容易被消滅在萌芽狀態，或者是來自別人的直接打壓，或者是在困境中一蹶不振，所以《周易》中說：「龍蛇之蟄，以存身也。」

古今中外，默默隱忍，蟄伏制勝的例子比比皆是。

春秋時期，越王勾踐被吳國打敗，帶了五千殘兵敗將逃到會稽，被吳軍圍困。勾踐很懊悔當初沒有聽范蠡的話，經過一番商議，派出了文種到吳王大營裡去求和。

文種在夫差面前把勾踐願意投降的意思說了一遍，徵得了夫差的同意後，勾踐帶著夫人和范蠡到吳國去，給夫差當馬仔，幾年以後被放歸越國。

勾踐回到越國後，立志報仇雪恥，他蟄伏二十年，終於滅掉吳國，成就了「苦心人天不負，臥薪嘗膽，三千越甲可吞吳」的神話。

楚莊王即位時四個權臣專斷，朝政大權不在自己手上，他根本無法施展自己的才華與抱負。為了自身和楚國的安危，楚莊王不得不忍下權臣的欺凌，等待奪權的最佳時機。

楚莊王收斂鋒芒，三年不理朝政，待四大權臣自相殘殺的時機到來，他一鳴驚人，外抵強敵，內清權臣，重振國家，成為楚國最有成就的君主，也登上了春秋時代的霸主地位。

第三章　沛縣起義

而彼時的劉邦躲在芒碭山的水澤間，暗暗等待時機。每一個英雄人物的出場都離不開時代變革帶來的機遇，如果沒有這種機遇，英雄往往什麼都不是。

劉邦的幸運是他遇到了一個亂世，一個所有準則和定義都可以被打破的時代。

當大澤鄉陳勝、吳廣起義的消息傳到芒碭山澤時，劉邦露出了一絲欣慰的笑容。他知道，自己等待已久的時機，終於來臨了！

即便如此，劉邦依然沒有帶著隊伍立即下山，衝進郡縣的縣衙。他還不確定沛縣縣城內的情況，以及父老鄉親對於舉兵反秦的態度。這其中的不確定因素太多，他需要儘快與蕭何、曹參取得聯繫，了解家鄉的動態，在沒有充分了解局勢前，劉邦不敢孤注一擲。

不掌握所有事實就做出決策，要冒很大的風險。

面對山雨欲來、民心思動的混亂局勢，劉邦不斷地派出暗探，下山四處打探消息，了解各地的起義軍動態和秦軍的調動情況，並加以綜合分析。同時，劉邦也在暗中與蕭何、曹參二人書信聯絡，共同探討眼下的局勢。

有人說，人生中有兩場最艱難的考驗：等待時機到來的耐心和面對一切際遇的勇氣。很幸運，這兩點，劉邦身上都具備了。

很快，劉邦等到了屬於自己的機會。

順從民意做沛公

這一日，芒碭山迎來了一位特殊的客人。

在眾人的引領下，樊噲熟門熟路，找到了劉邦，將沛縣即將起事的情形向他講述了一遍，並帶來了蕭何和曹參二人最新的密信。

| 順從民意做沛公 |

　　在看完蕭、曹二人的密信後，劉邦心中的一塊大石終於落地了。他知道，是時候出擊了！機不可失，失不再來，一番簡單地收拾後，劉邦帶著隊伍，跟著樊噲往沛縣趕。

　　然而，這邊的縣令在樊噲走後突然醒悟過來，不對呀，他們二人怎麼知道劉邦的落腳處？如果劉邦回來，反倒要脅迫或者殺我那可怎麼辦？這事怎麼看都像是提前商量好的，就等著我往裡跳呢！

　　起事，這是要起事嘛！想到這裡，縣令急忙下令緊閉城門據守，準備捉拿蕭何和曹參。蕭何和曹參是何等精明的人物——早就有人給他們通報消息，二人聞訊迅速逃到了城外。

　　劉邦來到城下，看到緊閉的城門，心裡直罵粗話。不是說好了熱烈歡迎嗎？這又是什麼意思？

　　罵歸罵，強攻肯定行不通，畢竟都是鄉親父老。劉邦決定用心理戰瓦解城內父老的敵對心理，他派人將書信射進城中，向沛縣的父老鄉親宣稱：

　　「天下百姓苦秦久矣！現在你們為縣令賣命，受他矇騙，要是諸侯的軍隊來了，屠戮我們可怎麼辦啊？不如殺掉縣令，擁立一個可靠的人，響應諸侯，才可保全家老小啊！」

　　看到這封信，沛縣父老的心裡也是七上八下。經過短暫的權衡，最終決定殺掉縣令，迎接劉邦進城，推舉他當帶頭大哥。

　　面對眾人的的邀請，劉邦卻猶豫了。

　　他對眾人說道：「起義是件大事，如果安排人選不妥當，就會一敗塗地。我不是顧惜自己的性命，只怕自己能力不足，不能保全父老兄弟。你們還是另找賢人吧。」

　　可是除了劉邦，還能選誰呢？蕭何、曹參二人都是文官，出出主意

第三章 沛縣起義

還可以，但缺乏獨當一面的領袖氣質。更何況，造反是一項高風險的行動，弄不好是要滿門抄斬的，所以他們二人極力地推讓給劉邦。城中父老也說道：「平時聽說你劉邦那麼多奇異之事，必當顯貴，而且占卜沒有誰比得上你劉邦更吉利。」

劉邦擺擺手，還是再三推讓。

為什麼劉邦會一再拒絕眾人的邀請？

這裡面涉及風險與成本的問題。

我們常常有一個誤解：如果 A 的智力高於 B，那麼 A 理所當然就該領導 B。但事實卻常常並非如此。

就在組織而言，要成為領袖，勇氣或承擔責任的重要性遠遠高於智力和經驗。

舉個例子：你在公司想推進一個專案，而你是基層員工，需要說服老闆支持你。

對你們公司而言，如果這個項目做成了，自然皆大歡喜；對於你，會升遷加薪；對於老闆，也許又是一筆不菲的收入。

但是，假如一不小心失敗呢？

對於支持你的老闆而言，這個專案可能會耗盡今年取得的所有投資，他之前奮鬥的二十年也就白費了；對你而言，失敗最多辭職，大不了換一家公司重新開始。

劉邦此時正面臨著這樣的處境。要知道，造反是一項風險極大的事業，從機率論的角度看，99% 的造反者都失敗了，只有那為數不多的 1% 歷經艱難險阻，最終成為金字塔頂端的王者。而那些成功了的 1%，為人不僅需要勇氣、智慧、天賦等，更需要星辰之外的那一點運氣。

面對眾人的吹捧和擁護，劉邦的內心也在做激烈的博弈。他知道，

這一步踏出去，自己再也不可能回頭了，要麼成為萬人之上的王者，受天下人敬仰，要麼在某一場戰爭或陰謀中輸給對手，身首異處。

那麼劉邦敢踏出這一步嗎？

當然敢！

劉邦昂然道：「既然諸位父老鄉親如此看得起我劉季，那我就恭敬不如從命，勉為其難帶領大家謀一條出路！」

劉邦順從民意做了沛公，自稱赤帝的兒子，領導民眾在沛縣舉起了反秦大旗。

劉邦為什麼敢邁出這一步？

拋開賭徒心態，劉邦之所以敢帶領眾人振臂一呼，是因為他敏銳地看到了天下的人心走向。

秦始皇以武力一統天下，嚴刑酷法，焚書坑儒，暴政不得人心，他在位時以其超強的執行力還算能壓得住六國的反叛，但胡亥顯然缺乏老爹的鐵腕。胡亥繼位的時候，天下苦秦已久，人心思定，渴望得到治理。只要胡亥能任用忠賢，臣主一心，勵精圖治，能籠絡人心，天下也可以得治。但二世不行此術，在趙高的哄騙下連出昏招，暴政比秦始皇之時更甚，百姓苦不堪言。剛即位一年，便爆發了陳勝、吳廣的農民起義，這個由嬴政一手創立的鐵血帝國已出現傾覆的徵兆。

劉邦是個觀察世道人心的高手，他知道秦立國不久，六國還有很多人對秦心懷不滿，潛伏在各地蠢蠢欲動，現在舉起反秦的旗幟，一定能順應人心，吸引有志之士前來加入，只要籌劃得當，一定能做出一番事業來！

這一年，劉邦已經四十七歲了。

年近半百的劉邦，終於開啟了他真正的人生，他即將迎接命運發出的挑戰。

第三章　沛縣起義

在這裡，我們來討論一個問題：為什麼這個昔日的混混、今日的造反頭子劉邦能夠獲得民眾的一致認可？

這是一個開放式問題，有人會說，因為劉邦為人豁達，朋友極廣，在沛縣的時候就和三教九流的人混在一起，有一定的群眾基礎；也有人會說，劉邦在芒碭山潛伏的時候就已經擁有了一支造反隊伍，拿下沛縣靠的就是這群弟兄，不選他當帶頭大哥，難道選你不成？

這些解釋都有一定的道理，但我想說的是，劉邦身上有一種卓越的領導力，更確切地說，是領袖氣質，英語叫作「Leadership」。

什麼是領袖氣質？

在任何一個團體中，總有某一個人擔任核心角色，他的言行能夠被團體認可，並指引著團體的某些決策和行動。我們可以把這種人所具備的人格魅力稱為「領袖氣質」。一位優秀的領導者，必然具備超然於個人生存意志之外、自由的智慧，因此自然流露出大方、沉著、從容不迫得氣質。

簡單來說就是，無論天涯海角，你去哪兒都會有人跟隨你一起行動，這就是領袖氣質。

一個人能否掌控大局、是否具有領袖氣質，是由多方面能力和特質決定的。對於身居高位的人來說，領袖氣質是必不可少的魅力。這種魅力顯現在：令人仰慕的自信、姿態和實實在在的態度，使得大眾堅信他會是一位成功的帶頭大哥。

在這個世界上有兩種人，一種是領導者，即管理者；另一種是追隨者，即被管理者。

蕭何和曹參天生屬於追隨者。這種人有能力，在面臨問題時知道如何解決，但卻缺乏挺身而出、捨我其誰的魄力。

魄力並不是來自具體的工作能力，而是來自對事態全面地掌控和駕馭，敢於在關鍵時刻拍板決斷，勇於擔當，並善於發現追隨者的潛力，讓他們的能力在工作中得到最大限度的發揮，並將他們配置到最佳位置，擔起協調和總攬全體的責任。而這點，恰恰是一名優秀的領導者必備的素養。

親密戰友雍齒叛變了

在眾人的一致推舉下，劉邦順理成章成了沛公，也就是沛縣起義隊伍的帶頭大哥。沛縣百姓把牲畜的血塗抹在旗鼓上，配合劉邦舉行了盛大而隆重的儀式，祭祀黃帝和蚩尤。

有人會問了，為什麼要用紅色的血？

前面說了，劉邦斬白蛇起義，自稱是赤帝之子，自然就崇尚紅色了。

在眾人的幫助下，劉邦召集了本縣及鄰縣的年輕子弟，以蕭何、曹參、周勃、盧綰、夏侯嬰和樊噲等人為骨幹力量，拉起了一支兩、三千人的起義隊伍，正式宣布沛縣獨立，開始了擴張之路。

此等亂世，就讓我劉邦來闖一闖吧！

在經過短暫的調整後，劉邦帶著隊伍將兵鋒指向了北方的胡陵、方與等地，逐步擴張自己的地盤。

劉邦的這支起義隊伍很快引起了秦軍的注意，秦泗水郡郡監平領兵來攻，劉邦率領眾人出城交戰，大破泗水郡郡監平，郡監平撤回胡陵。

這一戰極大地鼓舞了劉邦隊伍的士氣，他決定趁熱打鐵、乘勝追擊，一舉擊潰秦軍。

第三章　沛縣起義

劉邦興致勃勃，意氣風發，蕭何和夏侯嬰卻保持著難能可貴的清醒。他們告訴劉邦：「用兵之道，攻心為上，攻城為下；心戰為上，兵戰為下。」

劉邦是大老粗出身，沒讀過幾天書，聽著他倆咬文嚼字，滿腦袋漿糊：聽不懂，說人話。

蕭何告訴劉邦，這句話的意思就是說，用兵的原則，從心理上瓦解敵人，使對手投降是上策，強攻城池是下策；以攻心戰為目標才是上策，以武力取勝是下策。

劉邦豁然開朗，眼下自己的造反事業剛剛起步，兵少將寡，確實不宜打硬仗。在夏侯嬰與蕭何的居中聯絡下，郡監平經過一番權衡後，選擇了率軍投降並交出胡陵。

這是劉邦起兵的第一仗，以勝利告終。

這之後，劉邦決定再接再厲，向周邊擴張勢力。他讓老鄉雍齒留守豐縣，自己領兵去攻薛地。戰事很順利，劉邦軍殺死了泗水郡守壯，打下了薛地，將軍隊駐守在亢父（今山東濟寧南）、方與一帶。

就在劉邦擴張地盤，忙得不亦樂乎的時候，被田儋趕跑後擁立公子咎做魏王的周市看中了豐這塊地盤。

豐是哪兒？

答：劉亭長的老家也，也是劉邦的大本營。

周市寫了一封信給雍齒：「劉邦一個小小的沛公，你跟著他能有什麼前途？這裡本來就是魏國的地盤，現在魏地基本平定，你如果來投降，我封你為侯繼續鎮守此地，要是不從，老子便屠了你，你是過來呢，還是過來呢？」

雍齒是地方豪強，家裡有權有勢，作為老鄉，他對劉邦知根知底，

打從心裡瞧不起劉邦這個小混混。雍齒本來就跟劉邦有矛盾，經周市這麼威逼加上利誘，立刻倒戈叛變，投靠了周市。

就這樣，周市兵不血刃，三言兩語就拿下了豐縣。

後院起火，這還了得？劉邦一個頭兩個大，趕緊回師攻豐，嘴裡罵個不停：雍齒你這個小人！老子那麼信任你，給你兵給你糧，讓你坐鎮根據地，結果我前腳剛出豐縣，你後腳就把老子踢了，你小子給我等著，看我回來怎麼收拾你！

劉邦帶著自己的一隊人馬，氣勢洶洶趕到了豐縣。然而，雍齒也不是吃素的，面對劉邦的攻城大軍，不慌不忙，從容應對，硬是讓劉邦吃了個閉門羹。

劉邦心裡那個氣呀，他怨恨雍齒與豐縣子弟背叛自己，繼續命士兵攻城。一連數日，隊伍死傷過半，豐縣巍然不動！

劉邦都快被氣到吐血了，他生了一場大病，是被雍齒氣到發病的。

對於一個領導者而言，冷靜理智的決策是保證成功的第一要素，然而此時的劉邦卻被雍齒的背叛沖昏了頭腦，他執著於拿下豐縣，發誓要抓住雍齒將他碎屍萬段，即使死傷再多的人也在所不惜。

任何事情都是過猶不及。在日常的生活中，我們在做一件事情時，過於執著就會不知變通、鑽牛角尖，很容易陷入思維定見的狀態，固守舊有方法和不現實的目標，即使撞到南牆也不回頭。

俗話說：「人挪活，樹挪死。」過於執著於一念，可能會讓我們的路越走越窄。而轉換思維，放大格局，就能開掘出全新的視野，打造出廣闊的舞臺。

相傳，非洲有一種異常強壯的野馬，它揚起後蹄就可踢碎獅子的頭蓋骨。而當一種普通的吸血蝙蝠趴在它後背時，自信的野馬會狂奔不

第三章 沛縣起義

止,甚至衝進懸崖,最終因失血過多死去!

科學家證實,蝙蝠吸的血其實很少,是「執著」的衝動使野馬害了自己。

很多人和這種野馬一樣,執著地做著自認為正確的事,其實是在鑽牛角尖而已。

這一日,蕭何對劉邦說:「主公,雍齒擁兵自重,城內士兵遠多於我們,這樣耗下去我們肯定會消耗過度。既然啃不下這塊硬骨頭,我們何不繞過他?」

劉邦恨恨道:「不行,不殺雍齒,我誓不為人!」

蕭何只得對他說:「既然如此,我們何不到別處借兵,再來收拾雍齒?」

借兵?劉邦想了想,嘆道:「如今天下動盪,各處都在招兵買馬擴張勢力,誰能平白無故借給我兵力?」

蕭何說:「事情只有去做了,才能知道結果,我們可以去楚王景駒那裡碰碰運氣。」

反秦的首義者陳勝被車夫莊賈殺死後,沒人敢立楚王,偏偏景駒挺不謙虛,他在秦嘉等人擁立下當上了楚王。

對於劉邦而言,管他真楚王假楚王,只要能借到兵就行。

張良:從俠客到帝王師

在路過留縣下邳時,劉邦遇到了他生命中最重要的貴人。兩位偉大人物在此風雲際會,為後世留下了一段君臣佳話。

此何人哉?留侯張良也。

有必要介紹一下這位秦漢風雲的幕後總導演。

張良的出身與項羽頗有相似之處，他出身貴族，祖父和父親在韓國做了五代國相。到了張良這一代，這位世家子弟還未來得及在政壇上一展身手，韓國就被秦國的黑色鐵騎踏碎了。

西元前230年，秦滅韓，張良的心中就埋下了復仇的種子。年輕的張良曾像項羽一樣血氣方剛，對暴秦恨之入骨，他最初反秦的計畫很簡單，就是採取果斷的暴力手段，直接行刺秦始皇。

為了報仇，張良弟死不葬，到東方拜見倉海君，散盡家財而求得一大力士相助，讓他手持一百二十斤（約等於現在六十斤）大鐵鎚，埋伏在秦始皇東巡的必經之路上，刺殺秦始皇。

黃河北岸的博浪沙，車馬轔轔迤邐而來，出現在張良和大力士的視野中。就在秦始皇的車隊靠近時，一枝巨大的黑色鐵鎚發出尖銳的破空之聲，閃電般飛來，將最中間那輛最豪華的輦駕擊得粉碎。

也許是秦始皇命不該絕，大鐵鎚擊中的是副車，原來秦始皇因多次遇刺，早有防備，時常換乘座駕，張良很難判斷哪輛車中是秦始皇。

車隊驟停，一陣短暫的慌亂之後，四周的衛士立即展開追捕，結果只抓到了那個大力士。憤怒的秦始皇將他斬首示眾，而張良則改名換姓，巧妙地躲過了這一劫。

那時的張良還只是一個血氣方剛的豪俠人物，如同項羽一樣鋒芒外露，有仇必報。那一次的失敗也促成了他的成熟，他不得不四處藏匿，等待時機。

一個人，三十歲前如果沒有血性，將註定沒有出息；而過了三十歲以後仍然只有血性，而無深思熟慮、審時度勢的頭腦，同樣不會有出息。

第三章　沛縣起義

博浪沙的驚天一擊，已經證明了張良的血氣之勇，接下來是該磨礪深謀遠慮本事的時候了。

刺秦失敗後的張良，在下邳隱居下來，這一蟄居就是九年。

《周易》云：「君子藏器於身，待時而動。」這九年間，張良每天都在反省自己，過起了韜光養晦的隱居生活。時間褪去了他身上的銳氣，但卻沒有抹去他的血性。經過一番修煉，張良將自己的血性收斂於內，看起來一團和氣，而不是殺氣。

張良終於脫胎換骨了。從這一刻起，他就有別於項羽的至剛至強，成為一位風度翩翩的柔弱書生。只是，這位看似柔弱的書生卻比外貌魁梧的大漢更有力量。

很快，張良遇上了一位奇怪的老人。

司馬遷在《史記》中詳細描述了整件事情的經過：

這一天，張良在下邳的一座破橋上遇到了一個仙風道骨的老者。那老者故意把自己的舊鞋甩到橋下，然後挑釁似地對張良說：「小子，去撿鞋！」

張良很想將這老者痛打一頓，但一想到對方是個老頭，只能強壓怒火，幫老者把鞋子撿了回來。誰知老者得寸進尺說：「幫我穿上！」

張良想，既然已經替他把鞋撿了上來，那就幫他穿上吧。老人伸出腳來，看著張良乖乖地幫自己穿鞋，臉上流露出欣慰的表情。老人含笑離去，把張良晾在了橋上。

沒過多久，老者又返回，對張良說道：「你是個好孩子，看你資質還不錯，五天後的拂曉，到這裡見我。」

五日後的雞鳴時分，張良準時出現在了橋頭，可沒有想到老人故意早到，還呵斥張良：「與老人約，為何誤時？五日後再來！」說完轉身離去。

又一個五天過去，張良再去時還是晚老人一步。等到第三次，張良索性半夜就站在橋頭等待，總算沒遲到。

他的誠懇感動了老人，也通過了老人的考驗。在暗淡的星光之下，老者如同變戲法一樣拿出了一部書，對張良說：「我看你還有些天分，此書是奇書，只要你熟讀這本書，就有資格成為帝王師。我料定你十年以後會有好的發展。小夥子，好自為之吧！」最後，老人還留下了一句話：「十三年後，別忘了到濟北見我，我就是穀城山下的那塊黃石。」

張良十分驚喜，拿起書一看，封面上寫著《太公兵法》。

蘇軾在其《留侯論》中認為，這位圯上老者乃是秦代的一位隱居君子，他惋惜張良具備才能，卻不去做伊尹、姜尚那樣深謀遠慮之事，反而只學荊軻、聶政行刺的下策，所以出山試探考驗張良，故意羞辱他，挫一挫他的少年銳氣，使他明白韜光養晦的道理。唯有如此，方能成就大功業。

懂得謙和低調及忍辱負重，才能磨練出最有韌性的性格。只有那些能沉得住氣、容得下事的人，才能用平和的態度和得體的言談舉止讓他人信服。

蘇軾還認為，圯上老人的真正用意並不在於授給張良兵書，而在於使張良能忍小忿而謀大業，「且其意不在書」。我們無法判斷蘇軾的這個論斷是否正確，但從後來的發展來看，這次奇遇是張良一生之中的轉捩點，使他走上了與項羽截然不同的復仇道路。

鮑鵬山先生將之後的張良比作一柄綿軟的剃刀，我認為是十分恰當的，他在《風流去》中〈張良篇〉這樣寫道：

他在暗處成長，磨煉他的天才。這過程也是時機一步步成熟的過程。在耐心等待時機時，他沉穩地、不急不躁地鑄他之寶劍：抿唇不語，

第三章 沛縣起義

不疾不徐。他所鑄的寶劍,就是他自身的才具性情,就是他的那種從容、優遊。深夜裡熔爐中的火焰在閃爍,在不被人注意無人覺察的寂靜僻遠的山野,這鑄劍之光先照亮了一些野花的莖和瓣。這些脆弱嬌柔的生物為之戰慄不已,這些脆弱敏感的生物在天下之先感覺到了切透纖維的殺氣 —— 而此時的世界對此毫無覺察,即將被打碎的世界如暗夜中當道的瓷瓶,自以為深藏安然且自憐自愛 —— 咸陽深宮中的秦皇及其股肱們,他們的夢中可曾出現過一個風度翩翩的柔弱書生的影子?

孟子曰:「天將降大任於斯人也,必先苦其心志,勞其筋骨,餓其體膚,空乏其身,行拂亂其所為,所以動心忍性,曾益其所不能。」其實,不只是那些成就大業或肩負重大使命的人,生活中我們每個普通人都需要一塊磨刀石來磨練自己的心性,這塊磨刀石可以是某一個人,也可以是某一件持之以恆的事。

刀沒有磨刀石,無法持續鋒利;人沒有磨刀石,沒辦法持續提升。

對於張良而言,那位老人就是他的磨刀石。

曾國藩在年輕的時候身上有很多壞習慣,他樂於交往、喜歡熱鬧,經常走東家串西家,酒食宴飲,窮侃雄談,下棋聽戲,導致沒時間讀書,心靜不下來。不僅如此,由於少年科第,所以他一度顧盼自雄,為人傲慢,修養不佳。因脾氣火爆,曾國藩到北京頭幾年與朋友還大打出手過兩次。

不過,三十歲是曾國藩一生最重要的分水嶺,這一年他立下了「學作聖人」之志,此後的他開始有了脫胎換骨的變化。

他是怎麼做到的?

說來其實也不複雜,首先是立下堅定不移之志,透過超強的執行力,對自己進行全方位的磨練和改造。比如,從三十二歲開始,曾國藩

重新梳理自己的生活習慣,給自己制定了以下基本學習日程:每日楷書寫日記、每日讀史十頁、每日記茶餘偶談一則。而每天雷打不動堅持寫日記,也成了他磨練心性的手段,換句話說,日記就是曾國藩的磨刀石。

第三章　沛縣起義

第四章　風雲初湧

伯樂對一個人到底有多重要

九年後，秦始皇暴崩，二世無道，反秦的怒火席捲宇內。張良知道，時機成熟了！

在陳勝、吳廣揭竿而起之時，張良最初的計畫也是自己來，他試圖組建自己的武裝力量。令人尷尬的是，張良大張旗鼓地吆喝了很長時間，也只來了一百多人。

在那個天下動盪的時代，如此勢單力薄，要光復韓國，談何容易？張良一沒兵力，二沒靠山，怎麼辦？

沒有兵力，那就召集兵力；沒有靠山，那就尋找靠山。

誰是那個靠山？代理楚王景駒。

西元前209年，張良前往投奔代理楚王景駒，不料中途碰到劉邦的隊伍。

彼時的劉邦雖然經歷了一場敗仗，但好歹還有幾千人，看到張良的隊伍後，劉邦笑著說：「到哪兒不都是革命，趕緊入夥吧，跟我一起革命。」

打工仔張良在人潮中尋尋覓覓，他在找尋一位可靠的老闆，更確切地說，他在尋找他的伯樂。生活中有很多像張良這樣的人，他們身懷絕技，他們能力超人，但是他們缺少舞臺，缺乏賞識自己的伯樂。

第四章　風雲初湧

　　亂世之中，萍水相逢就是緣分，既然劉邦有意相招，張良便順勢加入了劉邦的隊伍。

　　從一開始，張良就不是劉邦的原始團隊的核心成員，他只是韓王成的代表，為了復國，短暫地投靠了劉邦集團。所以劉邦可以對蕭何、樊噲這些死黨哥們兒隨意捉弄開玩笑，卻始終對張良禮遇有加，不敢稍有輕慢。

　　我們常說，千里馬常有，而伯樂不常有，但其實，伯樂更需要千里馬來輔助自己成就大業。在加入劉邦的創業團隊後，張良其實也在觀察劉邦，是否是一個合格的領導者。如果發現劉邦不是他心目中的領導者，他會隨時離開，去尋找下一家。

　　那麼劉邦是不是那個賞識他的伯樂呢？

　　張良熟讀《太公兵法》，所以經常給劉邦出點子，而劉邦總能領會其中的奧妙，大為讚賞，馬上實施。這領悟能力，這心思通透，讓張良很是好奇，因為之前他給別人出謀劃策，別人要麼是聽不懂，要麼根本不感興趣，而向劉邦一講，他立刻就能領會其中深意，而且還能在第一時間採納。

　　張良不由得感慨道：劉邦真是天縱奇才也！自己總算找對了人！

　　俗話說，壓對牌贏一局，跟對人贏一生，這個道理放在職場上也是如此。

　　人這一生需要很多的奮鬥，經歷很多成功與失敗。在這過程中，如果能夠遇到貴人，將是人生一大幸事。所謂「貴人」，實質上就是伯樂，就是真正看得起自己的人，更是非常樂意幫助自己的人。

　　「良禽擇佳木」之理，古今相通。

　　好上司難求，亦如伯樂難遇。如果能在職場上遇到一個真正欣賞自

己的人,請不顧一切抱緊他的大腿。反之,如果一個上司看不出你的才能,那你就有可能會被埋沒,在這個時候,只有兩個選擇,要麼在工作中竭力展現自己的才能,要麼主動選擇離開。

百里奚年輕時家境甚貧,顛沛流離到齊國,不被任用;又至周,仍不被任用;後來出遊求仕,到虞國當了個大夫。

西元前 655 年,虞國被晉國所滅,百里奚和虞君都被晉國俘虜,成了奴隸。秦、晉兩國交好通婚,晉獻公把百里奚作為女兒陪嫁的奴僕送往秦國。百里奚不甘心做奴隸,半路上逃跑了,可不久又被楚人捉去,成了楚國的奴隸。

秦穆公是個有雄心壯志的國君,一直在收羅人才,他聽說百里奚是個有才幹的人之後,決心把他追回來。他怕用重金去贖會引起楚國對百里奚的重視,就按照當時奴隸的身價,拿了五張羊皮,並謊稱:「我們有個奴隸叫百里奚,逃到貴國,我們想將他贖回。」

楚成王不知內情,答應了秦國使者的要求。這時候的百里奚已五十多歲了,頭髮花白,牙齒都脫落了,但秦穆公還是親自接見了他,兩人促膝長談了三天,秦穆公對他大加讚賞,封他為大夫。後來,百里奚成為秦國一代名相。

很多時候,跟對人比埋頭苦幹更重要。一個人的成長,能力固然重要,但舞臺同樣很重要,而遇到一個為你搭建舞臺的老闆是人生一大幸事,是你走向成功的推進器和助力器。

我們都知道美國文學史上的三位巨匠 ── 海明威、費茲傑羅、湯瑪斯・沃爾夫,但你可能不知道,這三位文學巨匠都是被同一個編輯發掘的,他就是柏金斯。

海明威早期的作品不僅髒話多,還有強烈的男權傾向,作品中汙言

第四章　風雲初湧

穢語和不堪的人物描述讓很多編輯望而卻步。柏金斯卻不厭其煩地苦心勸導，甚至直接動手修改，維護海明威的大眾形象。

費茲傑羅喜歡揮霍，往往存不住錢，柏金斯想盡一切辦法，幫助費茲傑羅度過財務危機。當費茲傑羅因為自己的妻子患上精神分裂而酗酒成性，經紀人無法再為他擔保時，柏金斯為了能讓費茲傑羅堅持把長篇小說寫完，一次性借給這位當時被人視作過氣作家的老朋友三萬美元，甚至親自當他的財務管家、心理諮商師、精神協助師、職業規劃師……

至於沃爾夫，他的代表作《天使，望故鄉》一開始被好幾家出版社退稿，只有柏斯發現了沃爾夫的寫作才華。在審稿過程中，因為被柏金斯改動太多，甚至有很多人認為柏金斯才是這部作品的第一作者，沃爾夫只能算作第二作者。

《西遊記》中，沙和尚的智商和情商都堪稱平平，但卻因緣際會，跟了唐僧和孫悟空，最終取得真經，成了個金身羅漢。假如他沒有加入唐僧的團隊，沒有去西天取經呢？答案也不難猜，他很有可能就在流沙河平平淡淡終此一生，一輩子也回不了天庭，永無出頭之日。

如果沒有遇見秦穆公，百里奚只能以奴隸的身分終老於山野間；如果沒有柏斯的鼎力相助和無私奉獻，三位文學巨匠或許將永遠默默無聞；同樣地，如果不是因為遇見了劉邦，張良也只能繼續奔波，為光復韓國而四處求人。

壞老闆各有各的不好，而好老闆都是相似的，那就是，讓你遇見更好的自己。

項羽的志氣：彼可取而代也

幾乎就在同時，另一位年輕人接過陳勝的大旗，投身到了反秦起義的滾滾洪流之中。

這是一個註定要成為英雄的年輕人。他的出現，將反秦起義的鬥爭推向了高潮，深刻影響了未來天下之格局，也在中國幾千年的歷史畫卷中留下了濃墨重彩的一筆。

他的名字叫項羽。

項羽的家世還得從秦滅楚之戰說起。

西元前 226 年，秦將王賁輕而易舉地攻破楚國十餘城。嬴政被眼前的勝利沖昏了頭腦，認為楚國不過爾爾，不聽王翦以六十萬大軍全力攻楚的建議，遣新星李信、蒙武率二十萬大軍攻楚。

次年，李信、蒙武兵分兩路向楚地進發。負責楚國軍事防務的是名將項燕。他將主力軍隊隱藏起來，尋隙反擊。李信沒有找到楚軍主力，轉而與蒙武會師。結果秦軍被楚人暗中尾隨三晝夜，李信軍、蒙武軍會師後被徹底擊破，二十萬秦軍丟盔棄甲，潰不成軍。

形勢急轉直下，秦王嬴政只好親自跑到頻陽請老將王翦出山。

西元前 224 年，王翦率軍至平輿（今河南平輿北）。楚國立即進行全國總動員，項燕起全國之兵，兩軍形成對峙局面。

到達戰場後，王翦下令所有人不得出戰，全部轉為施工隊，每天的工作就是修建各種防禦工事。王翦自己也跟士兵們同吃同住同勞動，就像來楚國邊境度假旅遊一樣愜意，使得對面的楚國軍隊不知所措。

這一天，王翦像平常一樣詢問軍中日常，下面的人回報說，大家都憋著一股子勁兒無處發洩，天天在軍營裡比賽扔大石頭。王翦聽了相當高興：「士氣可用矣！」

第四章　風雲初湧

而此時，對面的項燕耗不下去了，下令部隊開拔，楚軍撤往蘄地。

王翦等的就是這個機會！

他以精銳士卒為前鋒，跟著項燕軍團一路追擊，楚軍大敗，秦軍乘勝攻占城邑。第二年，王翦、蒙武攻荊，破荊軍，昌平君死，項燕自殺。亡國時，楚人發出最後的吶喊：「楚雖三戶，亡秦必楚！」

這句話其實也是許多楚國遺民的心聲。套用《英雄本色》裡小馬哥的話來說就是：我們一直在等一個機會，就是為了告訴天下人，你們秦國從我們楚國拿走的東西，我們一定會拿回來！

楚國滅亡後，秦國大肆搜捕項燕的後人，項梁帶著兩個姪子項羽和項莊四處躲藏，最後流亡到了吳縣（今江蘇蘇州）。

歷史告訴我們，偉大人物往往在出生之時就與眾不同。據史書記載，項羽身長八尺餘，力能扛鼎，才氣過人。《漢書》記載為八尺二寸，也就是 1.89 公尺。這樣一個大漢在今天也是十分高大的了。更為神奇的是，史書上記載項羽目有重瞳！

所謂重瞳，就是眼珠內有兩個瞳孔。相書認為，重瞳為奇貴，主聖德勤能，英明神武，為帝王之品。

目有重瞳者，中國史書上記載有八個人：倉頡、虞舜、重耳、項羽、呂光、魚俱羅、李煜、高洋。倉頡是造字聖人；虞舜是禪讓的聖人，三皇五帝之一；重耳是開創晉國長達百年霸業的霸主；呂光是十六國時期的後涼王；魚俱羅是隋朝名將；李煜是五代十國時南唐國君，著名詞人、文學家；高洋是南北朝時期北齊政權的開國皇帝；而項羽則是曠古絕今的「西楚霸王」！

和今天的年輕人一樣，年輕時的項羽也面臨著如何選擇自己興趣愛好的問題。

項羽的志氣：彼可取而代也

司馬遷在《史記》中記載了這麼一則故事：

項羽年少時，項梁教他讀書，可年輕氣盛的項羽對枯燥的文字根本不感興趣，學了沒多久便厭倦了。後又教他武藝，項梁心想，這應該符合項羽的性格了吧？可血氣方剛的項羽沒多久又不學了。

項梁很生氣，你這小子，這也不學，那也不學，到底想做什麼？項羽卻說道：「寫字，能夠用來記名字就夠了。劍術，也只能對付一個人，我要學能敵萬人的本事！」

項梁心中微感訝異，索性就教項羽學習兵法韜略。項羽大喜，但略知兵法大意之後，又不肯鑽研精熟，項梁也束手無策，無可奈何。

在職場中，尋找自己的興趣，並圍繞它開創一片事業，是我們每個人都要思考的問題。

現實生活中很多人都搞不清自己擅長什麼，也不知道什麼才是自己真正感興趣的工作，有些人只相信別人對自己的判斷，而不相信自己的直覺。年輕的項羽也面臨這個問題，他不知道自己真正感興趣的是什麼，所以只能不斷地嘗試新鮮事物。

在一次次的嘗試與學習中，項羽雖然表現出了對兵法韜略的興趣，但也是淺嘗輒止，並不能算精通。所以說，項羽並沒有找到自己真正的興趣愛好。

那麼如何才能找到自己的興趣，發自內心地去工作？

答案其實很簡單：直面自己內心真正的欲望。

試想一下，你有沒有過這樣的體驗：

有一些事情，會讓你廢寢忘食，雖然工作量很大，卻感覺不到疲勞；

有一些事情，能深深地吸引你，激發你的熱情，讓你充滿活力；

有一些事情，過程十分艱辛，但就算沒有報酬你也願意做。

第四章　風雲初湧

　　好好回憶自己做過的事情，搞清楚自己的長處和短處，按圖索驥，你總會有些收穫的。若還是有些模糊，請不要放棄繼續探索自己。

　　項羽不屑於讀書，然而他的《垓下歌》卻流傳千古；不屑於學劍，卻於千軍萬馬中獨殺幾百人；不專心學兵法，卻創造了鉅鹿之戰、彭城之戰等以少勝多的經典戰役，身經七十餘戰，未嘗敗北，這不能不說是一個奇蹟。

　　與劉邦的經歷相似，項羽在年輕時也曾親眼見過嬴政的風采。西元前209年，秦始皇出遊，至浙江，過錢塘，大展排場，風光無限。年僅二十二歲的項羽在看到秦始皇出遊那壯闊的景象時，雄心勃勃地說了一句：「彼可取而代之！」項梁聞言，大驚失色：「你不要命了？」連忙摀住了項羽的嘴。

　　一句話，將項羽年輕時的豪氣與遠大抱負表現得淋漓盡致！秦始皇有什麼了不起？我項羽就可以將他取而代之！而與項羽有著同樣遠大志向的劉邦則低調得多，發出了「嗟乎！大丈夫當如是也」的慨嘆。

　　司馬遷特意寫劉邦和項羽見到秦始皇時的反應，其實大可玩味。兩人的反應是其身分的真實反映：項羽是貴族出身，所以脫口而出想取而代之；劉邦是平民，夏、商、周三代以來，從來沒有平民做帝王的先例，所以劉邦只有徒嘆羨慕的份。

楚雖三戶，亡秦必楚

　　楚亡後，項梁帶著姪兒項羽踏上了逃亡之路。項梁曾因殺人，有一次被櫟陽縣衙逮捕，好在有人脈，託付好友曹咎向司馬欣說情，才被放出來。

　　這之後，叔姪二人為避仇隱居到了吳中（今蘇州）。項梁在吳中威信

頗高，賢士大夫皆出其下，當地的大事全由他出面主辦。項梁借此機會招兵買馬、訓練子弟，暗中等待機會。

當項梁還在等待機會的時候，機會先找上了他！

陳勝、吳廣起義後，各郡縣百姓爭相殺當地官吏以回應義軍。會稽太守殷通迫於形勢，也打算打起反秦的旗號，他知道項梁一直都在暗中準備，等的就是這個機會，就邀約項梁共商起義之事。

項梁敏銳地察覺到，成敗在此一舉！

殷通將項梁邀至府內，開門見山道：「大江以西全都反了，看來秦朝氣數盡矣！做事占得先機便可控制別人，落後一步便會受制於人。我打算起兵反秦，想邀請您和桓楚統領軍隊。只是桓楚逃往他處，不知去了哪裡。」

項梁微微一笑，道：「無妨。桓楚的確是個將才，很少有人知道他的行蹤，不過我姪兒項羽和這個人關係不錯，必定知曉桓楚的藏身之處。如果讓項羽去找桓楚，這事肯定能成！」

殷通聽項梁這麼說，大喜，雙手一拍，「既然你姪兒知道桓楚身在何處，那煩請他把桓楚找過來吧。」

出了廳堂，項梁囑咐項羽持劍在外面等候，悄悄耳語叮囑一番，又進去面見郡守殷通。重新入座後，項梁開口道：「姪兒項羽正在廳外等候，我把他叫進來。」

一聲召喚，項羽推門而入。殷通見項羽長得雄赳挺拔，大喜，不由得讚道：「好一位壯士，真不愧項君令姪！」卻絲毫沒有注意到項梁的眼中閃過一絲寒光。

就在殷通毫無防備之際，一旁的項梁給項羽使了個眼色，大喊一聲：「還不動手，更待何時？」

第四章　風雲初湧

　　話音未落，項羽一個箭步躥到跟前，拔出腰間長劍就向殷通斬去。一道白光閃過，殷通的人頭滾落在地，一股鮮血自殷通的頸中飛躥起來，熱騰騰濺了項羽一臉。

　　項梁手裡拿著郡守的頭，身上佩掛郡守的官印站在廳堂之中。突遭變故，郡府的侍從、護衛全懵了，紛紛亮出兵刃，向著項梁叔姪二人殺去。這些侍衛哪裡是天生神勇的項羽的敵手？劍鋒所指之處，無不血肉橫飛！

　　一場血鬥之後，郡府的侍從、護衛死傷大半，地上橫七豎八地躺著數十具屍體，整個郡府上下都嚇得伏地不敢動。項羽渾身是血（當然是對手的血），模樣甚是可怕，站在血染的廳堂之中宛如一尊戰神！

　　這是項羽第一次向世人展現他的果敢、勇武，也是他的成名之戰！

　　隨後，項梁召集之前聯絡好的郡吏，號召大家起義反秦，派遣人員安撫地方，徵調地方精兵八千餘人，正式開始了復楚的征途。

　　故事講到這裡，有一個疑問想必大家都很好奇：殷通找來了項梁叔姪，給他們兵力起兵反秦，為什麼項梁不僅不感激，反而還要殺殷通？

　　仔細分析，其實原因也不難理解。殷通的起兵目的與項家不一致，殷通身為一郡之首，他的起兵帶有明顯的投機性質，眼看形勢不對，想倒戈以求自保。在某種意義上，殷通的反秦其實是一種投機，有種渾水摸魚的味道。

　　項梁則不同，他是想復立楚國，而且殷通招項梁為將，是想自己起頭做老大，還期待著找到曾經的大將桓楚來制衡項梁的權力，這種安排顯然不是項梁所期望的。

　　既然殷通阻礙了自己這支反秦勢力的擴張，怎麼辦？

　　一句話：果斷行動，除掉殷通！

項梁深知，行動才是最強大的力量。在成功的必備要素中，人們刻意強調機會的重要性，有很多人把自己的失敗歸結於沒有機會。殊不知，機會固然重要，但是當機會來臨時，如果沒有果斷的行動力，也只能與成功擦肩而過。果斷的行動力才是打開成功大門的鑰匙。

一個人是否有果斷的行動力，取決於他是否能迅速地看清問題的關鍵，在最短的時間內做出合理的判斷，然後做出最後的決定，最終將決定快速地變為行動。此時此刻，項梁面臨的就是這種需要決斷的時刻。一旦大將桓楚被殷通找回來委以重任，那麼項梁的勢力必然會受到壓縮，到那時候再想吃掉殷通，可就難於登天了！

說到底，大膽決斷和果斷行動，才是項梁能夠一擊成功的重要條件。

這一年，距離楚國滅亡已有十四年。

回首往事，那段久久不願提及的故國記憶，再次浮現出來。

古劍腐鏽兮悲鳴招魂。
縱橫回首兮幾度年輪？
遙望天際兮黃沙翻滾。
憶我國殤兮鐵馬凌雲！
楚雖三戶，亡秦必楚！

陳嬰：名利面前克制自己

會稽奪權之變後，項梁自任會稽將軍，項羽為副將，率領部隊向周邊攻城掠地。

項梁會稽起兵，也吸引了另一個人的注意。此人名叫召平，是陳勝的手下，陳勝派他攻打廣陵（今揚州），結果就是沒打下來。而此時，章

第四章　風雲初湧

邯的部隊已經在前來討伐的路上，隨時都會到達戰場，前方顯然已響起警報！

召平聽聞項梁已經起兵，索性獨自渡過長江，假借陳勝的號令去見項梁，他說：「陳王封你做上柱國（類似於宰相），現在章邯來了，我們只有靠你了，趕快領兵迎戰章邯。」

得到陳勝的「指示」後，項梁立即領兵渡江西進，順帶收獲了兩員大將：英布和蒲將軍。也就在這個時候，項梁聽說了東陽縣在陳嬰的帶領下起義的消息，於是派了一名使者去見陳嬰，希望能和他聯手抗秦。

陳嬰家族是東陽縣的望族，好善樂施，深得百姓尊敬。陳嬰本人是東陽縣裡的一位文吏，承繼家風，一向忠信謹慎，廣得人心，縣裡鄉民都說他是位忠厚的長者。

秦朝末年政局動盪，群雄紛亂，統治政權已經岌岌可危，隨著陳勝、吳廣揭竿而起，天下四處回應，烽火連天，反對秦王朝的起義此起彼伏。東陽少年殺了縣令，聚集了數千人，用青巾裹頭，表示自己是新起的軍隊。大家想推舉首領，苦於沒有合適的人選，於是只得去找陳嬰，請陳嬰就地稱王。誰知陳嬰推辭說能力不夠，眾人再三懇求，陳嬰有些動心，決定跟母親商量一下。

孰料，母親卻給陳嬰當頭潑了一盆冷水。

陳母說：「自從我來到你們家，哪聽說過自家有當過王侯的呢？自己稱王，恐有違天意，不如歸順於項氏一族，還是個忠臣。」

德不配位，必遭其殃。名利面前，難得有如此清醒智慧的母親。

聽完母親的分析，陳嬰微微發熱的大腦立即清醒下來。他知道自己幾斤幾兩，當王爺做皇帝肯定不行，倒不如聽自己老母的話，堅決不稱王。

陳嬰：名利面前克制自己

眾人還待再勸，陳嬰卻始終把持住底線，絕不稱王。項梁、項羽叔姪決意與陳嬰的部隊聯合反秦，為了表示誠意，項梁親自寫了一封信給陳嬰。陳嬰馬上召集各位將領，說：「項家是楚國世代的將軍，項梁是將門之後，姪兒項羽有萬夫不當之勇，要推翻秦朝，只能跟著項將軍。」

在陳嬰的勸說下，眾人投奔了項梁的軍隊，陳嬰也卸掉了一大包袱。

在名利的誘惑面前，陳嬰克制住了自己，在當時反秦起義的浪潮中，已經有很多人割據一方稱王，吸引了周邊地區的民眾參與。但這樣也有一個問題，當時的秦王朝主要兵力尚在，一旦稱王，很容易引起秦軍的注意，招來秦軍正規部隊的殘酷打壓。如果沒有足夠的底氣和實力，最好的辦法就是找個靠山，暗中積蓄力量。

《史記》云：「天下熙熙，皆為利來；天下攘攘，皆為利往。」追名逐利乃人之天性，也是社會發展和實現個人價值的動力所在。然而，大多數人往往容易在這個過程中迷失方向，一味強調成功，追求顯赫高位，難以控制不斷膨脹的野心，最終跌入萬劫不復之地。能夠清醒地認識自我，追求與自己能力相匹配的地位，顯得更加可貴。

此時的項梁正春風得意，憑藉著項氏家族的威望和自己的不懈奮鬥，他已經成為反秦起義隊伍中的中堅力量，完成了一場華麗轉身。

儘管項梁的隊伍正在不斷強大，還是有人不買他的帳。誰？秦嘉！

秦嘉與陳勝早有嫌隙，起義爆發後，秦嘉斬殺了武平君畔，另立了楚國的貴族後裔景駒為王。

項梁得知秦嘉另立了楚王景駒，並駐兵彭城，擋住了自己的路徑，不禁勃然大怒，對將士們說道：「陳王最先起義，仗打得不順利，不知道如今在什麼地方。現在秦嘉背叛了陳王而立景駒為楚王，這是大逆不道！」隨即率大軍向彭城殺去。秦嘉不敵，棄城逃走，項梁緊追不捨。

第四章　風雲初湧

秦嘉戰死，景駒獨自逃往魏國。

項梁再一次用實力證明了自己。在打敗秦嘉後，項梁吞併了秦嘉的軍隊，駐紮在胡陵，準備率軍西進。而此時的章邯軍團也屢戰屢勝，駐紮在栗縣（今河南夏邑縣）。栗縣在胡陵的西南方，項梁想一直沿著泗水西進，直接進攻三川，不想繞道，於是派朱雞石和餘樊君兩人率領一支軍隊去打章邯。

這兩個蝦兵蟹將哪裡是秦將章邯的對手？一場仗下來，不出意料，餘樊君戰死，朱雞石吃了敗仗，倉皇逃回胡陵。消息傳到項梁處，氣得他直跺腳，對於一個軍士來說，戰死沙場是至高的榮耀，而臨陣脫逃是叛徒的行為。項梁率軍進入薛，一刀了結了朱雞石。

與此同時，城父（今安徽蒙城）傳來了陳勝已死的消息。項梁深知，隨著陳勝、吳廣相繼失敗，自己已不可避免地被推到了起義的風口浪尖上。為今之計，只有立一個楚王，豎起一面大旗，將楚地的人心凝聚起來，才有可能成事。起義不光要有軍事力量，還必須要有強大的政治力量。

可是，立誰合適呢？

楚王這個位置，雖然看著風光無限，但其實卻如坐在火山口上，一不小心就有可能丟掉性命，成為別人的代罪羔羊。

項梁思考無果，決定在薛縣召集各路豪傑商議對策，拿出個方案來。

參加這次會議的兩人赫赫有名，一個是以智謀聞名的范增，另一個是沛縣劉邦。

時光在此刻停留，我們先來看一看劉邦的起義之路。

第五章　劉項合兵

仁心才是不容置疑的道理

　　話說劉邦在半路碰到張良後，兩人越聊越投機，張良索性加入了劉邦的隊伍。

　　在見到楚王景駒後，劉邦向他借兵反攻豐邑，景駒也是個爽快之人，很快就借給他一隊人馬。就在劉邦準備回鄉復仇的時候，秦軍殺過來了。

　　章邯的部將司馬夷血洗相縣後，一路殺到了碭縣。情況緊急，景駒只得臨時指派劉邦迎戰秦軍。劉邦很無奈，都說拿人家手短，吃人家嘴軟，誰讓自己有求於景駒呢？

　　劉邦帶著自己的人馬趕赴蕭縣（今安徽蕭縣），與秦軍大戰一場，結果卻被一路撐到了留縣。

　　劉邦不甘心，再次引兵從留地出發攻打碭縣。這一次，劉邦記取了教訓，穩紮穩打，將碭縣圍得如同鐵桶一般，經過三天三夜的激烈戰鬥，最終拿下了碭縣。

　　緊接著，劉邦回師豐邑，一路上還拔掉了下邑，收編了不少秦軍的隊伍。現在，他要回去向雍齒復仇！

　　豐邑城下，劉邦帶著九千人馬遠道而來，勢在必得。可城內的雍齒也不是吃素的，在他的調度下，城內防守嚴密，根本不給劉邦一絲一毫的機會。幾場仗打下來，劉邦這邊潰不成軍，實力再一次受到了嚴重的削弱！

第五章　劉項合兵

劉邦心急如焚。他知道，再這樣耗下去，說不定哪天自己就變成光桿司令了。在蕭何的建議下，劉邦準備腆著臉皮再次向景駒借兵，卻悲哀地發現，景駒已被項梁收拾了。

為了拿下自己的根據地，劉邦只得向項梁搬救兵。項梁對劉邦說，借兵可以，但你必須聽我的指揮。

劉邦點頭答應，帶著從項梁處借來的五千兵力回到了豐邑。在項家軍的助攻下，豐邑縣城被攻破，劉邦回到了自己的根據地。而他的對手雍齒早在城破前就已經祕密出城，投奔魏國去了。

劉邦終於進了城，他站在城牆之上，心中感慨萬千。這座城，曾經是他成長的地方，這裡的父老鄉親都是他的隔壁鄰居，他一生的事業也從此處開始。然而，就是這座他無比熟悉的縣城，卻在關鍵時刻背叛了他，令他付出了慘痛的代價！他恨這裡的一切，甚至揚言要屠城！

眼看著劉邦的心智已被復仇的怒火淹沒，蕭何和張良適時地站了出來，對他曉之以理、動之以情，勸劉邦善待父老鄉親，以和為貴。善會幫你收獲更多人的認可，作為起義隊伍的帶頭大哥，一定要時刻注重自己的形象，禮賢下士，善待他人，只有這樣才能吸引更多的人來投奔。

劉邦在聽完二人的一番勸告後，虛心接受，深刻反省自己的錯誤思想。他開始意識到人設對於民眾的重要性，從這時起，劉邦就開始刻意營造自己寬厚「長者」的形象，逐漸在義軍和民眾中得到了認可。

與此同時，年輕衝動的項羽卻在襄城大開殺戒，將這座縣城變為了人間煉獄！

先羅列一項基本事實，項羽從滅秦開始，直至四年楚漢之戰結束，從未停止過屠城殺降。在《史記・項羽本紀》中，司馬遷記載了項羽集團的六次大屠殺——

第一次是襄城屠城，坑殺全城平民，城中的秦軍和百姓，無論男女老少，一個活口不留。

　　第二次是城陽屠城，項羽占領城陽後，出面組織了大屠殺，殺光了輔助秦軍抵抗的全城平民。這次屠殺，主要是示威，告訴秦國其他城市，不投降就是這個後果。

　　第三次是新安屠城，《史記》載：「羽詐坑殺秦降卒二十萬人於新安。」西元 759 年，詩人杜甫途經新安，吟出：「項氏何殘忍，秦兵此處坑。愁雲終古在，鬼燦至今明……」

　　第四次是咸陽屠城，殺戮關中平民無數，大劫、大燒、大殺、大掘墳墓，把秦都咸陽變成了一個鬼城。

　　第五次是破齊屠城，坑殺田榮降卒，大肆燒殺搶掠，逼反復辟後的齊國。

　　第六次是外黃屠城，在外黃縣令十三歲兒子的勸說下，屠殺未遂。

　　上述都是戰勝之後的屠城和殺降，這樣的行徑簡直令人髮指！

　　項羽的酷烈大屠殺，讓他惡名昭彰於天下，楚懷王說他「剽悍猾賊」。不難看出，他簡直就是一個動則屠城、怒則殺人的屠夫。這種人胸中缺乏對底層民眾最基本的仁慈和悲憫，在他眼裡，所謂的民眾只不過是一群螻蟻而已，而民心向背在他眼裡什麼都不是。

　　我們常說，仁者無敵，這裡面的仁，其實可以理解為內心的良善，放到一個政治家身上，那就是能俯下身子，傾聽底層民眾的心聲，尊重他們的意願。

　　一個人想要取得成功，可以有好多種管道，但是想要贏得人心，必須是將心比心。或許每個人地位高低不同，但在生命天平上是一樣的，你想要活下去，前提是要讓別人也能活下去；你想過得好，就先得讓別

第五章　劉項合兵

人過得好，這就是仁者之心。

仁心其實並不是高不可及，就在伸手可及之處。擁有它，你就能在大爭之世活到最後，因為每個人都想活下去，好好地活下去。

大道為簡，其易也難，劉邦本人品格高低無關緊要，但他卻很早就意識到了民心的重要性，將自己塑造成一位寬厚的長者。透過一次次實例，世人都看出來了，劉邦雖然有時也耍無賴，但大多數時候仍能做到寬厚待人，他是不會將人逼到絕境的。反觀項羽，縱然神勇無敵，然坑秦卒、焚咸陽，每一步都是逼得別人沒辦法活。

可是話又說回來，劉邦真的那麼「仁厚」嗎？

其實也不然。項羽大肆屠城，劉邦的崛起之路也烙下了血腥的屠城印跡，他所謂的仁義，更主要是為了塑造自身形象的需求，甚至可以說是作秀。作秀也未嘗不可，把真善美的一面推向世人，讓世人快速了解自己，產生轟動效應，引起大家對自己的關注，進而吸引大家投靠到自己這邊。這種政治作秀為劉邦贏得了眾多粉絲的支持，並為其蓄積了強大的人脈資源。

而項羽呢？他刻意在世人面前展現他的勇武和善戰，絲毫假慈悲都不願意做，也難怪會盡失民心了。

打出旗幟很重要

好了，讓我們再一次把視角對準薛縣這個地方，了解一下這次薛縣會議的主角──以智謀聞名的范增。

據《史記・項羽本紀》所載：「居巢人范增，年七十，素居家，好奇計。」老爺子已經七十多歲了，倒也能沉得住氣，在家中隱忍了一輩子，正趕上天下大亂，他的「奇技」終於有了用武之地。得知項梁的部隊駐紮

在薛縣，范增主動前去面見項梁，開門見山道：

「陳勝有今天的結果，完全是咎由自取。當初秦滅六國，楚國最無辜，楚懷王被秦扣留至死，是楚國人心裡永遠的痛，所以才會有楚南公的『楚雖三戶，亡秦必楚』一說。可陳勝起義後，不立楚懷王的後人，卻搶著自己稱王，寒了天下人的心，當然成不了大事。現在項將軍您在江東起兵，原來的楚國人爭相投奔，這都是因為您的父輩都是楚國大將，他們堅信您一定會擁立楚國國君的後代。」

乍聽這段話，很多人的第一反應就是「秦滅六國，楚最無辜」這句話說得好沒道理！

所謂「秦滅六國，楚最無辜」和楚懷王被騙、客死在秦一事，不過是楚國人自己的悲劇情結而已，依此說來，那齊國更是無罪了！當初齊國跟秦國交好，不與其他五國聯合，最後還是難逃被滅國的命運，可是這種「無辜」會博得其他五國的同情嗎？人們同情和支持楚國，一是因為楚國在最後衛國之戰中的頑強和慘烈，另一個重要原因則是楚人有著極為狂熱的愛國熱情。屈原就是在楚國滅亡之後自投汨羅江的，換作誰也無法忍受秦國人給楚國人帶來的奇恥大辱！

我們有理由相信，范增說這番話，更主要的目的想凝聚楚國的人心，增加號召力。

「楚雖三戶，亡秦必楚」本是楚南公的一時激憤之詞，卻在楚地廣為流傳，成為反抗暴秦統治的時代名言。巧的是，它除了代表一種情緒化的堅定信念之外，又不可思議地應驗了：亡秦這一事業起於楚，又終於楚。

薑還是老的辣！項梁聽完范增的一番分析後，深以為然，派人四處訪求楚懷王的後裔。

第五章 劉項合兵

不久之後，項梁找到了流落到民間替人牧羊的原楚懷王之孫熊心，當即迎入，立為楚懷王。

熟悉歷史的人都知道，歷史上有兩個楚懷王，一個是戰國時楚懷王熊槐，被騙客死在秦；另一個是此時被項梁擁立的原楚懷王之孫熊心。

第一任楚懷王熊槐繼位時，楚國還是十分強大的。但楚懷王利令智昏，任用佞臣令尹子蘭、上官大夫靳尚，寵愛南后鄭袖，排斥左徒大夫屈原，致使國事日非。這之後，楚懷王中了秦國相張儀之計，背齊投秦，最後在武關被秦國扣留，秦王脅迫懷王割地，懷王不肯，逃跑後被秦國追兵捉回。

西元前296年懷王在秦國病逝，秦國把遺體送還楚國，「楚人皆憐之，如悲親戚。」項梁將熊槐的孫子熊心再次立為楚懷王，顯然是為了讓楚人牢記那段不堪回首的屈辱歷史，激勵他們為楚國報仇。

故事講到這裡，很多人也許會有一個疑問，項梁本身就是原來楚國的名將，也算是貴族出身，為什麼還會被謀士范增的幾句話說服，甘願把起義軍帶頭大哥的位子空出來，讓給一個牛童？

這就要講到名正言順的重要性了。在中國古代，名分就是政治正確，只有占據了名分的主戰場，才能在做事時暢通無阻，讓別人挑不出毛病。

朱元璋在創業之初，以韓林兒為號召的紅巾軍一度聲勢極盛，幾乎所有造反武裝都自稱隸屬於紅巾軍派系，朱元璋最早效命的郭子興的部隊也不例外。

為什麼大家都願意擁立一個貧民出身、能力平平的韓林兒？

這是因為，韓林兒是宋宗室後裔的名聲在外傳播已久，在人們不滿元朝統治的背景下，頗具凝聚人心的妙用，所以各大軍閥還是願意擁戴

他的，而且成本小得出奇，只要養著他，讓他好吃好喝，自己做什麼又不受他限制，豈非一石多鳥？

這個時候的朱元璋是萬不會陷害小明王的，理由很簡單，時機不成熟。對於此時的項梁而言，熊心就是這樣一位亂世中的代表性人物，擁立他能夠吸引更廣泛的楚國百姓加入自己的隊伍中，團結更多的人，將反秦事業推向高潮。

別讓自信變自大

雖然加入了劉邦的陣營，但張良卻是身在曹營心在漢，他的心一直牽掛著被秦國消滅的韓國，生是韓國人，死為韓國魂。在立熊心為楚懷王後，張良第一時間去找項梁：

「你都立了楚國的後人了，不差再立一個。韓國各位公子中，橫陽君韓成賢能，我希望您能把他立為王，增加同盟者的力量。」

在徵得項梁的同意後，張良找到了韓國的公子成，立韓成為王，自己做了司徒，聚集了一千餘人去收復韓國的故土。

此時，章邯在撲滅陳勝起義的烽火之後，挾勝利之威四處消滅起義軍，逐漸恢復了秦國對中原地區的統治力量。而項梁在薛縣立熊心為王後，整合了南方以楚地為首的所有反秦力量，準備與章邯一戰。

經驗豐富的章邯不敢大意，他把第一個攻擊目標選定為魏國。

魏王咎哪裡是章邯的對手？眼看魏國大禍臨頭，魏王立即派周市向楚、齊兩國求援。

接到魏王咎的求援信，項梁不敢怠慢，迅速派將軍項他率軍前往救援。而齊王田儋也很可靠，親率大軍前來支援。

第五章　劉項合兵

　　但章邯實在是太強了。就在楚齊聯軍剛到臨濟，還沒站穩腳跟之時，章邯藉著夜色的掩護悄悄摸到了楚齊聯軍的大營，突然殺出。楚齊聯軍疏於防備，一片混亂，被章邯打了個措手不及。齊王田儋、楚相周市在混戰中戰死，項他則在楚軍拚死抵擋下，勉強逃回楚境。

　　魏王咎站在城樓上，默默無語。他知道援兵已被章邯悉數擊敗，眼看突圍無望，轉身望著身後的臨濟，命令將士們開城投降，而自己則選擇了自焚而死。

　　投降，是為了城內百姓免遭屠戮；自焚，是為了保住作為魏國國君的最後一絲尊嚴。

　　魏咎死後，其弟魏豹和楚軍將領項他逃回了楚軍。得知這條消息，劉邦大為震驚，早在起兵之時，他便聽聞秦少府章邯兵略造詣極高，想不到在短短的一年之內，竟帶著七十萬驪山囚徒，連敗周文、田臧、李歸、伍逢、鄧說、張賀、朱雞石、餘樊君、周市、項他、陳勝、田儋、魏咎，天下諸侯一下被擊破了一半，一時之間氣勢如虹。這樣神一般的對手，放眼望去，還有誰能與之一戰？

　　大家不約而同地把目光投向了項梁叔姪，以及他們的楚軍。

　　此時的劉邦剛剛加入項梁的隊伍，正帶著自己為數不多的人馬四處擴建根據地。面對這位所向披靡的大秦名將，劉邦果斷地選擇了避其鋒芒，離得遠遠的。他知道，只憑自己的這點人馬前往救援，還不夠讓章邯看一眼。當今天下，能與之一戰的，唯有項梁叔姪。

　　這個世界是靠實力說話的，當你沒有足夠的實力時，沉穩和蟄伏就是你生存的重要法寶。眼下要做的，只有不斷擴張地盤，在積蓄力量的同時靜待時機。

　　田儋戰死後，其弟田榮帶著殘兵餘將逃到了東阿，章邯攜勝利之

威，不依不饒地追著齊兵，將其團團圍住。眼看田榮即將支撐不住，關鍵時刻項梁帶著援兵出現在章邯身後。

這是一場絕世名將之間的戰爭，一方是大秦帝國最後的守門人，一方是反秦起義軍的頂天梁柱。

經過一番激烈的廝殺，章邯不敵，退往濮陽。

此時的劉邦也接到了項梁的調令，命他和項羽兵合一處，攻打城陽，而項梁自己帶兵去追章邯。

有了項羽做主力，劉邦倒也樂見其成，幾乎不費吹灰之力就拿下了城陽。只是，當城門緩緩打開時，項羽卻出人意料地下了一道命令：屠城！

劉邦大驚，他連忙勸住項羽，屠城極易失去民心，造成惡劣影響，對於正在發展壯大的起義軍不利。

可項羽哪裡能聽得進去？他要向民眾示威，膽敢與自己為敵，就是這個下場！

拿下城陽後，劉邦和項羽一路疾行軍，趕到濮陽城外，與項梁會合，再戰章邯。章邯再次不敵，退守濮陽內，為了避免困守孤城，章邯做了兩點準備：一是緊急調動各路秦軍集結濮陽，為自己解圍；二是挖掘河堤，圍繞濮陽城開闢了一條護城河。

項梁不服氣，幾次強攻，都被章邯擊退，只能在護城河外望城興嘆。碰了一鼻子灰的項梁沒有一條道走到黑，他果斷轉變思路，與其在此徒增傷亡耗費時間，倒不如避開此處，清除濮陽周圍的秦軍。

計策已定，項梁兵分兩路，一路由自己率領，向西攻取定陶，另一路則是由劉邦與項羽率領，進擊雍丘（今河南杞縣）。

接到任務，劉邦不敢耽誤，會同項羽直奔雍丘。而駐守雍丘的正是李斯之子──李由。

第五章　劉項合兵

郡守官邸內，李由神情凝重。在他面前，是父親李斯派人送來的書信，詢問前線的戰況，囑咐他一定要隨機應變，關鍵時刻要保護好自己。

面對父親的諄諄教導，李由心中卻是五味雜陳。他知道，國事已不可為，父親這是為自己好，可是他身負守護帝國之責，如果對城下的反賊裝聾作啞，避而不戰，如何向自己交代？如何向部下們交代？

上一次自己只守不攻，雖然最後保住了城池，但卻被部下罵了個狗血噴頭。父親也在朝中被人嘲諷，落了個不忠於國事的名聲。只要一想到上次的狼狽模樣，李由就會搖頭嘆息。

這一次，李由決定不再避戰，他要主動出擊，贏回屬於自己的尊嚴！

城外，是項羽和劉邦，身後是黑壓壓一片的起義軍；城內，是李由經過短期操練勉強組織起來的民兵。

有項羽衝鋒陷陣，劉邦倒也不用親冒矢石。一番激烈的廝殺後，起義軍攻破了雍丘，李由為國殉身。

憂國者不顧其身，愛民者不罔其上。李由用自己的生命實踐了當初許下的諾言。

劉邦和項羽不辱使命，項梁帶領的楚軍表現也不俗，在定陶大破秦軍，完成了對秦軍的三連殺。

眼看著章邯被打得節節敗退，縮在濮陽不敢出來，項梁自信心爆發，他開始有點飄飄然了。

這是一個危險的信號。

項梁的副手宋義看出苗頭不對，勸項梁說，將軍西征以來，一路上戰無不勝，但戰場形勢瞬息萬變。目前秦軍雖然暫時處於劣勢，但章邯非等閒之將，咸陽方面也在源源不斷地調兵，恐怕有所圖謀，將軍切不可大意啊！

宋義這麼說不是沒有道理，項梁的軍隊固然連戰連捷，但士卒在持續的戰爭中得不到休整，其核心部隊不過六、七萬人，還要分一部分兵力給項羽、劉邦清掃周邊，手上能用的兵力也是十分有限。

再看章邯那邊，他率領的軍隊是七十萬驪山刑徒，還包括帝國最精銳的部隊——中尉軍也歸他指揮，何況還有關中的兵員源源不斷地補充到軍中。雖然章邯在幾次戰爭中都敗給了項梁，但整體兵力並未遭到毀滅性的打擊，其實力仍不可小覷。

兩相比較，項梁軍團其實並不占優勢，但此前一系列的勝利讓他失去了關鍵時刻應有的理智和冷靜。造反以來，他從勝利走向勝利，他堅信章邯軍團屢戰屢敗，不堪一擊，翻不起多大的浪花。

十八世紀，德國古典唯心主義哲學大師黑格爾曾發浩嘆：「和平是一個民族的腐蝕劑。」套用這話，我認為，連續勝利是一支部隊的腐蝕劑。一支沒有品嘗過失敗滋味的軍隊和軍隊首領是不成熟和危險的。

一個人什麼時候容易犯錯誤？就是志得意滿、一切順利的時候，耳朵再也聽不進提醒之言的時候，自我膨脹、唯我獨尊的時候，就容易隨心所欲，高估自己的實力。

面對宋義的善意提醒，項梁充耳不聞，索性派他出使齊國，省得老在自己耳邊聒噪。在路上，宋義遇到了齊國的使者高陵君，兩人開始聊起了天。

宋義說，你還是多留意些吧，我斷定項梁必將大敗，您走得慢點兒或許還可以逃過一劫，走得快的話可就凶多吉少了。

聽宋義這麼一說，高陵君心裡打起了鼓，保險起見，他決定慢慢走，順帶領略一下沿途的風光。

當時正是秋季，秋雨連綿，從七月到九月，雨勢不停。

第五章　劉項合兵

在項梁看來，連綿的雨季顯然是不合適作戰的，此時正是休整放鬆的好時機。

但在章邯看來，這是一個絕佳的出擊時機，他要出手了！

一個陰雨綿綿的清晨，章邯突襲項梁軍團大營，與定陶城內的秦軍彼此呼應。

章邯又一次向我們詮釋了什麼叫作「兵貴神速」。最終，楚軍被打得措手不及，項梁被殺。

章邯完成了一次漂亮的逆襲，大敗楚軍，一雪前恥。

作為天下義軍的精神寄託，項梁在陳勝死後，已經成為反秦起義的一面旗幟。他的意外陣亡，導致楚地的反秦勢力被大幅削弱，從而直接影響到了整個反秦鬥爭的格局。

為什麼項梁的敗亡會來得這麼快？說到底還是他過於自負，贏了幾場戰爭就以為章邯不過如此，嚴重誤判了章邯的實力。

凡高傲自負的人，都有過人的本領或才華。關羽被後人尊稱為武聖，結果就栽在過於自負上面，荊州失守也就算了，還獨走麥城，最終有去無回。

極強的個人能力，很容易導致其自信心過於膨脹，自信過頭就變成了自負、自大，往往是沒有好結果的。作為職場中人，首先問一下自己，你的專業技能是不是扎實，如果沒有，請低調；如果有的話，請你吸取前輩教訓，人外有人，天外有天。

自信與自負，只一字之差，卻相差甚遠。那麼我們該如何區分呢？

自信和自負的區別在於，你對世界和自身是否有足夠「清醒」的認知。

自信的人身上充滿活力，對自己的能力有正確的判斷和掌握，遇事

心態平和、大度、從容，待人恭謹、坦蕩，對權力不屈膝獻媚，對布衣不盛氣凌人，張弛有度，親疏得當；自負的人則高估自己的能力，在競爭中容易輕視對手，不把對手放在眼裡，好大喜功、目空一切、唯我獨尊、唯我獨行，大有天下之事捨我其誰之勢。這樣的人，往往容易招致失敗。

伎倆面前，用實力「打臉」

　　章邯順利完成了對項梁軍團的反擊，這場帝國反擊戰不僅穩住了秦帝國軍隊節節敗退的陣腳，還令東方各國震驚恐懼，無人敢直面其鋒芒。

　　此時的劉邦和項羽正在圍攻外黃，聽聞項梁陣亡的噩耗，士卒驚恐，趕緊東撤，連楚懷王都拉著一道從盱眙遷都到了彭城。

　　這其中，最悲傷的莫過於姪子項羽了。

　　項羽很早父親就死了，從小由項梁帶大，雖是叔姪，但情同父子。無論是亡命江湖，還是會稽起兵，項梁一直都是項羽最大的依靠，他任俠、好客、果決、冒險、能戰的優秀特質在項羽身上留下了不可磨滅的烙印。沒想到，項梁的人生在定陶畫上了休止符！

　　然而，還沒等項羽擦乾眼淚，氣焰正盛的章邯又一次出手了，在打敗項梁的楚國軍隊後，章邯將目光投向了北方的趙國，他要完成再造帝國的偉業！

　　兵貴神速，章邯在確定下一個目標後，北渡黃河，與接管了蒙恬北境長城軍團的王離合兵一處，不費吹灰之力，就拿下了趙國的都城邯鄲。趙王歇和丞相張耳不敢久留，一路溜到了鉅鹿城。

　　章邯和王離一路推進，將鉅鹿城圍成了鐵桶一般。

第五章　劉項合兵

　　出人意料的是，章邯和王離並沒有急著拿下鉅鹿城，兩人進行了簡單的分工，王離負責繼續圍困鉅鹿城，而章邯率軍駐紮在鉅鹿南邊的棘原，修築甬道，供應糧草給王離的圍城部隊。

　　為什麼要做這樣的安排？

　　章邯和王離這兩位優秀的軍事將領深知，拿下鉅鹿城並不難，但眼下的反秦起義形勢仍然如火如荼，只有圍城打援，用最有效的辦法殲滅起義軍的戰鬥力，才是撲滅反秦起義這股燎原之火的關鍵。

　　趙國困守孤城，不想做無謂的等待，向周邊各個諸侯緊急求救：作為同一條戰壕的隊友，看在反秦大業的份兒上，快幫哥們兒一把吧！

　　很快，齊、燕等國紛紛派出了自己的救援隊伍，向鉅鹿靠近，但他們也畏懼章邯恐怖的戰鬥力，在戰場周邊安營紮寨，裹足不前，作壁上觀。

　　張耳的好朋友陳餘在鉅鹿城外收攏數萬兵馬，不敢來救。張耳在城裡眼看糧食一天天減少，心裡那個著急啊，派了兩個小弟張黶、陳澤冒死出城，指責陳餘說：「當年咱倆說好要同生共死，現在我被圍困在城內，眼看就要掛了，此時不來救援，更待何時？」

　　但陳餘也有自己的顧慮，章邯的實力太過強大，自己貿然前往，只會白白送人頭，不如留下有用之身為你們報仇。

　　這個答覆顯然不是張耳想要的，兩個小弟也不答應，陳餘只得撥給這二人五千人馬，然後目送他們被周邊的章邯軍隊殲滅。

　　當然，這事也不能全怪陳餘，章邯和王離在鉅鹿城外張開了袋子，就等著反秦義軍往裡面鑽呢！就連張耳的兒子張敖從代地聚集了一萬多人馬，駐紮在鉅鹿城附近，也不敢來救他老爹。

> 伎倆面前，用實力「打臉」

各路諸侯都被打出了「章邯恐懼症」，畏懼不前，那麼有沒有不怕章邯的呢？

有！

此時的項羽正咬牙切齒，準備跟章邯打一場。可是，有一個人不同意。

項梁死後，楚懷王熊心終於鬆了一口氣。他深知，項梁之所以扶立自己，心懷故國倒是其次，主要是為起兵增加合法性。熊心雖然被立為義軍領袖，但傻子都能看得出來，他只是個傀儡，實際軍權都在項梁手中。

懷王不甘心！他要千方百計奪回對軍隊的實際控制權！

當項梁的死訊傳來後，懷王認為自己終於熬到了出頭之日，他看到了奪權的可能性。可是，要奪回權力，只靠自己是不夠的，必須得有人支持他。懷王沒有自己的領導團隊，沒有自己信任的將領，誰會甘心為他做事？

就在懷王陷入焦慮之際，高陵君再一次登場了。他當時正好在楚國出公差，見楚懷王為此茶飯不思，他推薦了一個人選——項梁的副手，宋義。

懷王問：「理由呢？」

高陵君答：「項梁戰死之前，宋義就和我講，項梁過於驕傲肯定會失敗，結果沒過幾天就應驗了，由此可見，這宋義確實是個人才啊！」

懷王一聽，反正自己身邊也沒個信任的人，既然高陵君極力推薦，就他了。

懷王隨後便召見宋義，一番長談，懷王對宋義非常欣賞，任命他為上將軍，項羽次之，范增為末將，諸將皆受宋義統領，由其統率北上救趙。

第五章　劉項合兵

　　沒了項梁的庇護，項羽很快就被懷王擺了一道，平白無故多了一個頂頭上司。還沒從悲傷的陰影中走出來，項羽便被安排北上救趙。

　　這一切，劉邦都看在眼裡。很明顯，這是剛剛擺脫傀儡身分的楚懷王和宋義在玩弄權術，他們想踢開項羽，將軍權牢牢掌握在自己手裡。

　　這種辦法可行嗎？劉邦心裡不以為然。這是一個亂世，規則是由強者來制定的，槍桿子決定誰是老大！楚懷王雖然表面上贏回了主導權，但別忘了，楚國軍團的家底是項梁、項羽叔姪從家鄉帶出來的八千子弟兵，這些人只忠於項氏家族，不可能背叛項羽。沒有實力的權術頂多算是小聰明，最終只會搬起石頭砸自己的腳。

　　對於項羽而言，鬱悶歸鬱悶，但只要能為自己的叔父報仇，他什麼都不在乎。就這樣，憤憤不平的項羽跟著宋義一路北上，去迎戰章邯。

　　然而，這邊宋義又出花招了，大軍剛到安陽，宋義就下令不走了，在安陽一待就是四十六天，絲毫沒有要北進的跡象。

　　項羽很著急，他多次催促宋義率軍啟程，說秦軍攻趙如此之猛，我軍當速進援趙，否則坐失良機。可宋義卻告訴他，現在秦軍正在和趙軍廝殺，如果秦軍勝了，也已是強弩之末，我軍乘勝追擊，一定有把握打敗他們。如果秦軍打了敗仗，我們可以引軍西進，直取咸陽！

　　很顯然，宋義擺明了要坐山觀虎鬥，等秦趙兩軍打個兩敗俱傷，他再下山摘桃！

　　願景很美好，但我們只要稍微分析一下，就會發現不對：章邯在聯合了王離的軍團後，兵力少說也有四十萬人，而鉅鹿城內外的諸侯國軍隊幾萬人，章邯擺明是要圍城打援，即便沒有人去救援趙國，章邯一樣可以不費吹灰之力拿下鉅鹿城，根本不存在宋義預估的兩敗俱傷的結果！

宋義還不忘洋洋得意地說：「披堅執銳，我不如公；運籌帷幄，公不如我。」宋義的態度很明顯，帶隊砍人我不行，玩腦子你不行。

隨後，宋義又傳出軍令：「猛如虎，很如羊，貪如狼，強不可使者，皆斬之！」

頭腦簡單四肢發達不聽號令者，斬！

地球人都能看得出來，這道軍令分明是針對項羽，叫他小心聽話，不能依著自己的暴性子來，否則老子不客氣！

項羽看到這則軍令後，肺都要氣炸了。

不僅如此，宋義還派自己的兒子到齊國去當相國，為他舉行歡送宴會。而另一邊，冷冰冰的雨胡亂拍打在士兵臉上，士兵們又餓又凍，對宋義的不滿越來越強。

這一切，項羽都看在眼裡，他不能坐以待斃，必須要採取行動了！

這一天，項羽趁著到宋義的帳中彙報工作，一舉將其斬殺，提著宋義的人頭到帳外，集中將士們說：「宋義私通齊國，準備反叛楚國，如今我已奉楚王之命將他斬首。」

大家對宋義本來就沒什麼好感，對他的死也毫不惋惜，既然有了新的帶頭者，大家都跟著他就好了。很快，項羽重新奪回了對軍隊的控制權。

當然，做這一切的時候，項梁從江東帶來的八千子弟堅定不移地站在了他們新的領袖——項羽的身後。

緊接著，項羽做了兩件事，先是派人追到齊國，把宋義的倒楣孩子給殺掉，再派將軍桓楚回彭城向楚懷王報告：宋義不恤士卒、貽誤軍機，且暗中與齊國勾結謀反，已經被我給殺掉了。

看著眼前殺氣騰騰的桓楚，楚懷王終於意識到，在擁有絕對強大實

第五章　劉項合兵

力的項羽面前，自己只是個跳梁小丑，所有的陰謀詭計在項羽眼裡都是不值一提的小伎倆而已。想玩四兩撥千斤，也得看看自己有沒有千斤作後盾。

生活中也是如此，當別人想要給你使絆子的時候，唯一能擺脫的方法就是，用遠遠超過對手的實力證明自己，讓對手只有仰望的份兒，而沒有任何使壞的可能。

破釜沉舟，百二秦關終屬楚

事已至此，楚懷王只好裝作很「大方」地宣布，將軍權交給項羽，任命項羽為上將軍，帶領楚國軍隊與章邯作戰。

在掌握了軍隊的絕對控制權後，項羽從安陽（山東菏澤南部）出發，引軍北上，渡過黃河，直奔六百里外的鉅鹿城（今河北邢台東北）。

在這場決定天下命運的大決戰開始之前，我們先來看一下雙方的兵力對比。

秦軍由章邯的驪山軍團與王離的長城軍團組成，毫無疑問占據著絕對優勢。章邯從咸陽出發時，帶著七十萬驪山陵的服役者和囚徒，發配武器編入軍隊，但經過連續多次作戰，且沒有時間進行整補，損耗較大；王離是在公子扶蘇和蒙恬死後，代替他們守邊的大將，雖然他掌握著三十萬帶甲之士，但因為要防備邊患，也不可能全部帶來。雙方兵合一處，總計有將近四十萬人。

那麼項羽這邊呢？

根據史料的說法，楚軍的兵力在五萬上下，主力以項梁從老家江東帶來的八千子弟為骨幹，其中很多人是戰國時原楚國的職業軍人。

除了項羽的這部分兵力外，鉅鹿城周邊還有很多諸侯軍隊：

趙國的陳餘和張敖在城外有數萬人；

魏國有魏咎的弟弟魏豹屯兵城外；

齊國方面，齊王建的孫子田安率軍前來協助項羽，齊將田都寧可背叛齊王田榮，也要前來加入項羽軍團；

千里之外的劉邦也沒有袖手旁觀，雖然自己的兵力捉襟見肘，但他還是派出了代表前往趙國，表示支持項羽。

除了齊國軍隊，這些諸侯聯軍群龍無首，就像一盤散沙，他們沒有勇氣面對章邯和王離的秦軍，只能遠遠地躲在一邊，靜待局勢的發展。

很明顯，項羽軍團在兵力上處於劣勢。

但是，項羽並不怕，戰爭讓他興奮，他不喜歡過安穩的生活，他喜歡面對挑戰，只有在絕境中，才能充分發揮自己的才華以及隨機應變的能力。

面對這個看似不可能完成的任務，膽大的人觀望，膽小的人退縮，只有真正有勇氣和魄力的人才會挺身而出！

在項羽看來，一切困苦都不是阻礙，他信心十足，深信能夠輕鬆解決。當諸侯聯軍刻意避開章邯這個大敵的時候，項羽卻有明知山有虎，偏向虎山行的勇氣。

這是貴族項羽天生的王者之氣！

讓我們把鏡頭切換到秦國軍團。針對當前的形勢，章邯和王離做了新的戰略部署：

王離軍團追擊趙齊聯軍進入鉅鹿郡，將趙王君臣及趙齊聯軍主力圍困在鉅鹿城中，並派大將蘇角圍城，作攻堅破城的準備；涉間率領騎兵

第五章 劉項合兵

部署在鉅鹿城正北的平鄉縣開闊地帶，防止諸侯聯軍從北面南下救援聯軍；王離自己則將指揮所設在了城東北，趙武靈王和始皇帝曾經住過的行宮——沙丘，並修建了從沙丘到鉅鹿城下的甬道。

章邯把軍隊駐紮在了王離軍團南面的洹水邊，保證王離軍團甬道的安全。為了沿水路運糧到鉅鹿，章邯專門修築了甬道，並將自己的後勤基地設在了棘原。

從戰略角度看，章邯與王離，一個負責圍城，一個在旁邊虎視眈眈，二人有攻有守，互為掎角之勢，讓大多數諸侯聯軍不敢靠近，可謂完美無缺。

可是項羽偏偏不信邪。他堅信，沒有一種計畫是完美無缺的，也沒有一種力量是堅不可摧的。

《荷馬史詩》中有個英雄叫阿基里斯，是凡人和女神生的兒子。傳說他的母親為了讓兒子練成「金鐘罩」，在他剛出生時就將其倒提著浸進冥河，使其能刀槍不入，結果腳踝露在水外，成了全身最脆弱的地方。在特洛伊戰爭中，勇猛過人的阿基里斯單挑特洛伊主將赫克托爾，殺死他後拖屍示威。但很快，阿基里斯被帕里斯一箭射中了腳踝而死。

這個故事告訴我們，即使是再強大的英雄，也有致命的死穴或軟肋。

問題在於，章邯和王離的「阿基里斯之踵」在哪裡？項羽琢磨良久，終於發現了秦軍一個致命的要害：甬道。

連接章邯和王離軍團的，正是這條糧道生命線。如果進攻王離，章邯必定會來解救；反之亦然，所以必須設法將兩者分開，而後才有可能各個擊破。

在發現秦軍的死穴後，項羽立即命兩萬前鋒渡河，襲擾甬道，切斷王離部隊的供給線，削弱王離軍的戰鬥力。由於軍中給養缺乏，項羽索

性破釜沉舟燒房，命令士兵每人只帶三天的乾糧，全軍渡河，誰若敢後退一步，立刻斬首！

面對如此苛刻的軍令，不少將士都心懷抵觸。此時，項羽又做了一件事，他拔出劍，對眾將士說道：「將士們，這一戰我們沒有退路，贏了一起狂，輸了一起扛！我以項氏家族的名義起誓：若不幸戰敗，我項羽絕不獨活！」

這番話，大大鼓舞了將士們背水一戰的勇氣。各部立即出擊，殺向王離的軍團，呼聲震動天地。

這裡要分析一下，項羽並沒有貿然全軍出擊，而是派了先鋒部隊試探秦軍，在了解了秦軍的虛實後，再一股腦兒渡過黃河，以置之死地而後生的勇氣直奔鉅鹿城，將王離來了個反包圍。

項羽的推進速度實在太快，王離根本來不及反應，連戰連敗。眼見項羽如此英勇，那些圍觀的諸侯聯軍也信心大增，一起圍毆秦軍，將王離軍團死死壓制在了鉅鹿城外，隨後將其俘虜。

有了諸侯聯軍的幫忙，項羽終於可以騰出手來，專心對付章邯了。

再看章邯這邊，由於甬道被切斷，章邯不得不往甬道補充兵力。項羽軍團此時銳不可當，連續攻破了章邯沿甬道布設的九座營壘，章邯不敵楚軍，失利後帶著殘兵撤回了大本營棘原。

在這場戰爭中，項羽雖然一開始處於被動進攻方，但他能從章邯和王離嚴密的防守中發現破綻，以迅雷不及掩耳之勢發動進攻，最終達到了一招制敵的效果。

面對項羽的逼人氣勢，章邯軍團不斷後撤，收縮防線。而此時，遠在咸陽的秦二世得知章邯戰事不利，屢屢退卻，對他大為不滿，派人到前線斥責章邯。

第五章　劉項合兵

　　章邯心中惶恐不安，他太了解胡亥的性格了，這位年輕的皇帝缺乏基本的政治智商，他只信任老師趙高，不論自己勝利或是失敗，都無法逃脫刑罰。

　　為此，章邯派司馬欣去咸陽面見秦二世，彙報前線的戰況，不料卻被趙高暗中阻攔，要不是司馬欣跑得快，早被趙高一刀給剁了。

　　失去了朝廷的支持，這仗打下去還有何意義？章邯心灰意懶，開始祕密接觸項羽。也許是雙方談得不順，談判期間，項羽派人偷襲章邯，斷絕了章邯待價而沽的念想。

　　面對項羽軍的凌厲攻勢和朝中趙高的迫害，章邯徹底絕望了，他不得不放低條件，向項羽宣布投降，而他麾下的二十萬士兵則被項羽全部坑殺。

　　這是項羽的手段，他要證明自己的實力，用武力向天下人展示與自己對抗的後果，全然不顧旁人眼中的怒火。

　　這一戰，項羽大獲全勝，威震天下。兵甲林立的大帳內，項羽端坐正中央，輕輕擦拭著手中的一柄青銅長劍，稜角分明的臉上盡顯王者之氣。諸侯聯軍的統帥們只能低著頭，小心翼翼地進前，向項羽說上幾句阿諛奉承的話，以表示自己的臣服之意。

　　世間有一種膜拜，叫五體投地。

　　世間有一種距離，叫遙不可及。

　　背水一戰，橫掃秦軍，項羽贏了。

　　從管理學的角度分析，項羽的勝利，靠的是關鍵時刻勇於任事、敢於擔當的精神。

　　有一位管理學的作家曾說過這麼一段話：

「現實中,想賺大錢的人多,想做大官的人多,想出大彩的人多,但有擔當的人少。所謂擔當,就是當你面對那些與你有關又不全與你有關的麻煩,你可以選擇躲避,但你沒有,而是扛上了。這一扛,代表你超越了自己,擴大了你的重負與責任,也擴大了你的影響力與領導力,擴大了你的潛力與未來。」

當一個團隊面臨危機或困難時,如果有一個人站出來,願意充當領導者,扛起肩上的重任,那麼這個團隊的戰鬥力將超乎想像。在反秦起義的過程中,一場鉅鹿之戰,充分展現出了項羽的超強擔當力,這種擔當還感染了齊國的田安和田都,吸引他們加入了項羽的隊伍中。

航海業流傳著一個不成文的規矩——當一艘船遇到危險要沉沒時,船長一定要最後一個離開。為什麼?因為你是海上航船的指揮者,船長不僅僅是榮譽的象徵,同時更是一份沉甸甸的責任。只有在關鍵時刻勇於擔當,乘客才會信任你,才敢登上你的船,跟你去遠行。

很多時候,當一個團隊面臨生死存亡時,能夠拯救整個團隊的,恰恰是那些關鍵時刻敢擔當、能擔當的勇士。這也是為什麼,有的公司會在常規的績效考核之外,制定「關鍵行為考核法」——無論你是公司高管還是普通員工,只要在一些非常規的、突發性的重大事件中表現突出,都會獲得額外獎勵,甚至成為公司著重培養的對象。

: 第五章　劉項合兵

第六章　沛公西征

別人看不見的，才是機會

當項羽在鉅鹿大敗秦軍、一戰成名的消息傳來時，劉邦正帶領自己的隊伍跋涉在西征的道路上。

劇情進展太快，有點跟不上節奏？沒關係，讓我們把時間撥回八個月前。

彼時的熊心正陷入深深地思索中，他壓力很大，北上救趙和西入滅秦，兩個任務同等重要，又刻不容緩。選誰去才能完成任務？

北上救趙，要面對章邯的驪山軍團和王離的長城軍團，雙方合計兵力約為四十萬。這是一支可怕的軍事力量，秦國黑色鐵騎曾掃滅六國、北擊匈奴、南滅百越，打遍海內無敵手，秦軍的武器在同時代也是極為先進的，何況章邯和王離早就已經布好了捕捉網，等著諸侯聯軍前去救趙。北上，無異於羊入虎口。

可趙國卻又非救不可。作為反秦義軍中的一支重要力量，趙國在北方牽制住了秦國的兩大軍團，一旦趙國覆滅，整個反秦義軍將深受重創，秦軍兩大主力也將趁勝南下，作為反秦起義中堅力量的楚國集團必將面臨滅頂之災！

而從另一方面來看，西征也是迫在眉睫。當初陳勝的手下周文曾率大軍西征，一路過函谷關，推進到了咸陽東郊、戲水之東，卻被章邯的驪山軍團所阻，終至覆滅。義軍起兵旨在亡秦，如果能夠有一支奇兵長

第六章 沛公西征

驅直入，插到秦帝國的腹地，必能大大撼動秦帝國，而且還能牽制遠在鉅鹿的秦軍主力。

那麼西征之路會比北上救趙容易嗎？

幾乎所有的評論者都認為，當時秦帝國最後的力量已經被章邯帶到趙國鉅鹿城外，咸陽空虛，如果有一支軍隊長驅直入秦關，必能取得出人意料的結果。

可事實果真如此嗎？成功真的可以靠鑽空隙嗎？不是。

懷王所謂的西征，從當時的實際情況考慮，本意是救趙，而非攻秦，至於滅秦更談不上了。起義軍剛歷經敗仗，任何一個領導者都不會想到滅秦。

為什麼這麼說？因為當時秦帝國的軍力還非常雄厚，周文的幾十萬大軍雖然突破了函谷關的天險，一路推進到了離咸陽不遠的戲水東岸，卻也很快被擊潰，誰還敢輕談什麼攻秦。所以說，當時所謂的攻秦，僅僅是虛張聲勢而已，目的在於策應北上救趙。

有人會說，章邯從咸陽出發時，不是帶走了七十萬驪山之徒嗎？當時的咸陽城留守部隊一定不多，這可是個滅秦的好機會啊！

如果你這麼認為，那可就是太低估秦帝國的實力了。章邯和王離帶領的並不是秦國的全部主力，咸陽城內，包括周邊城外，一定還有相當數量的部隊，確保首都咸陽一旦遭到攻擊，隨時可以徵調。一句話，沒有哪一個帝王糊塗到把部隊全交給統兵將領。

更何況，劉邦那時還在彭城，到咸陽的直線距離為八百七十公里，這一路上秦軍也是處處設關卡。關中是秦國的大本營，人口數百萬，秦國的天險也能擋十萬雄兵，這條西征之路必然會充滿艱難險阻。

滅秦與救趙，兩個都刻不容緩，兩個都勢在必行，問題是，派誰去呢？

當楚懷王熊心把這兩個問題拋給諸位將領時，大家都默默低下了頭，整個營帳瞬間安靜下來，靜得針落可聞，只能聽到眾人的呼吸聲。

面對眾人的沉默，楚懷王不得不拋出一個誘餌：先入關中者為王！

這個封賞確實夠大，諸將頗為動心，但一想到秦軍凌厲的攻勢和這一路要面臨的艱難險阻，又止住了腳步。

就在這時，項羽第一個站了出來，一抱拳，對懷王熊心說道：「秦軍雖然勢大，但楚軍也不是飯桶的，我項羽願意領兵西征！」

然而，面對項羽的主動請戰，懷王熊心卻搖了搖頭。項羽的殘暴與冷血是眾所周知的事實，叔父項梁剛剛戰死，項羽帶著怨氣，如果讓他領兵西征，這一路必然會血流成河，盡失民心。

眼見項羽被拒，劉邦在經過短暫的思考後，站了出來：「劉季不才，願意帶領麾下的弟兄們西征，為吾王分憂！」

既然西征之路艱難重重，為什麼劉邦還會主動站出來領取任務？

這就要談到劉邦對機遇的敏感和掌握了。

西征之路雖然充滿艱難險阻，但並非沒有機會。秦朝刑法嚴苛，賦稅沉重，秦二世的統治更加殘暴，社會矛盾空前尖銳，民間積怨甚重，百姓對秦帝國的統治早已失望透頂。如果這一路上能夠寬厚愛民，以仁義待人，必能籠絡和俘獲一大批民心，這對自己未來的發展壯大至關重要！秦軍當時被牽制在鉅鹿，只要在西征時採取靈活的手段，未必不能突破秦軍的重重關隘。

別人只看到了西征之路的艱難險阻，劉邦卻從艱難險阻中發現了機會！

第六章 沛公西征

一句話,別人看不見的,才是機會!

我們在生活中常常會聽到這樣的話:「早知道我前幾年就把房子買了,現在就好了」;「早知道我就把股票全抛了,現在也不至於被套了!」

說這種話的人往往一直沉浸在後悔之中,而沒有發現導致自己後悔的原因是眼光不夠敏銳,缺乏洞察力。

什麼是洞察力?所謂洞察力,就是能發現別人看不到的機會。羅丹曾經說過:「生活中不是缺少美,而是缺少發現美的眼睛。」稍稍改動一下,它就成了「商場上不是缺少機遇,而是缺少發現機遇的眼光」。

我們不妨拿商業競爭舉個例子。「以市場熱點為導向」這句話曾被無數人奉為圭臬,但事實卻是,當你真正去實踐這句話時,卻發現成功之路越走越窄。原因無他,所謂「市場熱點」,說白了就是別人已經發現的商機,並且已經利用這一商機嘗到了足夠的甜頭,否則,這塊市場是不會被稱作「熱點」的。

而那些以市場熱點為導向的人,無一例外都是缺乏市場洞察力的人,當他們跟著別人去追逐市場熱點時,殊不知別人已經從中撈了一筆,市場即將面臨轉折點。跟在別人身後,只能利用別人已經炒熱了的市場餘溫來取暖,在別人吃肉的同時,自己分點湯喝,甚至有可能連湯都喝不到,反而被套牢。

那麼怎樣才能使自己擁有獨到的眼光,看到別人所看不見的機遇呢?說來也很簡單,改變固有的思考模式,保持對市場的敏銳洞察力,善於從危機或別人忽略的地方發現商機。

翻開洛克菲勒發跡史,我們不難發現,他的事業之所以能成功,靠的就是對市場行情的敏銳掌握。當其他人還在悲觀猶豫時,他往往會從悲觀的市場行情中發現機遇,搶先下手,掌握先機。

1880年代，利馬地區發現了一個大油田，當人們一窩蜂湧過去時，才發現那裡的石油含碳量很高，被稱為「酸油」。當時，對這種「酸油」還沒有有效的提煉法，因此大家並不看好這種石油。

洛克菲勒卻不這麼看。他始終對市場保持樂觀態度，認為找到這種石油的提煉方法是遲早的事，執意要買下那塊油田。

董事會大部分人都反對他的提議，而洛克菲勒卻斬釘截鐵地說：「我願意冒個人風險，拿出自己的錢投資這一油田。假如必要的話，我可以拿出兩百萬甚至五百萬美元。」洛克菲勒的決心打動了董事們，他們終於同意投資這一油田。

僅僅在兩年之後，「酸油」的提煉法試驗成功，油價一下子從十五美分漲到一美元，洛克菲勒所在的標準石油公司獲利無數。

我們都知道，石油成為人類最重要的資源是歷史的必然，在此過程中，對於關鍵技術的突破也只是時間問題，而約翰·洛克菲勒只是比所有人都更早一步看清了這個事實而已。他用自己敏銳的市場洞察力看穿這一點，在眾人不看好「酸油」時果斷出手，搶占先機，奠定了自己石油霸主的地位。

格局決定結局，態度決定高度

經過一番權衡，楚懷王熊心最終將西征的任務交給了劉邦，而將北上救趙的任務分給了項羽，並讓他做宋義副手，這才有了後來讓項羽一戰成名的鉅鹿之戰。

劉邦雖然最終得到了西征入關滅秦的機會，但他仍不敢大意，一切都要經過現實的考驗，才能離自己的目標更近一步。

出發前，劉邦的兵力駐紮在碭郡（今河南商丘南），但他並沒有一

第六章　沛公西征

路向西直奔咸陽，而是繞了好大一圈子，先北上城陽，又南下成武和栗縣，再西進至洛陽，然後南下宛城，從陝西武關進入關中。

這一路的艱辛自不必多說，難得的是劉邦內心十分強大，越戰越勇，總能屢次化險為夷，一路高歌猛進。

劉邦之所以能一路過關斬將，直逼咸陽，並不是說劉邦的軍事才能有多優秀，而是他有一個非常突出的特點，那就是善於聽取別人的意見，及時做出相應的調整。

當然，劉邦一開始並不是這麼禮賢下士的，作為鄉巴佬出身的農民軍領袖，他天生就反感儒家的那些繁文縟節，為人傲慢自負，對人沒有禮貌，性格粗野、行為放蕩。尤其面對儒生時，更是心生厭惡。

然而，一個人的到來，讓他改變了對儒生的看法。

酈食其，戰國末魏國人。如果要評選秦末漢初最著名的嘴皮子高手，非酈食其莫屬，他不但口才卓越，知識淵博，而且相當有個性。只可惜大器晚成，混到六十歲，一事無成的他脾氣相當差，眼界頂天高，誰都不服，家裡窮得叮噹響，連自己和老婆孩子都養不活。

後來有人看他可憐，給他安排了一個看守城門的差事，勉強維持生活。

作為一個縣政府的普通打工仔，酈食其並非唯唯諾諾之輩，他性情十分放蕩，為人極為狂傲，平常又好喝幾口酒，因而歷史上有人稱其為「高陽酒徒」。

陳勝、項梁起兵反秦時，各路將領四處征戰，經過高陽縣的有數十人，酈食其志向遠大，對這些人一個都看不上，繼續過著悠然自得的愜意生活。

這一天，劉邦的隊伍到了高陽。他手下有個侍衛，與酈食其是同

鄉。酈食其找到這位同鄉，對他說道：「以前經常從這裡經過的那些造反將軍們，沒有一個有良好素養，都是貪圖小便宜的人。這個剛來的沛公就不一樣，我聽說他為人傲慢，但心胸大度，他就是我一直在尋找的主公，能不能讓我先見見他？你就對沛公說，我們街坊有位酈先生，六十幾歲，身長八尺，大家都叫他『狂生』，但酈先生自己卻說他不是狂生。」

那位老兄好言相勸酈老頭：「沛公平常最不待見迂腐儒生了，來的客人只要戴著儒生的帽子，沛公總是要把那人的帽子摘下來往裡面撒尿。和人說話也常常破口大罵，你可千萬別說你是『儒生』啊！」

酈食其說：「你只管把我說的話轉達給他就好，我自有辦法！」

這一天，酈食其帶著名片拜見劉邦，進去後瞥見劉邦正大剌剌地坐在那兒，讓兩名女子為他洗腳，絲毫沒有要起身相迎的意思。

酈食其知道這是劉邦在給自己下馬威，也不惱，躬身作了一個長揖，然後不緊不慢地問道：「您是想助秦滅諸侯呢？還是想率領諸侯破秦呢？」

這話問得無禮，劉邦很惱火，破口大罵：「你這瘋子，天下百姓長期受秦禍害，所以諸侯才相繼起兵反秦，怎麼能說我是幫秦滅諸侯呢？」

酈食其倒是很冷靜：「既然是要破秦，那一定要聚義兵、誅無道，哪能這樣會見長者？」

劉邦心裡一驚，他立即意識到眼前的這個人不一般，停止了洗腳，站起身來整了整衣服，恭敬地請酈食其上座，並向他賠禮道歉。

兩人重新落座，為了表達歉意，劉邦命人擺了滿滿一桌酒席，好生款待酈食其。酒過三巡，菜過五味，兩人越聊越投機，酈食其的話也漸漸多了起來。必須承認，酈食其老師很有說書的天賦，趁著酒興加上遇

第六章　沛公西征

到知音的高興，酈食其在酒桌上談天說地，大談天下局勢，期間還聊到了戰國末年六國合縱連橫之事。他本就博學多才，加之能言善辯，一番長談，劉邦越聽越佩服。

趁著喝茶的工夫，劉邦向酈食其鄭重請教：「懷王命我領兵西征，先生可有什麼好計謀嗎？」

酈食其侃侃而談：「以你現在的這幫烏合之眾去抗秦，好比虎口拔牙，凶險非常。陳留這個地方四通八達，城高糧多，我和陳留縣令私交也不錯。不如讓我先去勸說一番，如果他聽我勸，自然大功告成。如果他不聽，你再出兵攻打也不遲，我還可以給你做內應。」

劉邦點點頭，決定依酈食其之計行事。

酈食其雖然特別能言善道，但說得過了頭，那就是吹牛。見到陳留縣令，儘管酈食其剖析各種利弊，但縣令始終一個動作：把頭搖得像撥浪鼓。

酈食其只得買通守門官兵，通知劉邦執行二號計畫。劉邦得到消息後，趁城內守兵未加戒備之際，閃電偷襲成功。

這一戰，劉邦兵不血刃占領了陳留，還獲得了大量的糧草和行軍物資，解除了後顧之憂。

酈食其與劉邦的故事先講到這裡，我要說的不是酈食其的足智多謀，而是想談談劉邦前後的態度轉變。

剛見酈食其時，劉邦故意讓他難堪，眼中滿是輕慢之意。當四分之一炷香燃燒之後，劉邦對酈食其態度大變，奉他為座上賓，虛心求教天下之事。

這轉變來得太快，快得我們來不及做出反應。我們不禁要反問一句：為什麼劉邦前後的態度會大變？

眾所周知，劉邦輕慢儒生，動輒張口就罵，一言不合就拽下儒生帽子撒尿，但是，酈食其三言兩語就讓劉邦改變了態度，其中奧妙何在？並非他語言技巧多麼高明，而是他適時地掌握了劉邦的心理，並巧妙地暗示了一個道理：你對待他人的態度，暴露了你的格局。

格局決定結局，態度決定高度。做大事的人，一定要有大格局！以前劉邦不過是個鄉巴佬出身，眼界狹隘，固然不明白儒生的功用，但隨著地位升高，他的眼界和見識自然大有提升，所以聽完酈食其一席話，立刻明白了過來。

國學大師錢穆有一次遊覽一座古剎，看到一個小沙彌在一棵歷經五百年的古松旁種夾竹桃。他感慨道：「以前，僧人種松樹時，已經想到寺院百年以後的發展了；今天小沙彌在這裡種花，他的眼光僅僅是想到明年啊！」

錢穆這番感慨道出了一個道理：大事難成，是因為心中的格局太小。心中的格局，是指一個人的眼光、胸襟、膽識等心理因素的內在布局。為人處世，最重要的不是能力的高低，而是格局的大小。

乾隆時代有個叫畢秋帆的才子，有一次偶然間逛到一處古廟，一個老和尚坐在佛堂上念經，等了許久，老和尚也沒有招呼之意。他自認為英年得志，又中過狀元，名滿天下，老和尚竟然這樣輕慢於他，心中頗為不悅。

老和尚念完一卷經之後，離座起身，合掌施禮，說道：「老衲適才佛事未畢，有疏接待，望大人恕罪。」

畢秋帆上坐，老和尚側坐相陪，畢秋帆問：「老法師誦的是何經？」

老和尚答：「《法華經》。」

畢秋帆道：「老法師一心向佛，摒除俗務，誦經不輟，這部《法華

第六章　沛公西征

經》想來應該爛熟如泥,不知其中有多少『阿彌陀佛』?」

老和尚聽了,知道畢秋帆是在故意讓他難堪,不慌不忙,從容答道:「老衲資質魯鈍,隨誦隨忘。大人文曲星下凡,屢考屢中,一部《四書》想來也應該爛熟如泥,不知其中有多少『子曰』?」

畢秋帆臉上一陣尷尬。

獻茶之後,兩人一同來到羅漢殿,殿中十八尊羅漢各種姿態,栩栩如生。畢秋帆指著一尊笑羅漢問老和尚:「他笑什麼呢?」

老和尚回答說:「笑天下可笑之人。」

畢秋帆一愣,又問:「天下哪些人可笑呢?」

老和尚說:「恃才傲物的人,可笑;貪戀富貴的人,可笑;倚勢凌人的人,可笑;鑽營求寵的人,可笑;阿諛逢迎的人,可笑;不學無術的人,可笑;自作聰明的人,可笑……」

畢秋帆臉上似火燒一般,再也不敢久留,匆匆離去。

曾國藩說:「謀大事者,首重格局。」一個人的成功有多方面原因,但其胸襟格局占很大因素,站得高,才能看得遠。如果還死抱著對儒生的偏見,由著自己的喜好褒貶他人,那麼劉邦頂多能混個草頭大王,永遠也不會有君臨天下、四海歸一的那一天。從劉邦接見酈食其這件事就可以看出,他的格局隨著地位的轉變,也得到了提升,這也是他以後不斷取得成功的根本原因所在。

入秦關,謀江山

在投靠了劉邦後,酈食其這才告訴他,自己還有個弟弟叫酈商,手下還有四千小弟,自己可以說服弟弟加入劉邦的隊伍。作為回報,劉邦大手一揮,封了個裨將之職給酈商。在酈氏兄弟的鼎力相助下,劉邦坐

鎮陳留，很快就收編了一萬多個小弟。

智取陳留是劉邦軍取得的一個重大勝利，不但擴大了劉邦的實力，而且為他進一步西征提供了充足的物資保障。

在經過短暫的休整後，劉邦將目標瞄準了洛陽。然而，劉邦到了洛陽城才發現，這是塊硬骨頭，怎麼都啃不下來。

在碰到釘子後，劉邦果斷改變戰略，率軍南下，擊敗了南陽郡守齮，將他逼到了宛縣城內。

宛縣兵力充足，後勤也有保障，如果繼續攻城恐怕還會遭受損失。劉邦不想在此興師動眾、大動干戈，只要宛縣不擋自己的道，不拖自己的後腿，他大可以繞過宛縣，繼續西進。

正當劉邦率兵繞過宛縣，打算直取武關之時，張良站了出來，極力反對。他對劉邦說，您就算再著急入關，也不能繞過宛縣啊！秦軍目前還十分強大，倘若現在不攻下宛縣，一旦宛縣部隊從後面攻擊，前面又有強大的秦軍阻擋，那將面臨腹背受敵的境地，到時候可就麻煩了！

劉邦一聽，如夢初醒，對啊，萬一這小子從背後偷襲我，那我可不就被包夾了嗎？

劉邦趕緊令部隊連夜抄小路返回，為了不驚動秦軍，一路上人銜草，馬銜枚。第二天清晨，當南陽郡的長官起床準備鍛鍊時，才發現宛縣已被劉邦的部隊重重圍住。

一看這個情況，南陽郡的長官內心就崩潰了，他知道這一次在劫難逃，拔出劍就要自殺。

郡守有個門客叫陳恢，眼見他要自盡，趕緊攔住郡守說：「大人，死是遲早的事，你那麼猴急做什麼？這個事交給我吧，我去幫您解決。」

勸住了郡守，陳恢翻下城牆去見劉邦，說：「我聽聞您跟楚懷王有過

第六章　沛公西征

約定，誰先攻入關中滅秦，誰就是關中王。如今您圍攻宛縣，宛縣只是南陽郡幾十座縣城之一，百姓多，積蓄多。大家都明白，投降只有死路一條，所以一定會死守城池的，如果您全力強攻，必將會有重大傷亡。如果您繞過宛縣率軍西進，宛縣守軍肯定要尾隨追擊，拖住您不放，這樣一來，先進關中稱王的那位，恐怕就不是您了。」

劉邦很鬱悶，既然打也不行，不打也不行，那你說怎麼辦？

陳恢說，依我看，不如雙方約降吧！給南陽郡長加官晉爵，仍讓他駐守南陽郡，然後帶著他的部隊一道西進。這樣，一路上的縣城一定會爭先恐後、敲鑼打鼓歡迎您，挺進關中一路暢通。

劉邦一聽，大喜，這個辦法好！

不得不說，和平解放既不用耗費兵力，又可以擴張地盤，對於兵少將寡的劉邦來說，堪稱最完美的方案。更關鍵的是，劉邦在此過程中展現出的寬宏大量也傳到了秦國的其餘守將耳中，消解了其餘地方的敵對心理，有效地瓦解了秦帝國的政權及軍隊的凝聚力。

在爭取到了南陽郡郡守及周邊縣城的投誠後，劉邦的部隊再一次得到了擴充，也大大減少了他西入秦關的阻力。只是，西征之路關隘重重，劉邦還能這樣得到高人的指點和幫助，一路開掛到咸陽嗎？

很快，劉邦的大軍出現在了關中的南大門——武關城外。

武關歷史悠久，自古以來便是從河南進入關中的必經之路，早在春秋時即已建置，名曰「少習關」，戰國時改為「武關」，與函谷關、蕭關、大散關並稱為「秦之四塞」。古人有云：「武關一掌閉秦中，襄鄖江淮路不通。少習虛聲能懾晉，卻憐拱手送商公。」戰國時秦出武關而東取十五城，楚懷王即被執於武關；秦始皇東巡皆經武關，因此武關為古代兵家必爭之地。

就在劉邦兵臨武關之時，一位使者進入武關，行色匆匆往秦都咸陽

而去。

使者是劉邦的密使,名叫甯昌,依照劉邦的指示,他要到咸陽面見秦丞相趙高,密謀反秦之事。

此時的秦帝國可謂是危如累卵、朝不保夕。遠在趙國的章邯與王離軍團在鉅鹿之戰中一敗塗地,章邯被迫投降項羽,王離被俘,秦帝國的主力部隊基本被消滅。朝堂之內,隨著丞相李斯被腰斬,趙高一手遮天,弟弟趙成為郎中令,嚴密控制宮廷,無知的胡亥被他玩得團團轉,他幾乎已經掌握了朝堂上的最高權力。

為了說服趙高在朝堂做內應,劉邦給他開出了優厚的條件:若趙高殺二世、開武關,共同滅秦。劉邦軍入關以後,分割舊秦領土為兩國,由趙高與劉邦分別稱王統治。

對於劉邦的條件,趙高欣然接受,不過為了檢視朝中大臣對自己的態度,趙高導演了一齣「指鹿為馬」的大戲,成功地打壓了對自己心懷不滿的一撮人。

緊接著,趙高開始實施預謀已久的刺殺計畫:他先是哄騙胡亥移居望夷宮,然後安排自己的女婿閻樂率兵突入宮中,迫使二世自殺。

按照趙高的本意,他本想自佩璽印稱王,卻發現朝中大臣和侍衛並不認可自己,只得棄了當皇帝的念頭,改立胡亥的從兄子嬰為秦王。

請注意,子嬰沒有稱帝,而只是被封為秦王。這是一個意味深長的信號,秦帝國放棄帝號,等同於被迫承認了六國故地脫離帝國的事實。

與此同時,趙高也派人與劉邦密談,但劉邦已改變計畫,他拒絕如約與趙高分王關中,而是強攻武關,順利進駐關中。

遠在咸陽的趙高還沒從鬱悶中緩過來,就被子嬰奪了性命。眼見劉邦的下一個目標是嶢關,子嬰立即派出僅有的軍隊死守,企圖阻擋劉邦

第六章　沛公西征

前進。

這是子嬰唯一的家底了,他幾乎是抱著必死的決心,要與劉邦做最後的決戰。劉邦也沒有選擇,他只能聚集手頭僅有的兩萬兵力,與嶢關的秦軍決一死戰。

關鍵時刻,張良又一次站了出來,阻止劉邦硬碰硬的打法。他告訴劉邦,秦軍還很強大,對付他們要學會智取,不能一味地硬碰硬。

那麼,如何才能智取呢?

張良說:「我有兩條錦囊妙計,可助沛公拿下嶢關。」

他告訴劉邦:這個嶢關秦將是個賣肉屠夫的兒子,商人一般都好利,可以用金銀財寶去引誘他。

派誰去呢?眾人的目光落到了嘴皮子高手酈食其身上。酈食其也不推辭,帶著珠寶去遊說。嶢關守將見錢眼開,果然表示願意獻關投降,還說要和劉邦聯合進攻咸陽。

在成功麻痺了嶢關守將後,張良又告訴劉邦,嶢關乃秦之門戶,不同於其他地方,守將願降,但其手下兵將未必服從,如果士卒不從,到時候引發兵變,後果將不堪設想。再說屠夫之子,見利忘義,降後再叛,隱患多多,所以要趁其鬆懈,一舉攻克。

劉邦依計而行,果斷出兵,一擊即中。

嶢關秦將萬萬沒想到劉邦還會玩陰的,一路潰敗,逃到了藍田。劉邦緊追不捨,在藍田和子嬰的部隊又進行了一場惡戰,再一次擊敗了秦軍。至此,劉邦入關途中該打的硬仗都打完了,他的部隊離秦都咸陽僅咫尺之遙。

回頭來看,劉邦之所以能一路通關,並不是因為他的軍事才能有多

突出，而是他知道自己的短處，善於聽取別人的意見。收陳留，靠的是酈食其在城內策應；破宛縣，靠的是陳恢的約降建議；攻嶢關，靠的是張良的計策。劉邦深知，與這三位謀士比動腦子，自己絕對處於下風，但他同時也明白，領導者的工作不是要做最聰明的那個人，而是要把聰明、有創造力、有能力的人聚集在一起，為他們提供適當的工具，開發他們的潛能，然後讓他們大展拳腳。

有人說創業很簡單，只要自己夠聰明，加上充足的資金，一定可以成功。不過不要忘了還有關鍵的一點——好搭檔！一個好漢還三個幫呢，找到志同道合、互補互助的夥伴，構成高效穩定的創業團隊，才是成功的有力保障。

約法三章

西元前 206 年，咸陽。

這一年的冬天來得格外早，寒風瑟瑟，枯葉漫飛，天地一片蒼茫。

秦王子嬰，這位大秦帝國的第三代掌門人，在洞悉了趙高的陰謀後，故意在登基大典之日佯裝重病，趙高多次催促無果，只得親自前往寢宮，早有準備的子嬰趁機手起刀落，當場刺死了權傾一時的趙高。

緊接著，子嬰迅速誅殺趙高黨羽，夷滅趙高三族，秦王朝的權杖再次回到了秦朝君主手中。

只可惜，此時的秦王朝早已失去了對天下的掌控能力，只能眼看著起義的烽火蔓延到咸陽。

歷史留給子嬰的時間實在太短了，在他繼位僅四十六天後，劉邦的軍隊在藍田擊敗最後一支秦軍，將軍隊駐紮在了灞上。

第六章 沛公西征

事已至此，回天乏術。子嬰只好乘著白馬素車，頸戴鎖鏈，捧著印璽和符節，在軹道亭（今西安市東北）旁向劉邦投降。

中國歷史上第一個大統一的封建帝國就此落下了帷幕。

在這一天，劉邦創造了歷史。那個曾經高喊著「赳赳老秦，共赴國難；血不流乾，誓不休戰」，讓四夷臣服的大秦王朝，就此壽終正寢。

從劉邦率軍西進到滅秦，期間共計只用了短短六個月時間。誰也不敢相信，秦朝，這個名震寰宇的偉大帝國，會以如此倉促之勢謝幕。

一個時代結束了，一個更加混亂的時代即將開啟。

但是，先別高興得太早，劉邦搶先入關成功，僅是萬里長征邁出了第一步。入關以後應該怎麼做？這才是考驗劉邦政治智慧、政治水準和政治氣度的關鍵時期。

進入咸陽後，劉邦的手下只做了一件事：搶劫。

這幫鄉巴佬在看到氣勢恢宏、繁華富庶的咸陽城後，一個個如同打了雞血一般，爭相跑到達官貴人的家中打土豪、分錢財。參加起義為了什麼？不就是為了打入咸陽城，貧民翻身做主人嘛！

剛剛投降的咸陽城，就陷入了這樣一片鬧哄哄的混亂裡。

蕭何進入咸陽後，一不貪戀金銀財物，二不迷戀美女，卻急如星火地直奔御史府和丞相府，把裡面的圖書檔案資料細心整理保存下來。

這一舉動看似不經意，對於劉邦集團而言卻是意義深遠。要知道，這些國家的檔案資料，比珍寶不知要珍貴多少倍，掌握它如同掌握了最重要的情報，天下的關塞、戶口、兵力等情況都了然於胸。在此後的楚漢之爭，乃至於後來漢朝初定時，發揮了極其重要的作用。

從這一事件中，我們可以看出蕭何的與眾不同之處。人與人之間最大的差距是什麼？不是背景，也不是能力，而是見識和格局。一個有見

識的人，能夠在紛繁複雜中，不受他人觀念的干擾，洞悉事情的發展趨勢，看到事情背後的發展機遇。而一個人的格局，使人可以捨棄眼前的利益，謀取長遠的規劃，成為最終的贏家。

當周圍的人沉醉於咸陽城的繁華富庶，挨家挨戶搜刮錢財時，蕭何卻保持著難能可貴的清醒，迅速找到了秦帝國的第一手資料，為劉邦集團在後來的楚漢爭霸中搶占了先機。

緊接著，一個棘手的難題擺在了劉邦面前：如何處置秦王子嬰？

劉邦的手下義憤填膺，強烈要求處死子嬰。面對眾人的復仇情緒，劉邦卻保持著頭腦一片清明，他勸阻大家說，當初楚懷王派我西入秦關，看中的就是我是長者，待人寬容。再說子嬰已經投降，秦朝已滅，現在殺了他沒有任何意義，倒不如留他一條性命吧！

劉邦力排眾議，將子嬰關入大牢拘押，留待以後審理。

為什麼劉邦堅持放過子嬰？

大秦王朝立國十五年，法家思想使得秦國迅速崛起，卻也造成了秦王朝上下一直處於高度緊繃的狀態。秦王朝修長城、建阿房宮和始皇陵，南征百越，不斷壓榨和折騰百姓，激化了社會矛盾，加重了社會對立。

天下苦秦久矣，每一個人心裡都有一筆血債，需要宣洩的突破口。毫無疑問，作為大秦王朝的代言人，子嬰不得不承受來自民間百姓的怒火，他需要承擔起本不該由他承擔的罪孽。劉邦只要將他拋出去，既可以迎合民眾的復仇心理，又可以借此機會收攏人心，是一筆幾乎沒有任何政治成本，便可以贏得巨大收益的划算買賣。

但是，接下來呢，怎麼辦？

毫無疑問，如果殺掉子嬰，此事必將在秦人心中埋下新的仇恨種

第六章　沛公西征

子，不但沒辦法彌合秦楚族群，反而會進一步撕裂社會，違背天下歸一的初心，將秦人推到對立面。

誅一子嬰易，令秦人服膺難！

戰勝強敵最有力的武器不是從肉體消滅，而是寬容。

寬容是自信的展現，唯有一顆容納一切的仁心，才能成為真正的王者！

望著氣勢恢宏的咸陽城，劉邦心中感慨萬千。上一次他到咸陽城，是以被征服者的姿態；這一次，他是以征服者的姿態俯視咸陽，心境自然大不相同。趁著手下將士們四處搜刮財寶之際，劉邦終於有機會參觀一下富麗堂皇的咸陽宮殿。他看著華麗的宮室、精緻的擺設、成堆的金銀珠寶、獵狗駿馬、珍奇玩物，還有後宮的各類美女，不由得眼花繚亂，飄飄然起來。

老子哪都不去了，就留在這裡享受榮華富貴。劉邦興奮地解劍寬衣，撲到了脂粉堆中，流連花叢間，盡情地享受著勝利者的征服快感，因為他在榻上所征服的，可是當年始皇帝的女人！

幸運的是，劉邦的部下還是有人保持頭腦冷靜，比如大將樊噲，他脾氣很直，進皇宮來找劉邦，見劉邦正躺在床上喝酒，當場把劉邦拽起來就往外走：「當年秦朝就是因為這些東西而滅亡的，主公怎能沉溺於這些東西，趕快跟我回軍營吧。」

被樊噲打斷，劉邦心裡老大不高興，開始找藉口推脫，死活就是不肯出來。

樊噲沒辦法了，只好去找劉邦一向敬重的張良，希望他能勸勸劉邦。

每個人的內心都有貪欲，有的人善於抑制，有的人意志薄弱，面對欲望放縱如疆場跑馬。此時此刻，劉邦的心智已被貪欲所蒙蔽。

張良一聽，立即趕往宮中，延續樊噲的意思，對劉邦說：「沛公，你還記得自己是如何進入咸陽的嗎？是因為秦王無道，你才有機會站在這裡。秦朝之所以滅亡，正是因為這奢靡的享受，你若貪圖享樂，只會自取其咎，成為昨日之秦。良藥苦口利於病，忠言逆耳利於行，樊將軍雖然說話粗鄙，但講得卻有道理啊！」

就這一句話，劉邦立刻醒悟過來，起榻整衣佩劍，攜子房之手，大步離開秦宮，下令封存秦朝府庫，嚴禁部下打砸搶燒，並把軍隊撤出咸陽，拉回到灞上整頓。

他要繼續征服天下的夢想。

為什麼張良的一番話，就能讓鄉巴佬劉邦冷靜下來，放棄眼前唾手可得的榮華富貴，封存府庫，將咸陽城拱手讓出來？

我們都知道，劉邦絕不是一個高尚的人，和普通人一樣，他也貪戀富貴，看到美女會心動，但他最後還是從諫如流地克制了自己內心的狂躁和衝動，在勝利面前保持頭腦清醒，冷靜地決定了自己進京的姿態。

1864年6月，隨著湘軍攻克南京，困擾了清廷長達十四年之久的太平天國終於壽終正寢。出乎意料的是，作為這場大戰的指揮者，曾國藩並沒有我們想像中的得意忘形。相反的是，他一個人坐在桌案前，靜靜地閉目沉思，如同老僧入定一般。

此時的他，正面臨著一生中最大的抉擇。

十餘年的南征北戰，曾國藩培養了一支由同學、同鄉及門生故舊組成的湘軍，擁兵三十萬，占據了半壁江山。為了打壓湘軍的氣焰，清廷對曾國藩、曾國荃兄弟百般刁難，暗中沒少使絆子。即便是在攻克天京後，清廷的第一道旨意並不是褒獎，而是嚴厲地責問：太平天國的聖庫是不是被你私吞了？

第六章　沛公西征

　　面對清廷的責難，曾國藩的部屬彭玉麟、趙烈文，以及研究「帝王之術」的大學者王闓運等人紛紛勸進，有的說：「用霹靂手段，顯菩薩心腸」；有的說：「王侯無種，帝王有真」；還有的直截了當地說：「東南半壁無主，我公豈有意乎？」

　　這個時候，只要曾國藩一點頭，馬上就能上演黃袍加身的故事了！

　　然而，面對親弟弟以及眾多幕僚將領的勸進，曾國藩無動於衷，只給他們留下了這樣一副對聯：

　　「倚天照海花無數，流水高山心自知。」

　　縱然人生中隨處可見名利的誘惑，但我心中嚮往的依舊是高山流水、春暖花開。

　　在一次徹底的勝利前，絕大多數人缺了什麼？在一次次穿越歷史的過程中，我見過林林總總的勝利，也見過林林總總的失敗。面對勝利，一個人的心智很容易被歡呼聲、喝彩聲蒙蔽，自以為已經登上了人生的巔峰，開始變得驕傲自滿、不思進取，在自我陶醉中不知不覺走向覆亡。

　　面對突如其來的勝利，很少有人能保持清醒的頭腦，低下高傲的頭顱正確認知自己的處境。

　　曾國藩對自己的處境極為清醒，他深知，隨著太平天國的覆滅，自己也迎來了人生的權力巔峰，但湘軍功蓋天下，早已引起清廷的猜忌。儘管湘軍表面上勢可傾國，但當中已暗藏分裂，淮軍的坐大和制衡，以及八旗騎兵和各路綠營兵、團練武裝的監視，都令曾國藩深感憂慮。針對湘軍的崛起，清廷早就布好了局，既然如此，何不選擇退一步海闊天空？

民心，還是民心！

同樣地，經過張良的一番指點，劉邦也迅速從溫柔鄉中清醒過來。他這才意識到自己眼下的處境是多麼糟糕！

有人或許要問了，按照楚懷王熊心誰先入關中誰就是關中王的約定，劉邦此時不就已經是關中王了嗎？坐擁咸陽城，又有天險函谷關作為東大門，怎麼能說是處境糟糕呢？

問題在於，這些都是表象。秦帝國雖然滅亡了，但諸侯的軍隊還在趙國境內虎視眈眈，尤其是項羽軍團，在背水一戰打敗了秦軍主力──章邯、王離軍團後，威震天下，此時正帶著楚國軍隊馬不停蹄地直奔咸陽而來。

此外，函谷關雖然號稱天險，但並不代表可以就此高枕無憂。古人做事講究天時地利人和，函谷關雖然占盡了地利，但如果缺了另外兩個因素，照樣有可能會被攻破。戰國時，齊國的將領匡章就曾率領齊、韓、魏等聯軍大破巔峰時期的秦國，攻入函谷關，迫使秦國割地求和。

當然，以上這些還不是最主要的，劉邦最擔心的，還是關中百姓的民心！

沒錯，正是民心。民心才是最大的政治，這是古往今來「治國理政」的一切歷史經驗與社會變革的歷史教訓。「清華簡」中有一篇《厚父》，其中有這麼一句話：「民心惟本，厥作惟葉。」

什麼意思呢？就是說民心是政治的根本，民心的向背決定著政權的興替，而百姓說什麼話、做什麼事、有什麼傾向，都是從心裡發展生出的，民心決定著人民的趨向和發展。

秦人崛起於關中，自秦襄公護送周平王東遷洛邑，被封為諸侯後，

第六章　沛公西征

經過六百年的奮鬥史，秦國才贏得九州一統。可以說，關中百姓對於秦帝國的高度認同已經融進了他們的血脈裡。如何才能在諸侯聯軍入關中前，迅速俘獲關中百姓的民心，獲得他們的認可？這才是劉邦最為關心的問題。

如果用現在的視角來看，劉邦所面臨的問題其實就是，如何迅速提升自己的美譽度。

對於一家企業而言，唯有擁有較高的美譽度，才能真正贏得消費者的認可與信任，才會占有更廣大的市場，企業也才能夠長久不衰。品牌的美譽度是品牌獲得社會大眾支持和讚許的程度，它是無價的，同時也是企業最寶貴、最可靠、最穩定的市場資源。

做企業要傳播品牌，創業也是如此，要傳播名聲，先有美譽度，後有知名度。對於劉邦這個創業團隊而言，他必須在諸侯聯軍進入關中之前，運用各種手段與策略，贏得關中百姓的民心，打穩群眾基礎，保證在之後更複雜的革命鬥爭中立於不敗之地。

很快，張良就幫劉邦策劃了一份方案，具體來說分兩步執行。

第一步：召集父老，約法三章。

這一天，劉邦召集諸縣父老和豪傑，慨然陳詞道：「父老們苦於秦的嚴刑峻法已經夠久了，誹謗者滅族，偶語也棄市，簡直暗無天日。諸侯相約，誰先入秦關誰為秦王，如今我已入關，當為關中王。在此與眾父老『約法三章』：殺人者處死，傷人者及搶劫者抵罪。除此以外的秦朝嚴刑峻法，一律革除。我來是為父老除害，救大家於水火之中的，所以不必驚慌。我將馬上還軍灞上，等待各路諸侯到來，共商大計。」

有人也許會說，這三條約定也太簡單隨意了吧？作為社會治理最重要的保障，法律不應該是越完善越好嗎？

其實不然。彼時秦朝剛剛覆亡，正逢亂世，在這種情況下，只有以快刀斬亂麻的方式化繁為簡，為民眾樹立幾條簡單易懂的社會規則，反而更能有效宣傳開來，進而達到穩定民心的作用。

這三條約定，簡單明瞭，百姓們好理解，官員好執行，幫劉邦增加了不少印象分。關中百姓逐漸改變了對劉邦的看法，紛紛依附於他。

第二步：廣泛宣傳，安定民心。

劉邦趁熱打鐵，安排宣傳骨幹和秦朝舊吏走街串巷，廣泛宣講楚軍的政策，讓百姓不要驚慌，該做什麼繼續做什麼。這一招果然見效，百姓紛紛殺牛宰羊，爭相帶著酒肉來慰問部隊。

面對關中百姓的熱情，劉邦再一次展現出大義凜然的形象，他本著不拿群眾一針一線的原則，誓將光榮而偉大的作秀進行到底。他以無限的謙虛和謝意對民眾說，感謝大家的好意，我劉邦心領了，我們的軍糧已經足夠了，你們積攢下這些東西也不容易，這些酒肉和糧食我們不能要，還是都拿回去吧。

民眾那叫一個感動，眾人報以雷鳴般的掌聲。就這樣，劉邦在民間的人氣急劇上升，成為百姓心中關中王的不二人選。

下屬的意見，領導者必須斟酌採納

面對源源不斷的讚許，劉邦逐漸產生了些許自我陶醉的情緒，飄飄然起來。也就是在這個時候，劉邦輕信他人的建議，犯了一個極大的錯誤，而這個錯誤，足以置劉邦於死地！

事情還要從一個儒生說起。

這一天，一個叫鯫生的儒生找到劉邦，對他說：「關中是塊寶地，富

第六章　沛公西征

甲天下，地形易守難攻。而章邯投降項羽後，受項羽之封為雍王，治理關中，如若讓他們入關，那麼關中就不是您的了。以我之見，沛公現在不如迅速派兵把守函谷關，不讓諸侯聯軍進入，徵調關中的士卒來增強自己的實力，這樣才能擋住諸侯聯軍西進的腳步啊。」

面對這個建議，劉邦的內心也產生了動搖。就在前不久，他也聽聞了項羽封章邯為雍王的消息，負責管轄咸陽以西地區，這就代表項羽要把關中三分之一的土地封給章邯。這還了得？

劉邦越想越生氣，按照之前諸侯聯軍跟懷王的約定，先入關中者為王，自己歷經千辛萬苦，一路過關斬將，好不容易進入咸陽，自己不就是關中王了嗎？拚死累活走到今天，怎麼能眼睜睜地看著煮熟的鴨子又飛了呢？

不行，絕對不可以！

想到這裡，劉邦來不及跟身邊的謀士們商量，立即下令封鎖函谷關，從關中徵調大批兵員補充到軍中。

劉邦一向以善於納諫、從善如流著稱，一方面是他的性格寬厚、能容人，另一方面也是由於他知道自己的軍事和政治才能並不突出，不得不依靠身邊的這些智囊們為自己出謀劃策，隨時糾正自己的錯誤。

問題在於，不是所有意見都是合理且有效的。在這裡，劉邦過於相信他人的意見，沒有經過自己的分析就做出了決斷，犯了一個極其低級又十分致命的錯誤。

為什麼劉邦會犯這樣的低級錯誤？

很明顯，在俘獲了關中大批百姓的民心後，劉邦陷入了自我膨脹中，對當時的形勢判斷出現了重大失誤。

這個失誤在哪兒？劉邦對自己的實力過於樂觀，他以為憑藉著民眾

對自己的崇拜和敬仰，只要把函谷關的大門一閉，在各處關隘上布滿重兵，就一定可以關起門來做自己的「關中王」。殊不知，這樣做反而會激怒項羽及諸侯聯軍，將自己置於危險的境地。

項羽統帥的是諸侯聯軍，總兵力號稱有四十萬；而劉邦在進入關中後，加上徵調的關中兵力，總兵力不會超過十萬。雙方實力如此懸殊，如果真要打起來，劉邦必輸無疑！

作為劉邦的下屬，鯫生完全可以從自己的主觀視角出發，提出各類問題和建議，而不用承擔什麼責任，即便錯了也沒啥損失，大不了換一份工作重新來過。作為領導者的劉邦則不一樣，他搭上的有可能是自己乃至整個集團的前途，所以他必須對下屬提出的意見進行有效甄別，在經過綜合分析與評定後才能決定是否採納並實施。

在我們身邊，經常有這樣的現象，擺明是個吃虧上當惹麻煩的事情，偏偏它就發生了。很多人會拍著大腿說：這麼差勁的方案，他們是怎麼想出來的，難道這些人就沒有腦子嗎？

其實人家有腦子，都是聰明人，只不過在決策的時候，打上了自己的小算盤，盤算著個人能得到好處占便宜，一旦動了這樣的小算盤，自然就產生出餿主意。所以餿主意都是小算盤的副產品，先有小算盤，後有餿主意。如果領導者過於輕信他人的意見，而不經過自己審慎思考，就很容易鑄成大錯！

為了說明這一點，我們來一次時空穿越，回到漢末三國亂局的開端。

漢靈帝死後，戚宦之爭愈演愈烈，宦官禍亂朝綱、賄賂公行。何進獨攬朝廷大權，與袁紹等世家大族連繫緊密，意欲除盡宦官，獨掌朝綱。

第六章　沛公西征

　　按理說，何進是輔政的大將軍，手上又有軍隊，誅殺十常侍並不難。但問題在於，何家的關係並不是堅不可摧，何進與何太后雖為兄妹，卻是各懷鬼胎。何太后不滿何進擅權，反過來與張讓的宦官勢力暗中勾結，以扼制其兄野心。再者，何進的軍隊很多都傾向於宦官，他自己難以完全掌控，一旦計畫執行不當，引起宦官勢力的瘋狂反撲，勢必難以抵擋。

　　何進既想殺盡宦官，又不想得罪何太后，這是一個兩難的局面。

　　如何破局？

　　關鍵時刻，袁紹給他出了個主意，「多召四方猛將及諸豪傑，使並引兵向京城，以脅太后。」也就是借刀殺人。

　　袁紹為什麼會邀請西羌軍閥董卓進京？很簡單，袁氏家族與董卓關係密切，董卓的仕途是受到過袁家提攜的，所以袁紹覺得董卓是他可以掌控的軍事力量。

　　在盧植、陳琳、曹操等明眼人眼裡，這顯然是個餿主意，何進的主簿陳琳勸阻道：「您是大將軍，國家兵力之首，一聲令下就完全可以做到剪除閹宦，何必再找別人呢？這麼多兵將聚集一處，萬一引起兵變就不好說了。」

　　何進性格優柔寡斷，基本上遇到重要的決策時，都是被袁紹推著走。他看中了董卓手下軍隊的實力，卻忽略了董卓這些軍隊的由來──飛揚跋扈的董卓，不正是因為早就不聽朝廷的號令，才能有這麼多的私兵嗎？

　　最後的結果大家都知道了，宦官們狗急跳牆，殺了何進，皇宮一片混亂。董卓護送少帝回京，靠自己的運氣和智慧，瞬間躍入了龍門，挾天子以令天下。

何進因為輕信袁紹的建議，給自己招來了殺身之禍，而此時的劉邦為了稱王，輕信下屬的意見，執意做出了種種對抗舉動，正在入關的項羽又會如何應對呢？

第六章 沛公西征

第七章　鴻門之宴

論「危機公關」的重要性

漢元年十一月。

已是初冬時節，天地一片蕭索，一支軍隊行進在官道上。為首一人，手執長戟，英俊的臉上布滿傲氣，他就是剛剛擊敗章邯和王離的項羽。

鉅鹿之戰大敗秦軍之後，項羽的聲望迅速提升，諸侯聯軍對項羽可謂是五體投地，對他唯命是從，稱他為「上將軍」，並奉為盟主。項羽的虛榮心得到了極大的滿足，此時的他，可謂是威風八面，傲視群雄，普天之下，再也沒有人是他項羽的對手。

當項羽統帥四十萬大軍馬不停蹄地趕到函谷關時，迎接他的不是歡呼和掌聲，而是冰冷緊閉的城門和城頭高高飄揚的「漢」字紅色大旗。

冷冽的寒風如刀一般割在臉上，項羽怒了！他下令英布等人火速拿下函谷關！

英布是項梁手下最勇敢的將軍。在屢次征戰中，英布的部隊經常作為楚軍的先鋒，戰功顯赫。鉅鹿之戰，英布接受項羽的指令，率先渡過漳河，發起攻擊，立下了第一功。此次攻打函谷關，任務自然又落在了英布的肩上。

面對劉邦派兵把守函谷關和各隘口的嚴峻形勢，英布果斷命部下抄小路進軍，從側面擊敗守軍。不過半日工夫，項羽就拿下了函谷關，直逼咸陽！

第七章　鴻門之宴

　　當項羽攻破函谷關的消息傳來時，劉邦大驚失色，軍隊也是一片譁然。畢竟，項羽的神勇無敵大家早有耳聞，又統帥著諸侯聯軍，實力遠遠強於劉邦。與這樣的對手正面對決，那不是找死嗎？

　　幾乎所有人都認為，劉邦這次死定了，每天都有人離開隊伍，投奔項羽。

　　這一天，項羽的隊伍中來了一個吏卒，自稱是劉邦身邊的左司馬曹無傷，有機密之事要單獨面見項羽。

　　「臣左司馬曹無傷，密告上將軍，劉邦雄心勃勃，今得關中，必不肯讓上將軍，而欲使降王嬰為關中相，劉邦自為關中王，盡享榮華一世。」

　　項羽之前就對此有所耳聞，這次有了劉邦身邊人的親口證實，頓時氣炸了肺：無賴劉三，何敢欺吾！你有何功德，敢居關中自為王？

　　項羽身邊的謀士范增眼見時機成熟，又添了一把火，他告訴項羽：「劉邦這個人過去貪財好色，但入關後財物不貪，美色不近，說明他野心勃勃、志向高遠啊！我找人看了劉邦頭上的氣，說是好得出奇，形若龍虎，豔如五彩，乃是天子之氣！項王得趕緊把他降住，千萬別錯失良機！」

　　范增的添油加醋，進一步堅定了項羽除掉劉邦的決心，他立即召來麾下眾將士，正式下令：後勤部門備宴，犒賞麾下諸侯軍，就地休整，第二天替我滅了劉邦那老小子！

　　一場大戰迫在眉睫，而劉邦此時對這一切還完全不知情。他無論如何都想不到，一場滅頂之災正在朝自己逼近！

　　曾幾何時，劉邦和項羽都是反秦起義中的盟友，一起參加過許多戰鬥。可是秦帝國覆滅後，隨著形勢逐漸變化，兩人的關係也悄然發生改

變。這兩位昔日的戰友，如今終於不可避免地要站在彼此的對立面了。

而此時，一個人的出現，挽救了劉邦集團的命運。

此人正是項羽的叔叔項伯，時任項羽集團的左尹，也就是左丞相。項伯與張良有過交情，他是知恩圖報之人，在聽聞項羽的決定之後，連夜趕去劉邦大營找張良，一心只想要救張良於水火之中。

是的，他沒打算救劉邦，只想救張良。

項伯緊趕慢趕，來到張良帳中，將項羽第二天一早就要動手的機密和盤托出，然後讓張良趕快跟自己走，免得到時候跟劉邦一塊兒葬身戰場！

那麼張良聽完後，有何反應呢？

張良心中猶如翻江倒海，但表面上還強裝鎮定，他先穩住項伯，對他說：「我受韓王的委託護送沛公入關，如今沛公有難，我怎能在此時離去？你先稍等一下，待我將此事彙報沛公，再做定奪！」

張良不肯拋下劉邦獨自離去，他在第一時間就將這個重磅消息告訴了劉邦。劉邦一聽，大驚失色，這無異於一場八級地震！

冷靜，一定要冷靜！

面對這場前所未有的巨大危機，劉邦集團又該如何應對？

關鍵時刻，劉邦強迫自己冷靜下來，決定迎接一場危機公關。所謂的危機公關，是指對企業或者品牌生存、發展構成威脅，使得品牌形象遭受損失的某些突發事件，它具有意外性、聚焦性、破壞性和緊迫性。

企業在經營的過程中，難免遇到各種危機，就像一個人生活中免不了犯錯一樣。大部分的錯誤並不至於毀滅一個品牌，只要處理得當，就能最大化地降低損失，保護企業品牌形象。

第七章　鴻門之宴

對於此刻的劉邦而言，他面臨的，正是堪稱職業生涯最凶險的危機！

只要踏錯一步，就要面臨血光之災。

如何做好危機公關？一般而言，會有三條原則。

一、快速回應。

第一時間回應，控制事態發展方向。危機的爆發往往是突然的，有可能在你打個瞌睡的時間，它就已經悄然發生了。如果企業這時候不及時發聲，讓大眾了解其中原委，極大可能會遭受到大眾的各種猜想，被大眾質疑不夠誠懇。最終三人成虎，一發不可收拾，再想洗白難度可想而知。

劉邦不愧是危機公關的高手，在經過短暫的驚慌後，很快就鎮定下來，當天晚上立即做出了反應。他召集張良、蕭何等一眾幕僚商量此事，並制定了一系列應對措施，也就是下面要講的這一點。

二、真誠溝通。

危機管理的核心是真誠溝通。作為一家企業千萬不要存有僥倖心理，試圖蒙混過關，而應主動與媒體聯繫，儘快與民眾溝通，把自己所做、所想真誠地告知民眾，消除人們的疑慮和不安。不管是認錯還是解釋真相，態度誠懇是加分項，切忌因理直而傲慢。

劉邦沒有媒體，也不需要向民眾解釋，他唯一要溝通的對象就是項羽。問題在於，雙方相隔四十里地，一來一去顯然來不及。好在項伯此時就在軍中，他可以作為中間人，將劉邦的真實想法轉告項羽，將其暫時安撫住。

在這場接待中，劉邦充分展現了他高情商和高智商的優點，成功將項伯拉入了自己這方，且看劉邦的表演。

他先是向張良打探項伯的基本資訊:「君與項伯,誰的年紀大?」

張良愣了一下,回答道:「項伯比我年長。」

劉邦立即表態:「既然是你的兄長,那也便是我的兄長了,希望你請他過來,我想跟他見一面。」

劉邦第一次見到項伯就跟他套近乎,甚至信誓旦旦地承諾要與對方結為兒女親家。

這好運來得有點太突然,趁著項伯腦袋暈乎的時刻,劉邦開始一本正經地哄騙他:

「我入關之後,一樣東西都不敢動。登記官吏、百姓戶口,封存倉庫,只等待項王入關。我派人封閉函谷關其實是為了防賊,同時隨時應對一些突發事件。我和手下的人,都日夜盼望著上將軍趕快到來,又怎會有叛逆之心呢?希望您代為向項王解釋解釋,也不枉我一片赤誠之心。」

這些話,劉邦說得情真意切。

不取關中財寶本來是為了爭攬民心;登記戶口、封存倉庫不過是為了維護社會秩序;派兵駐守函谷關本來是拒諸侯於關外,自己在關中稱王,而這一切都被劉邦說成是為了迎接項羽入關而做的準備,自己只是暫時為其守衛而已,絕對沒有背叛項羽的意思。

這番話,項伯聽著很受用,臨走時還特地囑咐親家公劉邦,明天一早千萬別忘了親自到鴻門向項王解釋一下喲!

劉邦暗爽,大功告成,口中連連答應。

我們在翻閱楚漢這段歷史時,認為劉邦的情商是最高的,從哪兒可以看出來呢?其實很簡單,從這一段對話中就可以看得出來劉邦情商之高。所謂情商高,就是會說話。

第七章　鴻門之宴

我們常說，那些會說話的人，一開口就贏了，事實還真是如此。

古往今來，但凡不通說話之道者，都難成大事，而能成事者，一定在語言方面具有其獨特的能力。一句恰到好處的話，甚至可以改變一個人的命運。

子禽有一次問墨子：「多說話有好處嗎？」

墨子答道：「蒼蠅、青蛙白天黑夜叫個不停，叫得口乾舌疲，然而沒有人去聽它們的。但你看那雄雞，在黎明按時啼叫，天下震動，人們早早起身。多說話有什麼好處呢？重要的是話要說得切合時機。」

三、承擔責任。

危機襲來，承認錯誤採取補救措施勝於詭辯。最常見的方法為：安撫利益受損方，承擔責任，公開致歉。

劉邦雖然利用項伯暫時緩解了火燒眉毛的危機，但是危機並沒有解除，第二天他不得不親自到項羽的軍營賠禮道歉，說明事由。面對盛氣凌人的項羽，他又該如何巧妙化解危機，讓項羽消氣呢？

化被動為主動

當項伯連夜趕回軍營時，項羽還沒有就寢，還在大帳內商討明早進攻劉邦之事。項伯連忙將項羽拉到一旁，告訴他夜訪劉邦軍營之事，轉達了劉邦深切的歉意，最後還信誓旦旦地表示：先別急著發兵，等著吧，明早太陽升起之時，劉邦一定會親自前來賠禮道歉，說明緣由的。

項羽原本已經定下了明日一早出兵收拾劉邦的計畫，但在項伯的勸說下，項羽開始動搖了。

堂堂一軍統帥，別人勸打就打，勸和就和，一點主見都沒有，這不

能不說是項羽性格的一大缺陷。不得不說，項羽是一個很容易被情緒左右的人，他的身上既有冷血殘暴的一面，又有熱情柔軟的一面。當他感覺到對方的友善時，就會殷勤備至、體貼有加；當他感覺到自己被冒犯時，則是回以激烈的報復。而項伯的一番解釋極大地滿足了項羽的虛榮心，既然劉邦答應次日一早就來賠禮道歉，何不坐等他來？

第二日一早，劉邦帶著一百多名騎兵趕到鴻門拜見項羽。事實上，早在見面之前，劉邦就和手下的一眾謀士商量好了多種可能的預設情境，並對每種預設情境進行了初步推演。在張良的指點下，劉邦已經成竹在胸，他知道如何在這場危機公關中占得先機，消解對方的敵意。

作為集團老大，劉邦不得不去，他看得清「人為刀俎，我為魚肉」的險惡環境，卻決不退縮地勇敢向前，這是領導者面對艱難項目時候的必備態度。

管理者的成功之道是什麼？一是永不動搖的勇氣，二是如履薄冰的謹慎。要成功，就得在眾人面前保持永不動搖的勇氣和勝券在握的氣概，無論是在一帆風順還是波濤洶湧時，都必須鎮定自若，充滿必勝的信心和決心，迎難而上。

一見面，劉邦先行了一番大禮，然後恭恭敬敬地說：「我與將軍您曾經一起全力攻秦，將軍在黃河之北作戰，我在黃河之南作戰。我也沒有想到，自己有幸先入關滅了秦，又在此地和將軍重逢，可惜現在有小人挑撥離間，使將軍與我之間產生了隔閡，您可不能偏聽偏信啊！」

劉邦的這番話堪稱完美無缺、滴水不漏，他先是回顧了兩人一起並肩戰鬥的革命情誼，然後將雙方的矛盾歸結於有小人挑撥離間，態度卑微誠懇，讓項羽一時也挑不出毛病來。

面對劉邦的這番真情告白，項羽果然被打動了，他輕易地就將劉邦

第七章 鴻門之宴

身邊的臥底給供了出來：

「那些話都是你的左司馬曹無傷說的，要不然，我怎麼可能這樣對待你？」

多年以前讀到這一段時，我只覺得項羽這人沒腦子、不厚道，隨隨便便就把給自己通風報信的曹無傷賣了，因為劉邦逃回去後，第一件事就是弄死曹無傷。

可現在再看鴻門宴，當項羽說出這句話時，他和劉邦之間的格局已然改變。就這麼一番話，劉邦巧妙地化被動為主動，原本占足上風的項羽，已經落了下風。

按理說，項羽的實力遠遠強於劉邦，以他現在的地位，完全可以付之一笑，不需要任何解釋。可項羽不僅當真了，還認真解釋了，不由自主地想要扮演劉邦替他塑造的那個光明磊落只是偶爾失察的角色，劉邦將他的境界抬上去了，他沒辦法也捨不得下來，只好供出曹無傷。

劉邦的一番真情告白雖然暫時騙過了項羽，但卻騙不過項羽身邊唯一的謀士——范增。他早就看出劉邦此人能量巨大，身邊能人眾多，很有一套籠絡人心的方法，如果今天讓他就這麼酒足飯飽後大搖大擺離開，再想找機會除掉他，可就難了！

席間，當劉邦向項羽頻頻敬酒時，范增朝項羽使勁使眼色，示意他找機會除掉劉邦，可項羽對范增的暗示視而不見。范增又拿出自己佩戴的玉玦，不斷地舉起，再次向項羽示意，暗示項羽快下決心，可項羽依舊無動於衷。在項羽眼中，劉邦親自前來道歉，已經給足了自己面子，如果現在突然將劉邦等人拿下，勢必會引發劇烈的反應，諸侯之間議論紛紛，自己身為天下諸侯的盟主，信譽必然會受損！

這是項羽絕對無法接受的。

化被動為主動

范增知道今天這事靠項羽是做不成了，於是悄然起身，走出大帳，召見項莊說：「將軍心太軟，不願意殺劉邦。要不你去敬個酒，敬完後表演舞劍，然後伺機解決劉邦。今天不滅了他，回頭我們就得被他滅了！」

項莊領命，進入大帳敬酒。敬完酒後，他對項羽說：「軍營生活單調枯燥，也沒有絲竹歌舞可以助興，不如讓我為大家舞劍，給大家助助興吧！」

項羽欣然同意。

項莊拔劍起舞，劍如白蛇吐信，嘶嘶破風，又如游龍穿梭，行走四身，時而輕盈如燕，點劍而起，時而驟如閃電，落葉紛崩，真是一道銀光帳中起，萬里已吞匈虜血。

眾人看得目眩神迷，可劉邦的內心卻如同雲霄飛車一般跌宕起伏，不為別的，只為這柄劍招招都是朝自己而來！

刀光劍影意在沛公，就在劉邦處處被動的時刻，一旁的親家項伯坐不住了，他趕緊起身，拔出佩劍，對眾人說道：「一人舞劍，豈不乏味？我也來助助興。」

項伯舉起了手中之劍，項莊心中驚詫不已，他和項伯是叔姪關係，他跳出來做什麼？如果自己失手傷了他，自己這罪過可就大了，所以他手下暗暗留情。

兩劍相接，「鏗」的一聲，雙方身形立刻分開。每當項莊想刺向劉邦時，項伯就用身體掩護劉邦。項莊傷不到劉邦，也不能刺傷叔父。大帳內，劍影飛騰，人影飄搖。

面對此情此景，張良坐不住了，他悄悄起身，出去對樊噲囑咐了幾句。

第七章　鴻門之宴

片刻之後，一個身材魁梧的大漢闖進帳中，朝著主座上的項羽怒目而視。

作為主人的項羽感覺面子上有些掛不住，警惕地按住劍柄問道：「來者何人？」

此時面朝西坐的張良一拱手：「回項王，這是沛公的參乘樊噲。」

項羽一抬手：「賜這位壯士一斗酒。」

樊噲也不推辭，接過酒杯，咕咚咕咚一飲而盡，一滴不剩。

來者豪爽，正合項羽的脾性，他示意衛兵：「再給這位壯士一隻豬腳！」

豬腳端了上來，卻是生的，需要切開才能吃。樊噲畢竟是殺狗的屠戶出身，什麼好勇鬥狠的場面沒見過？他也不在意，將盾牌往地下一扔，把豬腳往肩上一扛，拿起刀切成小片放嘴裡吃了。

項羽看見這副無所畏懼的好漢架勢，復又問道：「壯士，還能喝一杯嗎？」

樊噲用袖子一抹嘴：「臣死都不怕，怎麼會喝不了一斗酒？」接過一壇酒，咕嘟咕嘟一飲而盡。

項羽有意考驗一下樊噲，出了幾個難題，皆被他化解，只好給自己找了個臺階：「給壯士賜座吧！」

樊噲就這樣大搖大擺地坐到了劉邦身旁，開始給項羽洗腦：

「秦王殘暴不仁，這才讓天下人背叛了他。之前楚懷王和諸侯約定，先進咸陽者封為關中王，現在沛公雖然先進了咸陽，可一點都沒敢動這裡的東西，就等著留給項王您接手了。像沛公這樣勞苦功高的人，項王非但不獎賞，反而聽信小人之言，對沛公動了殺心，您這是卸磨殺驢啊！」

被樊噲這麼一埋怨，臉皮薄的項羽面子有些掛不住了，只得尷尬一笑：「沛公好意，不能辜負，我心中自有定論。」一擺手，攔住了正要起身說話的范增：「亞父，無須多言。」

眼看著飯吃得差不多了，劉邦看到范增眼中的殺意越來越重，知道必須開溜了，要是再待下去，范增肯定會找人收拾自己！

劉邦朝樊噲使了個眼色，對項羽說道：「報告，我內急，想去方便一下。」

項羽：「去吧！」

劉邦起身出了營帳，樊噲隨後也退了出去。

就這麼走了，劉邦心中還是有些忐忑，要不要跟項羽告個別？

樊噲心裡那叫一個鬱悶，他拉住劉邦說道：「做大事不必拘小節，講大禮無須辭小讓。現在人家是刀和砧板，我們是板上的魚肉，還告辭什麼呢？趕緊腳底抹油──開溜吧！」

等了半天的項羽最終沒等來劉邦，倒是張良帶著一對白璧和玉斗回來了。張良一拱手：「將軍果然好酒量，沛公一介草夫，不勝酒力，已經回去了，特派我奉上一雙白璧敬獻給項將軍，玉斗一雙敬獻給范先生。」

待張良離開後，范增再也忍耐不住，拔出劍擊碎了玉斗，怒氣衝衝地撂下一句話：「豎子不足與謀，將來奪天下的必定是劉邦，我們都得給他做階下囚了！」

一場鴻門宴，從頭到尾，劉邦的表現可圈可點。從得知項羽次日要帶兵收拾自己後，劉邦以極大的魄力和決斷力開始了一系列布局謀劃，從拜會項伯及項羽時的開場白，到宴會中間樊噲闖帳，都是在被動之時主動破局，掌握這場宴會的主動權。我們不難發現，在這場宴會中，全

第七章　鴻門之宴

程都是劉邦在控制節奏，處於劣勢時主動行動，而不是被項羽牽著鼻子走，最後全身而退。而猶豫不決的項羽原本拿著一手好牌，卻在一系列言辭交鋒中明顯落於下風，最終放虎歸山，遺患無窮。

在極致濃縮了「競爭環境」的鴻門宴上，劉邦的控局能力便展現在這不留痕跡的調節與控制氣氛上，也展現在他掌控對方人心與情緒的手腕上。

鴻門宴上，項羽輸在哪兒了？

楚軍的大帳之內，范增情緒激動，喋喋不休地批評項羽的猶豫不決和婦人之仁，而項羽坐在案前舉杯獨酌，對范增的抱怨充耳不聞。

反觀劉邦，趁著離席的機會一路小跑，毫髮無傷地回到了漢軍大營，穩定了漢軍將士們的心。

從這一刻起，劉邦與項羽，這兩位在戰場上結下了深厚革命情誼的親密戰友，終於分道揚鑣，踏上了各自的征程。

經歷了鴻門宴的鬥智鬥勇，劉邦不但全身而退，而且還有意外發現——項羽的軍事組織人心不齊，領導團隊內部分裂，這也為劉邦後來用反間計將項羽集團分化瓦解埋下了伏筆。

事實上，這場名傳千古的鴻門宴也是楚漢集團領導團隊第一次正面交鋒，是楚漢爭霸的一次預演。

從管理學的角度來看，一個優秀的團隊靠的不僅僅是某一個人出色的能力，而是團隊成員的集體努力。劉邦之所以能從容脫身，乃至於在後來的楚漢戰爭中成功逆襲，靠的正是身邊這支優秀的創業團隊，這一點正好與項羽的團隊形成了鮮明的對比。

我們先來看項羽的創業團隊。

項羽的團隊主要骨幹有項羽、范增、項伯三人，項羽是名義上的領導核心，但是由於自身的性格缺陷，他既領導不了飛揚跋扈的謀士范增，也管不了那自以為是的叔父項伯。

范增作為資深員工，眼光最為銳利，早在劉邦攻破咸陽之時，他就洞察到劉邦將會是以後項羽稱霸天下的主要競爭對手。他的依據就是劉邦在攻破咸陽之後不但「財物無所取，婦女無所幸」，而且還透過「約法三章」的形式收買天下人心，由此可見，劉邦所圖非小。為了遏制乃至消滅潛在的競爭對手，范增堅定地要求除掉劉邦，以絕後患。

鴻門宴上，在劉邦成功開溜之後，惱怒的范增不顧自己謀士的身分，就像父親罵兒子一樣大罵項羽。這一頓大罵不但於事無補，反而將楚軍集團的內部矛盾暴露無遺。

項伯也是資深員工，不過他是項羽團隊中意志最不堅定的一個，做事全憑自己的情感和喜好，一心只想著私人恩怨，眼中沒有大局觀。鴻門宴前一夜，為了救自己的恩人張良，連跟項羽打聲招呼都沒有，就獨自一人跑到劉邦陣營通風報信，隨後在劉邦的一系列哄騙下轉變立場，與對手結成了親家。鴻門宴中，如果不是項伯阻止項莊，用身體擋護著劉邦，劉邦很難逃過這一劫。

不僅如此，項伯甚至多次在關鍵時刻坑自己的姪兒項羽，給劉邦通風報信，出面保護劉邦一家老小。

為什麼項伯會做出如此選擇？他難道寧願劉邦得天下，也不願自己的姪子得天下嗎？作為項羽的親叔叔，項伯為何要幫自己親姪子的死對頭劉邦？

這其中的緣由也不難分析，項伯不服姪兒項羽和老頭子范增。在項

第七章　鴻門之宴

家軍中，前有大哥項梁，後有姪子項羽，項伯作為項家的一員，受大哥項梁的管控也就算了，項梁死後還要受姪兒項羽的管控，沒辦法出人頭地，憋著一肚子氣。更令人生氣的是項羽還請來了亞父范增出謀劃策，任何軍政大事，都是項羽和范增商討決定，項伯作為項羽的叔叔，完全被邊緣化了。

項伯很不服氣！他不服項羽的約束，行事全然不顧大局，造成了楚軍最高層更大的裂痕，引發了一系列的政治後遺症。

兩大股東意見不一，各有各的小算盤，那麼作為董事長的項羽，他有能力平息內部矛盾嗎？

事實證明，他沒有！

雖說項羽名義上是團隊領導者，但是他做事毫無主見與定力，很容易被別人帶偏節奏，領導權威不斷受到亞父范增和叔父項伯的挑戰與擠壓。事實證明，他不是一個合格的領導者，缺乏管理智慧和經驗，只能算得上是一個性格相當軟弱的「秩序維持會長」。試問，這樣一個缺乏凝聚力和向心力的團隊，如何能夠走向成功？

再來看看劉邦的創業團隊。

劉邦的團隊中革命元老也不少，如曹參、蕭何、樊噲、夏侯嬰等人，但在鴻門宴這場大戲中出鏡的只有張良和樊噲二人。那麼在鴻門宴上，劉邦的團隊表現如何呢？

如果用兩個字來形容，那就是：完美！

作為劉邦三人組的成員，張良雖然一直在為劉邦出謀劃策，但是他真實的身分是韓王的部下，他心心念念的是為韓王恢復故土。劉邦西征時，張良一度離開劉邦投奔了韓王成，直到劉邦西征受阻時，張良才回到劉邦身邊。即便如此，劉邦依然對他給予了充分的信任，事事言聽計從。

當張良得知項羽要收拾劉邦的消息後,他並沒有獨自開溜,而是第一時間向劉邦報告緊急軍情,為劉邦妥善應對危機爭取到了極為寶貴的時間;

鴻門宴上,當項莊舞劍意在劉邦時,張良想方設法營救劉邦,果斷地搬來猛將樊噲這個救兵;

當劉邦等人準備腳底抹油之際,張良主動留下來安撫項羽,為劉邦的出逃爭取到了足夠的時間。

一個優秀的團隊,靠的不是人多,而是心齊,連張良這樣一個外人都願意盡心竭力為劉邦出謀劃策,可見劉邦籠絡人心的能力非同一般。有這樣一支優秀的創業團隊,何愁大事不成?

再看樊噲。在我們以往的印象中,樊噲一直是個大老粗的形象,四肢發達,頭腦簡單,空有一身蠻力,並不討人喜歡。但在鴻門宴上,樊噲卻是最出彩的一個。當得知主公劉邦身處險境之時,樊噲先是「帶劍擁盾」勇闖項羽的中軍大帳,面對力能扛鼎的英雄項羽,樊噲更是毫不怯場,「瞋目視項王,頭髮上指,目眥盡裂」;然後又是大碗喝酒、大塊吃肉,讓孤傲不群、自視甚高的項羽也心生敬佩,視其為「勇士」、「英雄」。

這還沒結束,後來樊噲還充分利用漢軍所特有的道義優勢,對項羽一陣狠批,直把項羽說得啞口無言;最後,在劉邦出大帳後舉棋不定之時,樊噲又是一番慷慨陳詞:「大行不顧細謹,大禮不辭小讓。如今人方為刀俎,我為魚肉,何辭為?」看看,這哪是昔日裡以屠狗為生的屠夫能說出的話?分明就是成熟政治家才有的高水準嘛!

經歷了鴻門宴的一番比試,先來看項羽這一方,項伯臨陣倒戈,項羽束手旁觀,其領導團隊中只有老頭子范增還在苦苦支撐,鴻門宴這盤

第七章　鴻門之宴

政治大戲儼然成了范增一個人的獨角戲，其團隊內部已分崩離析；再看劉邦這一方，在他的領導下，張良與樊噲施展各自的本事，互相配合，分工合作，完美上演了一場金蟬脫殼！

劉邦的勝利，是團隊的勝利；項羽的失敗，是團隊的失敗。

學會管理自己的情緒

在給了劉邦一個下馬威後，項羽如願以償，進入了秦帝國的首都咸陽。望著繁華富庶的咸陽城和街道兩旁圍觀的人群，項羽意氣風發，豪情滿懷，為了這一刻，他等待了太久！

但是，入城後的項羽心中始終有一個怨念。他本是楚國貴族，項家世代為將，擁有極高的社會地位，但是秦國滅楚改變了一切。

西元前 224 年，秦將王翦帶領六十萬大軍伐楚，楚國滅亡，項羽的爺爺項燕戰死沙場。

楚國滅亡後，項氏家族淪為平民，項梁帶著姪兒項羽四處逃亡，依靠幫人操持喪事營生，心中深以為恥。為了復仇，項梁叔姪二人暗地裡練兵，等待機會叛秦。

在耳濡目染之下，項羽也對秦國極其仇恨，心中很早就埋下了復仇的種子。如今，自己終於有機會完成當年的夢想了，他迎來了人生的巔峰，還有什麼比仇人在自己面前低頭，甚至痛哭流涕更痛快的呢？

望著那極為華美的亭臺樓閣和舞榭歌臺，還有臺階下戴著鐐銬伏在地上的秦王子嬰，項羽心中燃起了復仇的火焰，他眼中的怒意越來越濃。

他恨這裡的一切，他要屠盡秦人的王室，毀掉這裡的一切，以洩自己的心頭之恨！

他接連下了三道命令：屠咸陽，殺子嬰，燒秦宮！

一道道命令傳下去，子嬰的人頭落地，咸陽城內哭聲震天、人頭滾滾、屍橫遍野、血流成河；一瞬間，熊熊烈焰騰空而起，幾乎燃遍了半個天空，漆黑的冬夜裡，那沖天的烈火顯得更為耀眼。

站在城頭，望著阿房宮燃起的熊熊烈火，項羽終於露出了心滿意足的微笑，而一旁的范增表面看上去還很鎮定，但是他眼眸深處的黯然神色卻已經將他無奈的心情顯露出來。

咸陽城內的民眾站在街道上，衣衫襤褸，望著阿房宮的沖天大火，終於意識到，這位威震天下的名將項羽，原來不過是一介肆意殺戮的屠夫！

唐代大文豪杜牧在他的名作《阿房宮賦》中這樣暢想秦宮的宏偉和壯麗：

六王畢，四海一；蜀山兀，阿房出。覆壓三百餘里，隔離天日。驪山北構而西折，直走咸陽。二川溶溶，流入宮牆。五步一樓，十步一閣；廊腰縵迴，簷牙高啄；各抱地勢，鉤心鬥角。盤盤焉，囷囷焉，蜂房水渦，矗不知其幾千萬落！長橋臥波，未雲何龍？複道行空，不霽何虹？高低冥迷，不知西東。歌臺暖響，春光融融；舞殿冷袖，風雨淒淒。一日之內，一宮之間，而氣候不齊。

妃嬪媵嬙，王子皇孫，辭樓下殿，輦來於秦，朝歌夜絃，為秦宮人。明星熒熒，開粧鏡也；綠雲擾擾，梳曉鬟也；渭流漲膩，棄脂水也；煙斜霧橫，焚椒蘭也。雷霆乍驚，宮車過也；轆轆遠聽，杳不知其所之也。一肌一容，盡態極妍，縵立遠視，而望幸焉。有不得見者，三十六年。

燕、趙之收藏，韓、魏之經營，齊、楚之精英，幾世幾年，剽掠其人，倚疊如山。一旦不能有，輸來其間。鼎鐺玉石，金塊珠礫，棄擲邐

第七章 鴻門之宴

迤，秦人視之，亦不甚惜。

……

楚人一炬，可憐焦土！

這一把火燒下去，項羽的血熱了，民眾的心卻冷下去了。

沖天大火整整燒了三個月才熄滅，建設數百年、綿延上百里、氣勢恢宏、富麗堂皇的秦朝宮殿灰飛煙滅。

對項羽來說，火燒阿房宮極大地滿足了自己的復仇欲望，然而，正是這一把火，為自己埋下了失敗的種子。

項羽坑殺二十萬秦軍和火燒阿房宮的殘暴行徑寒了天下人的心，他在人們心中的形象一落千丈，從「神」變成了人見人怕、鬼見鬼愁的「魔」。據說，如果孩子晚上啼哭，大人只要說一句「項羽來了」，孩子的哭聲便會戛然而止，屢試不爽。

項羽的殘忍、弱智又一次淋漓盡致地展現出來，失民心者失天下，如此豈能久乎？

其實，項羽一把火的憤怒，最先燒焦的是自己。他的失敗就在於，不會有效管理自己的情緒。

為什麼這麼說？

項羽統帥著四十萬諸侯聯軍，他入關是來奪天下的，可是他入關後被仇恨沖昏了頭腦，讓關中秦人徹底寒了心。作為一個團隊的領導者，最重要的一項技能是在面臨各種突如其來的問題時，管理好自己的情緒，用理智的態度解決問題。想當初劉邦入關後，被眼前的榮華富貴沖昏了頭腦，當天晚上就想睡在宮中盡情享樂，但在樊噲與張良的一番勸說後，他及時克制了自己的貪欲。與民「約法三章」，封存府庫，不偷不搶，穩定了關中百姓的民心，贏得了他們的信賴。

奧里森·馬登在他的《一生的資本》中說過，任何時候，一個人都不應該做自己情緒的奴隸，不應該使一切行動都受制於自己的情緒，而應該反過來控制情緒。無論境況多麼糟糕，你應該努力去支配你的環境，把自己從黑暗中拯救出來。

人之所以被稱為人，是因為我們不是依賴先天的本能做事情，而是有自己的理智，知道什麼時候該做什麼事和不該做什麼事。

項羽不會管理自己的情緒，任由復仇的意念肆意擴散，讓憤怒沖昏了頭腦，做出了一系列愚蠢的行為。他的本意是透過殺戮來懲罰秦人，樹立自己的威望。殊不知，這種復仇的方式不僅達不到自己的期望，反而激怒了關中秦人，讓他們更加徹底地反對自己。

事實上，從項羽入關後的幾次大怒中不難看出，項羽不會管理自己的情緒，他的情緒穩定性很低，甚至可以說是很差。

情緒穩定性就是一個人的情感調節能力。情緒穩定性低的人敏感且容易衝動，更易於體驗到憤怒、焦慮、抑鬱等消極的情緒。他們對外界刺激的反應比一般人強烈，對情緒的調節、應對能力比較差，經常處於一種不良的情緒狀態下。反之，情緒穩定性高的人較少情緒化，對外界刺激的反應也比較平靜。

不只是大人物，對於生活中的普通人而言，管理情緒也是一項非常重要的能力。如果你能像控制體重一樣控制自己的情緒，那你就已經贏了大半個人生。

我們經常在路上看到很多司機都有「路怒症」，前車起步慢了拚命按喇叭，別人變換車道不守規矩、轉向距離不夠，就開車窗和人家對罵；遇到塞車或是一點小摩擦就怒髮衝冠，暴脾氣上來恨不得跟對方打一架。

第七章 鴻門之宴

　　無論我們是管理者還是被管理者，都需要管理好自己的情緒。因為，只有良好的情緒管理能力，才能做出最正確的決策。

　　如果你是一名團隊領導者，當你在管理他人的時候，首先得管理好自己，管理好自己的情緒當然也是自我管理的重要一環。全世界所有的MBA課程都會講到如何管理自己情緒的問題，在商業談判過程中，你的對手可能故意來激怒你，讓你在談判中失去理智。

　　如果你僅僅是一名普通員工，更應該提升自己對情緒的掌控力，這種掌控力有時候甚至決定著你在職場的升遷。在面對紛繁複雜的工作時，一定要調整好自己的情緒，不能被眼前的輸贏沖昏頭腦，帶著負面情緒工作。

　　每個人心中都有一頭野獸，唯有理智與冷靜才是它的牢籠。只有管理好自己的情緒，才能做出理智和正確的決策。

第八章　霸王分封

利益分配是一門技藝

「排排坐，吃果果」是每個打天下的英雄在成功之後都要面對的問題，項羽也不例外。

這時候，有一個叫韓生的儒生對項羽說：「關中地區有山河作為天塹，四面都有穩固的屏障，土地肥沃，在此建都，可以稱霸天下。」

想當年，秦國能統一天下，正是因為充分依憑了關中地區的地理優勢。現在秦朝雖然覆亡了，但天下仍然處於諸侯紛爭的局勢，占據關中這塊有戰略優勢的寶地，可以立於不敗之地。

可是項羽不願意。

放眼望去，咸陽城內該燒的燒了，該殺的殺了，該搶的搶了，偌大的咸陽城已經淪為一片廢墟，意氣風發的項羽哪裡肯留下？他心心念念的，還是自己的故鄉。他說道：富貴不歸故鄉，如身穿錦繡卻走在夜裡，誰能看得到？

韓生心中深感失望，這人是個大嘴巴，回去後跟別人吐槽：「都說楚國人沐猴而冠，如今看來，果然如此！」

這話一出口，立即有人報告給了項羽，項羽大怒，下令逮捕韓生，投入大鍋煮了。

從這裡不難看出，項羽在自我情緒管理上確實很差，他克制不住自己的憤怒，而只要一憤怒，必定會做出出格的事。

第八章　霸王分封

面對巨大的勝利和圍觀的諸侯軍隊，如何瓜分勝利果實呢？

從目前的情況來看，劉邦的關中王肯定是做不成了，但項羽又不想背負破壞盟約的名聲，他派人去請示楚懷王，想讓他把「先入定關中者王之」的約定廢止。

不料楚懷王卻不願意背這個鍋，他回應說，盟約不能廢，就照先前約定的辦。

項羽氣得鼻孔冒煙，說：「真是給臉不要臉，要不是我們項家一路扶持，他熊心算是哪根蔥？他有什麼功績？老子披堅執銳，征戰沙場，風餐露宿三年，才滅亡秦朝平定天下，跟他有半點關係？」

范增適時地站了出來，勸項羽不可意氣用事。熊心雖然沒什麼功勞，但畢竟是諸侯聯軍名義上的領導者，公然翻臉對己方不利。

在范增的苦心勸說下，項羽最終壓下怒氣，分給了楚懷王一塊土地。

這一年正月，項羽尊熊心為義帝，並以「帝者必居上游」的理由把熊心從中原的彭城遷到了長江南岸的郴。名為遷徙，實為流放。

既然熊心不配合自己，那分封天下的事只有自己親自上陣了！

二月，項羽正式分封天下，大批封王，自立為西楚霸王，建都彭城，領土包括故魏國和故楚國的九個郡。

聽聽這霸氣的稱號，就知道他當時自我感覺有多麼好！那時的項羽只有二十六歲，意氣風發，以為天下再無敵手，整個大地都匍匐在他的腳下。

緊接著，項羽一口氣封了十八個諸侯，獎勵跟隨他入關、共同作戰的諸侯將領們。

有人認為，項羽在入關後大封諸侯，不以關中為都，不當皇帝而稱霸王，乃是其政治上幼稚的表現。放著眼前唾手可得的皇帝不做，偏要

去做什麼霸王，結果卻把一手好牌都打爛了。

事實真的是這樣嗎？如果真能那般輕易地戴上皇冠，誰還攬著王冠？

項羽分封諸侯，實為當時形勢所迫，不得已而為之。事實上，項羽雖然名為各路諸侯統帥，其實並沒有實力掌握全局，各路諸侯手握重兵，分封乃眾望所歸。

據《史記》所載，鴻門宴時期，項羽的軍隊達四十餘萬。這四十餘萬的大軍中，絕大部分是各路諸侯的軍隊，屬於項羽嫡系的軍隊並不多。鉅鹿之戰前楚軍有五萬人，其中還包括了英布、蒲將軍的軍隊，在經歷了鉅鹿之戰的消耗後，即便沿路能補充兵員，但總數不會太多。

這是在關內的兵力，在關外還有很多盤踞在地方上的諸侯兵力，這些人在滅秦的時候同仇敵愾、統一戰線。在秦亡之後，對項羽的地位無不虎視眈眈。

此外，在這場反秦起義中，六國貴族紛紛揭竿而起，在項羽和劉邦南征北戰時，這些貴族們也在自己的地盤聚攏了不少子弟，意圖復興故國。章邯投降後，六國貴族復國的願望已經實現：楚有懷王，齊有田榮、田橫兄弟，三晉也被趙王歇、魏豹、韓王成瓜分，除了燕國被韓廣占據外，六國中的五國都有世襲貴族勢力存在。

項羽與六國貴族只是鬆散的利益聯盟，只因秦這個共同的敵人，他們才被迫聯合取暖，擠在同一座屋簷下遮風避雨。待秦王朝土崩瓦解，他們之間分道揚鑣是遲早的事。關於這一點，無論項羽，還是六國舊貴族，大家彼此都心知肚明。

在此之前，諸侯們之所以對項羽俯首聽命，只是懾於項羽一時的戰功和人望，並非因項羽自身兵多將廣、軍事力量雄厚而臣服。項羽不過是相當於董事會首席股東，握有股份比例多一些而已，並沒有大到有一

第八章　霸王分封

票否決的權力。項羽分封,只不過是在董事會宣布並確認他們原來的股權而已,絕非原始股的贈送。

這些人一旦認為自己的利益最大化目標沒有實現,便可能隨時宣布退出董事會,項羽除了恐嚇和親自上陣外,別無他法。

因為,六國貴族與項羽是上下級、同事的關係,如魏豹分封之前的身分還高於項羽,大多數諸侯王們對霸王也沒什麼忠誠可言。他們追隨項羽目的很簡單,都是期望能夠分一塊土地,如今諸侯聯軍已入關中,如不分封,勢必眾叛親離。就如同劉邦早期如不分封韓信、彭越、英布、張耳等人為王,這些人也決不會繼續追隨劉邦一樣。所以,分封諸侯在當時是勢在必行的。

在分封這一問題上,項羽絕不是政治低能,而是在當時諸侯皆強的情況下做出的合理決策。透過分封,將諸侯按照原先的屬地進行分配,並對原有的六國之地進行再次劃分,削弱了各個諸侯的力量,而自己管轄梁、楚之地最富庶的九個郡,建都彭城,在諸侯中實力依然是最強的,這就可以保證自己在面對單個諸侯的挑釁時,有足夠的實力進行壓制。

由此不難看出,選擇分封是項羽所能想到的最合適之解決方案,他沒有辦法以合法的方式取得比西楚霸王更高的權力和地位,只能退而求其次。

當不能掌控全局時,那就保持優勢。

組建核心團隊很重要

拋開諸侯實力依然強大的外因,從內部來講,項羽並不具備稱帝的實力與基礎,確切說,他缺乏品牌效應。

六國貴族不管多麼爛,他們經過數百年的經營,已經打造出品牌,

深入人心，儘管後來經營不善，被秦國兼併，但在市場上就算打了折扣，其影響力依然不可低估。

其實，項羽手中本來有著很好的品牌，就是楚懷王，但很可惜，被他拋棄了。如果就此認為項羽短視，其實是誤解，因為地位決定高度，任何人站在項羽的位置，不可能沒有意識到撕毀楚懷王這張王牌帶來的後果，但是項羽為何毅然去做？原因很簡單，他是想打造屬於自己的品牌，如果有足夠的品牌培育期，說不定項羽也能成功。可惜的是，歷史沒有給予項羽足夠的時間。

最後，也是最重要的一點，項羽一直沒有打造一支核心管理團隊。相比劉邦擁有韓信、蕭何、張良這三駕馬車，項羽可以說自始至終都是一枝獨秀。不是項羽自身能力不足，只是以個人力量與一個團隊相較量，其失敗是必然的。

一個好的團隊組建者，必然會扮演孵化器功能，為團隊成員搭建足夠的舞臺，然後分工明確，限制權責界限，這才是他的本職。然而，項羽一直沒有看清自己的定位，如此一來，縱然他自己能力出眾又能如何？其失敗可以說從開頭就已經註定了。

項羽雖為盟主，宰割天下，但他缺乏幫手，無法有效管理各路諸侯，也不具備稱帝的條件。換句話說，彼時的項羽，缺乏屬於自己的核心創業團隊。

核心創業團隊有多重要？美國鋼鐵大王卡內基說過：「如果把我公司的資金、設備、場地、客戶、原料全部拿走，只留下我的管理團隊，四年之後，我還是鋼鐵大王。」

創業在古代和現代雖然指的是兩碼事，但本質上卻是一樣的，都需要一個核心團隊，都是人力、財力、技術與管理的比試。

第八章　霸王分封

　　一個人的能力畢竟是有限的，創業者在創業過程中，光自己強大還不夠，最重要的是找到頂級人才，為了共同的目標把利益綁定在一起。關鍵時刻，有人願意幫你；遭遇失敗，有人願意和你一起承擔。

　　打造核心團隊的最高境界是，每位成員都願意把你的事業當成他的事業，把你的身家性命當作他的身家性命，這樣的團隊才會成為戰無不勝的堅貞軍團。任何利益、誘惑都打不垮，任何威脅都無法撼動。

　　劉邦很早就組建了自己的團隊，早在沛縣廝混時，他就組建了自己的圈子，這裡面有縣吏蕭何、狗屠樊噲、商販灌嬰、車夫夏侯嬰。在打出反秦的旗號後，劉邦又陸續接納了貴族張良、遊士陳平、強盜彭越、酒徒酈食其。劉邦每一次遇到困難時都有人挺身而出，獻計獻策，為他的造反事業添磚加瓦。

　　歷代開國皇帝創業時，身邊都會有一個核心團隊，劉邦有「豐沛集團」，光武帝有「雲台二十八將」，朱元璋有「淮西功臣集團」。正是因為有這些團隊成員的幫助，才成就了他們的萬世功業。

　　那麼，項羽有自己的核心團隊嗎？

　　答案是：沒有！

　　項羽的核心團隊中僅有兩個人，一個是范增，一個是項伯。如前文所言，由於種種原因，項羽既領導不了飛揚跋扈的亞父范增，也管不了那自以為是的叔父項伯。項羽總覺得自己神勇無敵，不需要他人的協助，所以在得到韓信這樣不世出的天才將領時，依然沒有重用他，任由他投奔劉邦。可以說，劉邦手下人才濟濟，項羽手下人才寥寥。

　　不管做什麼，這世界已經不是單打獨鬥的時代了，需要的是團隊合作，只有團隊化才能夠走向成功。項羽過於自信，他以一人挑戰劉邦創業團隊，其失敗已是必然。

彎下腰做漢王

隨著分封工作進入尾聲，一個難題擺在了項羽面前：如何安置劉邦？

論實力、論功勞，劉邦都不在項羽之下，而且他還有楚懷王「先入關中者為王」的承諾。依照「懷王之約」，整個關中之地都應分封給他才對，但從項羽的角度來看，這顯然不可能。如果分的地盤太少，劉邦未必會樂意；如果分得多了，項羽也不會答應。

鴻門宴後，項羽和范增對劉邦的疑心並沒有解除，為了妥善安置這位潛在的競爭對手，范增給項羽出了個主意：巴蜀之地路途遙遠且艱險，秦朝的罪犯通常都被流放到那裡，何不把巴蜀地區封給劉邦？

項羽欣然同意，就照亞父的意思辦！

數日後，劉邦正式接到了通知，被封為漢王，轄巴蜀二郡。不僅如此，項羽還要求劉邦裁員，把隊伍從十萬人裁到三萬人。

聽到這個消息，劉邦暴跳如雷，差點兒氣瘋了！

對此，漢軍將士們心中非常憤怒，認為自己血戰多年，如今攻下咸陽，不僅沒有得到應有的封賞，反而還招來項羽的猜忌，被發配到巴蜀蠻荒之地，是可忍孰不可忍！

要知道，自古蜀道艱難，秦朝一直是把那地方當作貶謫流放之地。巴蜀地區地勢崎嶇、交通閉塞，秦惠文王時期，司馬錯攻取巴國，始置巴、蜀及漢中郡。唐代大詩人李白面對蜀道的艱險，曾發出這樣的感嘆：

「蜀道之難，難於上青天！蠶叢及魚鳧，開國何茫然！爾來四萬八千歲，不與秦塞通人煙。西當太白有鳥道，可以橫絕峨眉巔。地崩山摧壯士死，然後天梯石棧相鉤連。上有六龍回日之高標，下有沖波逆折之回川。黃鶴之飛尚不得過，猿猱欲度愁攀緣。青泥何盤盤，百步九折縈岩巒。捫參歷井仰脅息，以手撫膺坐長嘆。」

第八章　霸王分封

氣急敗壞的劉邦說什麼也不肯接受這個結果，他決定火拼，和項羽來個死網破，與其屈辱地活著，不如乾脆拚他一把。蕭何、張良連忙拉住了他，勸道：「主公萬萬不可！到漢中稱王是委屈了些，但總比自找死路要好得多呀！」

劉邦一臉黑線：「我怎麼自找死路了？」

蕭何說：「現在我們的實力遠不如項羽，倘若貿然進擊，勢必百戰百敗，這難道不是自找死路嗎？《周書》中說：『天予不取，反受其咎。』古語也稱天河為『天漢』，而今你被封為漢王，這正是以『漢』配『天』的美稱啊！況且古代的賢明君主如商湯、周武王，在形勢不利時，無不能夠暫時屈從於暴君夏桀、殷紂之下，最終獲得萬民信賴，成就百年基業。我希望主公也能像先賢那樣，忍辱負重，前去就任漢王之職，在漢中安撫百姓，招攬英才，治理好巴、蜀之地，再回來收復關中，這樣統一天下就有望了。」

經過蕭何、張良的一再勸阻與反覆陳說利害，劉邦的頭腦漸漸清醒，這才隱忍下來。此時的項羽氣勢正盛，與之決一死戰，猶如拿雞蛋去砸石頭，無異於送死。

既然事情已經無可挽回，那就只有被動接受。馬上就要去巴蜀之地了，劉邦回想起自沛縣起兵以來的無數個日子，還有那些捨生忘死甘願追隨自己的兄弟們：樊噲、蕭何、曹參、周勃、盧綰、夏侯嬰。對了，還有那位子房先生。

想到張良，劉邦心中湧起一股難以言喻的感覺。與自己這些從小就廝混在一起的同鄉好友不同，張良是韓國貴族，作為一名亡國之士，張良念念不忘的就是要為韓國「復國」。雖然劉邦和張良意氣相投，但劉邦也深知張良內心深處念念不忘的是韓王成，自己終究是留不住他的。

彎下腰做漢王

臨走前一夜，張良與劉邦有過一次長談。面對垂頭喪氣的劉邦，張良鼓勵他，巴蜀之地雖然艱險遙遠，但並非沒有出頭之日。項羽分封諸侯不均，已經引發了很多人的不滿，這些人必定不會善罷甘休，待時機成熟，天下必然會再次陷入動盪之中。如果你能在漢中稱王，撫養百姓，招賢納士，必定有還定三秦的那一天。你現在沒機會，不代表將來也沒機會！夢想並非遙不可及，就看你如何去實現它。

一番開導，劉邦這才重新拾回了一點信心，他再次向張良拜謝。為了表達自己的感激之情，又賜給張良「金百鎰，珠二斗」。

張良感念劉邦的知遇之恩，轉身把財物都送給了項伯，請他再幫忙運作一下，說服項羽為漢王加封漢中地區。

張良是項伯的故交，老友的請求不好拒絕。在項伯的運作下，項羽應允了劉邦的請求。就這樣，劉邦建都南鄭（今陝西省漢中市南鄭區東北），佔據了秦嶺以南巴、蜀、漢中三郡之地。

同年七月，劉邦帶了三萬之眾進入漢中，張良一直送至褒中（今陝西漢中市西北），才返回韓國。張良觀察此處群山環抱，沿途都是懸崖峭壁，只有棧道凌空高架，以度行人，別無他途，便勸告劉邦說：「漢王為何不燒斷所經過的棧道，向天下表示不再回來的決心，以此穩住項王？」

劉邦一聽，豁然開朗：燒毀入蜀的棧道，不但可以表明自己無東顧之意，消除項羽的猜忌，同時也可防備他人的襲擊，真可謂一舉兩得。

漢王依計而行，行進途中，燒斷了所有棧道。

張良不知道的是，自己在入關後的一系列舉動已經激怒了霸王項羽，他即將迎來項羽的報復。

送走張良後，劉邦的內心十分失落，被發配到巴蜀這個蠻荒之地，他不知道自己人生的出路在哪兒，腳下的路該往哪兒走。面對上依絕

第八章　霸王分封

壁、下臨深淵的棧道，劉邦的心中一片茫然，他第一次對自己的能力產生了懷疑。

與劉邦有著同樣感受的，還有他的那些部下和將領們。

劉邦的部下多是楚國人，包括劉邦本人在內，家屬都留在了老家。大家之所以追隨劉邦，不就是希望將來有一天發達了，弟兄們能跟著升官發財、衣錦還鄉嗎？現在可倒好，跟著劉邦來到漢中，生活不習慣不說，還要被發配到巴蜀去過苦日子，這種生活誰能受得了？

面對眼前陌生的環境，很多士兵和將領們都對前途一片茫然，漸漸失去了耐心，紛紛三五成群地當了逃兵。

這一切，劉邦都看在眼裡，可他卻無能為力。當你的實力還撐不起你的夢想時，請收起你的眼淚，把眼前的工作盡力做到最好。與其不斷地尋找遠方，不如把腳下的路先鋪好，把眼下的事情先做好。

韓信：不與爛人爛事糾纏

劉邦自子午道進入漢中，而漢中與關中之間橫亙著巍峨的秦嶺，難以逾越，只有子午道、褒斜道、陳倉道幾條路徑相通，這些道路山高谷狹，行其上者，如飛鳥遊空。仰視則身跡高掛於峰外，俯察則人影倒懸在空中，心驚目眩。就在這些懸崖峭壁之上，鑿以洞穴，橫插木梁，上鋪木板，稱為棧道。

崇山峻嶺之間，但見一列長長的隊伍正小心翼翼地行進在這條懸空的棧道上。

前方的路越來越難走，不安的情緒在軍中迅速蔓延，逃跑的士兵越來越多。要知道，劉邦入漢中時只帶了三萬士兵，如果再這樣下去，那還了得？

劉邦、蕭何等人都憂心忡忡，但誰也找不到什麼好的辦法來穩定軍心。

到了南鄭之後，劉邦一清點人數，結果發現士兵逃亡的情況比自己想像的還要嚴重，甚至還有一些將領帶頭逃亡。

就在隊伍人心渙散之際，一條重大消息傳來：「蕭何跑了！」

劉邦一聽，頓時覺得天旋地轉，差點沒從椅子上摔下來：「老蕭啊老蕭，難道你也要棄我而去？這以後我還能仰仗誰啊？」

蕭何對於劉邦的重要性不言而喻，別人逃跑，他可以無動於衷，唯獨蕭何不能！他們可是一起從沛縣出來的好哥們兒啊！

劉邦派出去追的人是一批又一批，還是沒有蕭何的消息，一連三日坐臥不安。

幾天後，蕭何拖著疲憊的身體出現在劉邦面前，劉邦又是生氣又是歡喜，罵道：「老蕭啊，你可不夠意思啊，眼下隊伍人心渙散，我還以為你也跟著逃跑了！」

蕭何微微一笑，道：「我不敢逃跑，我是去追逃跑的人。」

「誰這麼有面子，還勞煩你蕭大人親自去追啊？」

「韓信啊。」

「韓信？」

故事講到這裡，我們先打斷一下，看看韓信到底是何方神聖？

韓信是楚國人，家住淮陰縣（今江蘇淮安）。

韓信父母早喪，家中一貧如洗，年輕時性格放縱而不拘禮節。既當不了官，又無經商謀生之道，常常依靠別人救濟糊口度日。韓信的母親去世，無錢辦喪事，然而他卻執意尋找又高又寬敞的墳地，要讓那墳地

第八章　霸王分封

四周可安頓得下一萬家。

年輕時的韓信窮困潦倒，上無片瓦，下無插針之地，沒有工作，沒有飯吃，日子過得很艱難。

沒有飯吃，不要緊，只要臉皮夠厚就行了。應該說，韓信的臉皮特別厚實，比城牆還厚三分。

鄉里有一位亭長，平時很看得起韓信，對他十分照顧，於是韓信便常在亭長家裡吃閒飯。時間一久，亭長的妻子便不耐煩起來，想辦法將他趕出去。

有一天，亭長的妻子清早做好飯，在臥室裡就把飯吃完了。到了吃飯的時間，韓信趕來，等了好長時間也不見開飯，這才知道人家不願留自己吃飯，「怒，竟絕去。」發誓再也不去亭長家了——吃白食吃得這麼囂張，韓信也算是第一人了。

心比天高的韓信淪落到四處寄食，面對旁人冷眼惡語，支撐他的除了夢想，恐怕就剩下那骨子裡的傲氣了吧！

沒蹭到飯，不爭氣的肚子又開始咕咕叫了。韓信尋思著，到哪兒去弄點吃的祭祭五臟廟呢？韓信走出淮陰城，迎面看到一條大河，腦中靈光一閃：有河就有魚，對了，咱去釣魚！

可能是韓信釣魚的技術實在太差，也可能是韓信釣魚用的魚餌對魚沒有吸引力。總之，韓信的運氣實在是太差了，在河邊呆坐了一個上午加一個下午，就是一條魚也沒上鉤，只餓得韓信頭暈眼花。

河邊有幾個老婆婆常在那裡洗衣服，其中一個看韓信落魄，很同情他，就把自己帶來的食物分一點給韓信吃。韓信飢不擇食，狼吞咽地吃了起來。

漂母在那兒漂洗了十幾天，韓信也跟著蹭了十幾天的飯。

有一次，韓信吃完飯後，向漂母深深施了一禮：「這幾日承您這般厚待，我韓信永生難忘，將來我發達了，一定會報答您老人家的！」

不料，漂母聽了卻是一臉不屑：「大丈夫不能靠自身之力以自立，還好為誑語，有何臉面存於世間，我是看在你可憐的分上才救你性命，從來不奢望你這種人能夠報答我。」

漂母的藐視並未改變韓信對自己志向的看法，因為在此之前，他已經受過許多更殘忍、更無情的嘲笑。

多年以後，韓信被漢王劉邦賞識，立了不少功勞，被封為楚王。他想起從前曾受過漂母的恩惠，命人把她從淮陰請來，當面向她致謝，並贈給她金千兩以答謝。然後，他又派人把那個亭長找來，只賞給他一百小錢，說道：「你是個小人，沒將好事做到底。」

韓信整天無所事事，背著一把泛著冷光的生鏽長劍，手捧一卷竹簡兵書，在大街上邊走邊看。他從東街走到西街，又從南街走到北街。這卷兵書在他身邊許多年，他已經能倒背如流了，但他還是覺得裡面奧妙無窮，值得反覆思索品味。

人人都不待見他，因為他又窮又驕傲。

在那個年代，全國的兵器都被收繳了，韓信仍能留有寶劍，說明他的身分並不一般，至少也是一個落魄貴族。

按理說，驕傲是韓信自己的事，關別人何事？問題在於，在一個人人皆平庸的時代裡，你的特立獨行就是對他人的蔑視和挑戰。

面對這樣一個仗劍而行、清高自傲，卻顯得百無一用、窩囊至極的落魄貴族，混混們難免看不順眼──不就是你爹你爺爺厲害嗎，最看不慣你這種貴族的架子。看不慣，自然要跟韓信較個真兒。這不，就在韓信低頭走路的時候，一個膀大腰圓、渾身肥肉的屠戶擋住了他。

第八章 霸王分封

屠戶雙手抱臂，一臉不屑：「你一個膽小鬼，還成天帶著刀劍，有膽你就殺了我，沒有膽量，就從我褲襠底下鑽過去！」說著便叉開兩腿，作騎馬式，立在街上。

圍觀百姓哄然大笑，旁邊一群混混幸災樂禍地看著韓信，都等著看他的笑話。

看到這一幕場景，你是否有似曾相識的感覺？沒錯！《水滸傳》中，青面獸楊志在東京落魄賣刀時，也曾遇到過一個流氓牛二，連臺詞都差不多：

「你好男子，剁我一刀。」

面對牛二的挑釁，楊志退無可退，一刀下去，結束了牛二的性命，自己的命運也發生了轉折。

而面對同樣的流氓無賴，韓信會如何做？

「士可殺，不可辱。」這是幾千年來中國知識分子尊奉的人生信條。你可以殺了我，但不能侮辱我的人格。

而眼前這個蠻橫的屠戶就在挑戰韓信的底線。

韓信定睛細看那滿臉虯髯的屠戶半天，輕蔑地一笑，什麼都沒有說，默默俯下身，從他褲襠下慢慢爬過去。

滿街的人紛紛譏笑韓信，「懦夫」、「無能」、「膽小鬼」……各種笑罵聲不絕於耳。

韓信默默地站起身，忍受著眾人的冷言諷語，獨自離去。

千百年來，無數人都在問一個問題：為什麼韓信要忍受這種無端的胯下之辱？

有人說，這展現了韓信超級能忍的性格。只有忍常人不能忍之事，

才能成就常人無法企及的功業。

然而，我卻從韓信身上看到了另一個閃光點：永遠不要與爛人爛事糾纏。

有時候，你糾纏得越久，事也就越爛。如果你和爛事糾纏一輩子，那麼你永遠都會陷入廉價的生活之中。

有一次，我和公司上司一起到外地出差，在火車站外碰到一名乞丐，死皮賴臉扯住我的衣服不放，非要我給他十塊錢。那時的我年輕氣盛，突然被人纏上，就和他槓上了。上司看我沒跟上來，返回找到了我，他爽快地從身上掏出十塊錢，樂呵呵地遞給了乞丐，然後帶著我匆匆離去。

上車後，我還在為剛才的事氣憤，上司笑著問我：「是不是還為剛才的事感到憋屈呢？」

我說：「是啊，他有手有腳，平白無故為什麼給他十塊錢？這種人就不應該慣著他。」

上司笑道：「十塊錢對我來說並不多，問題在於，和這種人糾纏只會浪費自己的時間，何況我們還急著趕車呢！要想做大事，就不能在這些爛事上糾纏。」

那一刻，我有了一種醍醐灌頂的感覺，不由自主地想到了韓信。

雖說做人要爭口氣，可這「口氣」不是什麼時候都要去爭。蘇軾的《留侯論》中有這樣一段話：「古之所謂豪傑之士，必有過人之節。人情有所不能忍者，匹夫見辱，拔劍而起，挺身而鬥，此不足為勇也。天下有大勇者，卒然臨之而不驚，無故加之而不怒。此其所挾持者甚大，而其志甚遠也。」

匹夫一怒，血濺五步，但這是最容易產生的一種憤怒，也是最廉價

第八章　霸王分封

的憤怒。

對於韓信而言，這種毫無來由的圍攻就像是天災一樣，遇上了，只能承認自己倒楣，並且想方設法避開。如果非要跟他們對著拚的話，則要冒重大的生命危險──戰勝了沒有意義，戰敗了可能就賠上性命。

有人說，韓信完全可以殺掉屠夫，然後跑路。

說這話的人，一定是不了解秦朝的法律，別說一個身無分文的韓信了，即便是有封地的商鞅，跑路時都差點被抓。

有這麼一個故事：

一頭駱駝在沙漠中被一塊玻璃碰到了腳，駱駝火冒三丈，抬起腳狠狠地將碎片踢了出去，卻不小心劃破了腳，還流了一地的血。血腥引來了禿鷲，一路追著駱駝盤旋，駱駝不顧傷勢狂奔起來，跑到沙漠邊緣時，一路的血腥又引來了附近的狼。

駱駝倉皇中跑到了一處食人蟻的巢穴附近，聞到血腥味的螞蟻傾巢而出，黑壓壓一片直奔駱駝而去，將駱駝圍得嚴嚴實實。

臨死前，駱駝後悔地說：我為什麼要跟一塊玻璃碎片糾纏呢？

是啊，為什麼要和一件毫無價值的爛事過不去呢？

成大事者不拘小節，根本沒有必要為那些小人物小事情費周折、爭長短。

昔日寒山問拾得：「世間謗我、欺我、辱我、笑我、輕我、賤我、惡我、騙我，如何處治乎？」

拾得云：「只是忍他、讓他、由他、避他、耐他、敬他、不要理他，再待幾年你且看他。」

別讓爛人爛事，耽誤了你的人生。

蕭何月下追韓信

　　對於眾人的嘲笑，韓信並不在意。燕雀安知鴻鵠之志？當務之急是離開淮陰，到更廣大的世界中去尋找自己的舞臺。

　　那一年，陳勝、吳廣第一個舉起了反秦的義旗，韓信敏銳地察覺到自己的機遇來臨了！

　　對於空懷一身抱負卻身無分文的韓信而言，亂世的來臨是重大的利多消息。起義後，項梁渡淮河北上，韓信背著劍滿懷一腔抱負投奔了項梁，做了一個無足輕重的小官。

　　彼時的項羽軒眉飛揚、英氣勃發，在沙場上縱橫無敵，擁有極強的個人魅力和感召力。韓信也被項羽的光芒所吸引，不由自主地想要靠近。他一生最大的夢想，就是成為項羽的士兵，為他戰死沙場。

　　項梁戰敗身亡後，項羽懷著國仇家恨，毅然肩負起了楚軍的領導重任。韓信覺得發揮自己才能的時機到了，他多次給項羽獻計，不料項羽卻對他的計策不屑一顧。不得不說，項羽本人缺乏斷事和識人的靈氣，他看不到韓信身上的潛力，測不出韓信的分量，長期安排韓信擔任郎中，讓其執戟負責警衛工作，給自己站崗。

　　韓信在項羽軍中感到了自我價值的失落和個人前途的暗淡，鬱鬱不得志。再待在楚軍陣營裡是沒有前途的，不只是他沒有前途，這樣一個剛愎自用的項羽更沒有前途。經過一番權衡，韓信決定換一家公司，他離開了勢力鼎盛的項羽，準備投奔劉邦。

　　一個煙雨飄搖的黃昏，衣衫襤褸的韓信帶著一把鏽跡斑斑的鐵劍，等候在劉邦軍營的轅門外，等待著被劉邦接見。

　　此時的劉邦手下少說也有數萬人馬，軍務繁忙，哪有時間專門接待

第八章　霸王分封

一個陌生的投靠者？他吩咐下去，安排韓信做了個管理倉庫的小官。

韓信跳槽成功，卻依然不受人重視，沒沒無聞。

日子就這樣一天天過去，韓信幾乎都要絕望了。

有一次，韓信獲罪，按軍法應當斬首，眼看著身邊的十三個人人頭落地，唯有韓信面色如常，臨危不懼。恰在這時，劉邦身邊的車夫夏侯嬰路過，韓信立即抓住這難得的機會，大聲說道：「漢王不是要一統天下嗎？為何要殺掉壯士？」

一聽此言，夏侯嬰大為驚異，他萬萬沒想到小兵當中居然有人有這種見識，所以他的第一反應是「奇其言」。接下來的反應則是「壯其貌」。一番交談過後，夏侯嬰發現韓信在軍事方面確實有獨到的見解，於是把他推薦給了劉邦。

劉邦在聽完夏侯嬰對韓信的介紹後，並沒有太大的反應，只是輕輕地「哦」了一聲，讓韓信當了個治粟都尉──管理糧餉的官職，並沒有重視他。

這之後，韓信又認識了劉邦的得力助手──蕭何。韓信沒有真正指揮過戰爭，與蕭何交談時，只能透過分析山川地勢、楚漢實力對比來展示自己的才能。即便如此，韓信的計畫和策略也讓蕭何大開眼界。身為謀臣，發現並舉薦人才是自己的分內之事，於是他向劉邦再一次推薦韓信，可是，劉邦依舊沒有重視他。數日過去，韓信見劉邦並未重用自己，心中深感失望，覺得留在漢營沒有多大的發展前途，於是又萌生了跳槽的念頭。

夢想離現實還有多遠？韓信不知道，他只知道，自己再待下去也不會有出頭之日了。

天涯遠不遠？不遠！若人心到了極點，何處不是天涯？

蕭何月下追韓信

一個月明星稀的夜晚，韓信在眾人熟睡之後，悄悄收拾好行囊，騎馬離開了漢營。

當初年少輕狂，帶劍縱入江湖，夢想著有朝一日能夠將自己讀過的兵書在實戰中得到驗證，如今輾轉多年，依然看不到任何希望。慘澹的月色下，韓信看了一眼漢軍大營，頭也不回地去了。

夏侯嬰第一個得知了韓信離開的消息，考慮到蕭何與韓信的私交，他立刻通知了蕭何。蕭何得知韓信出走的消息後，大吃一驚，以韓信的能力，無論他投靠誰，對漢軍都將是一場噩夢，更何況，韓信在漢軍的後勤部門待過一段時間，熟知漢軍的底細。如果這些資訊落到別人手中……蕭何不寒而慄，來不及報告劉邦，就縱馬追去，他絕不能讓這樣的人離開！

元代雜劇作家金仁傑在他的《蕭何月下追韓信》裡精彩呈現了韓信懷才不遇、壯志未酬的內心世界，因此摘引如下：

恨天涯流落客孤寒，嘆英雄半世虛幻。坐下馬空踏遍山水雄，背上劍枉射得斗牛寒！恨塞於天地之間，雲遮斷玉砌雕欄，按不住浩然氣透霄漢！

回首青山，拍拍離愁滿戰鞍；舉頭新雁，呀呀哀怨伴天寒。止望學龍投大海駕大關，劃地似軍騎羸馬連雲棧。且相逢，覷英雄如匹似閒，堪恨無端叫海蒼生眼！

幹功名千難萬難，求身仕兩次三番。前番離了楚國，今次又別炎漢，不覺的皓首蒼顏。就月朗叫頭把劍看，忽然傷感默上心來，百忙裡搵不乾我英雄淚眼！

巧的是，在京劇傳統劇碼中，也有這樣一個劇碼是講蕭何追上韓信後，苦口婆心地勸說韓信留在漢營的：

第八章　霸王分封

是三生有幸，

天降下擎天柱保定乾坤。

全憑著韜和略將我點醒，

我也曾連三本保薦於漢君。

他說你；出身低賤不肯重用，

那時節；怒鬧了將軍，跨下了戰馬身背寶劍就出了東門。

我蕭何聞此言雷轟頭頂，

顧不得；這山又高、水又深，

山高水深路途遙遠，

忍飢挨餓來尋將軍。

望將軍，你還念我蕭何的情分，

望將軍，你且息怒、你暫吞聲、你莫發雷霆。

隨我蕭何轉回程，

大丈夫要三思而行。

　　看到滿面風塵的蕭何，韓信心中湧起一股難言的感覺。在蕭何真誠挽留之下，韓信同意了回歸漢營的請求。

　　五天後，蕭何帶著韓信回到了劉邦軍營，這才有了故事開頭那一幕。

第九章　還定三秦

君以國士待我，我必國士報之

　　當劉邦又一次聽到韓信的名字後，隨即就罵開了：「軍營裡跑掉的士兵和將領有上百人，你都沒有追，卻唯獨去追一個韓信。我說老蕭，你說的這個韓信，有那麼厲害嗎？還萬裡挑一，我書讀得少，你不要騙我。」

　　蕭何解釋道：「那些將領都是庸才，唯獨像韓信這樣的人才，普天下再也找不出第二個來。我和韓信已經交往一段時間了，他對兵法有自己的獨特見解，確實是個軍事奇才。主公如果只想做漢中王，當然用不上他；要想爭奪天下，不能沒有韓信，就看主公如何考慮了！」

　　劉邦答道：「你這不是明知故問嗎？我也打算東進啊，老悶在這個鬼地方可不是長久之計。」

　　蕭何道：「主公如果決計打回老家去，必須重用韓信，這樣他才會留下來。如果主公不能重用他，韓信終究還是要離開的。」

　　劉邦只得妥協道：「既然如此，那就看在你的面子上，封他做個將軍吧。」

　　本以為事情到此結束了，可沒想到蕭何還是不依不饒，他明白將軍之位不足以打動韓信，他知道韓信的才能和自我期許的程度。

　　「大王，即使您讓他做將軍，韓信也一定不肯留下來的。」

　　為什麼蕭何一定要劉邦封韓信為大將軍？

第九章　還定三秦

除了深知韓信的軍事才能外，蕭何對劉邦集團目前的處境也懷有深深的憂慮。

劉邦入川之後，很多部下都不願意長期遠離家鄉，妻離子散，一直存在有組織的逃亡現象。更重要的是，眼下漢軍缺乏能夠負責全面軍事工作的人才，劉邦是當時數一數二的政治高手，但他的軍事才能並不突出，遠不能和項羽、章邯匹敵，尤其致命的是，劉邦並不具備指揮大兵團作戰的能力。

與其說韓信需要劉邦集團這個舞臺，不如說劉邦更需要韓信這樣的軍事人才。

面對蕭何熱切的眼神，劉邦陷入了深深的思考中。也難怪，一個二十三歲的年輕人，新入職才一年，從一個中級武官提拔到軍隊最高職位，做出這樣的決定得有多難？下面的人會服氣嗎？所以，不難理解劉邦的壓力。

但同時，劉邦也知道蕭何是個謹慎的人，是個可靠的人，更是一個值得信任的老鄉，既然蕭何這麼執著地想封韓信為大將軍，那麼其人必定有過人之處。想到這裡，劉邦對韓信產生了興趣，他很想重新認識一下這位蕭何讚不絕口的韓信到底是個什麼人物。

在經過短暫思考後，劉邦一揮手道：「那我就讓他做這個大將軍。」

蕭何笑道：「主公您一向傲慢，如果任命一位大將軍就像小孩子扮家家酒一樣，也是留不住他的。主公如果想誠心拜他做大將軍，就該揀個好日子，沐浴齋戒，搭起一座高壇，然後召集文武大臣，舉行隆重的儀式，按照任命大將的儀式辦理，那才行啊！」

劉邦聽完若有所思。

這一天，漢軍的都城南鄭（今陝西漢中）旌旗蔽日，鼓號齊鳴，壇臺

高築,劉邦要親自登壇拜將。

對於韓信來說,這是他一生之中最為重要的日子。

漢軍將士整齊列隊,將領們一早醒來,都議論紛紛,有高興的、有嫉妒的、有狐疑的,高興的是以為這大將軍非自己莫屬,嫉妒的是以為大將軍非某人莫屬,狐疑的是拿不準漢王到底想拜誰為大將。

傳令官一聲高呼:「拜將儀式開始!」

「韓信登臺!」贊禮官高聲道。

這個名字一出口,很多人都差點昏過去,太意外了。誰能想到,這位大將軍竟是軍中小小的治粟都尉韓信?底下人議論紛紛:

「這不是那個管糧官嗎?他怎麼要當大將軍了?」

「是啊,這個人到底什麼來頭?」

「我認得他,原先在淮陰城裡要飯的。」

「要飯的居然能當大將軍,漢王是不是急糊塗了?」

「別瞎說,漢王這麼做,自然有他的道理。」

面對眾人的質疑,韓信充耳不聞,不緊不慢地登上拜將臺,面北而立。在贊禮官的吆喝下,拜將儀式正式開始!

這是屬於他的時刻,而這個時刻早就應該到來。他的眼中沒有一絲愧不敢當的神色,流露出滿滿的自信。

士為知己者死,韓信的心中對劉邦除了感激,還是感激。望著臺下歡呼的漢軍士兵和將領們,韓信的胸中燃燒著萬丈豪情。從淮陰城中受胯下之辱的落魄青年,到受人矚目的漢軍大將,韓信在這條荊棘遍布的途中,忍常人所不能忍,終於登上了人生的巔峰。這一刻,韓信完成了人生中最為重要的蛻變。

第九章　還定三秦

為什麼蕭何一定要劉邦舉行這樣一個隆重的儀式，在萬眾矚目下拜韓信為大將軍？

那是因為，儀式感確實很重要。

什麼是儀式感？《小王子》裡有一句話，我覺得說得很恰當：「儀式感，就是使某一天與其他日子不同，使某一時刻與其他時刻不同。」

儀式就是讓我們對所在意的事情，懷有敬畏。為了說明這個問題，我們不妨來分析一下婚禮中的儀式感為什麼這麼重要？

很多人不理解，為什麼我們要花費那麼多的心思和精力，去準備一場給別人看的儀式？

其實，婚禮除了是做給父母親友看，也是做給自己看的。

說白了，婚禮是男人為自己的女人滿足願望的日子，是女人一生中最光彩耀眼的時刻。從這一天起，她要與過去的稚嫩告別，和你一起，扛起家庭的擔子，家務、孩子，她要承擔太多太多。對於雙方而言，都需要這樣一個儀式昭告天下，也告訴自己：從此刻起，新的人生開始了！

生日、畢業典禮、結婚紀念日都是儀式，這些儀式可大可小，但是需要它們給我們即將展開的未來賦予新的意義，或者讓我們和過去做一個正式的告別。

古人是最注重儀式的，從帝王登基，到祭祀朝拜這樣的宗教禮儀，再到今天迎親嫁娶之類的生活習俗，幾乎每一步都注重儀式。這些儀式感讓活動變得莊重，不敢心生怠慢。

儀式，讓我們學會重視自我，重視彼此，重視人與人的關係。

對於劉邦而言，只有透過這樣的方式，才能讓他真正重視韓信；對於韓信而言，也唯有這樣一場盛大的儀式，才能讓他真正感受到被尊重、被重視，由內而外生出一種自豪感。

高位審視，才能找到突破點

在用隆重的儀式封韓信為大將軍後，劉邦迫不及待地把韓信請入帳中，讓置上座，與韓信展開了一場長談。他倒要看看，韓信到底有何過人之處。

這就是著名的「漢中對」，雖然沒有「隆中對」有名，但韓信的軍事戰略才華卻不輸於諸葛亮。諸葛亮是三分天下的戰略，而韓信卻是統一天下的戰略。

劉邦首先說出了自己的苦惱，他很悲觀，巴蜀地處偏遠，軍中人心離散，每天都有人離開，自己的前途到底在哪裡？

韓信聽劉邦倒完苦水，自信地說道：「主公要想東征，奪取天下，對手只有一個：項羽！」

見劉邦連連點頭，韓信接著問道：「那主公自己估計一下，論兵力的英勇、強悍、精良，與項羽比誰高誰低？」

劉邦苦澀地一笑：「這不很明顯嗎？我的實力遠遠不如項王。」

韓信點點頭，「不僅主公，就連我也覺得您不如項王。我曾在項羽帳下做事，對他的為人很了解，不妨讓我來分析一下項羽的三大弱點。」

那麼在韓信眼中，項羽究竟有哪些弱點呢？

一是匹夫之勇。項羽嗓門很大，一聲怒吼能讓上千人嚇癱在地，但他不能放手任用賢將，只算匹夫之勇。

二是婦人之仁。項羽對自己人心慈手軟、恭敬有禮，將士生病，他見了會掉眼淚，甚至還會把自己的食物分給他人；但部下立了功，該加爵封位的時候，大印的稜角都被磨圓了，他還緊握手中捨不得給人，這是婦人之仁。

第九章　還定三秦

　　三是不得民心。項羽雖然稱霸天下，收服諸侯，但他經過的地方無不燒毀殆盡，不居關中而都彭城，又違背義帝的約定，把自己的親信和偏愛者封為王，諸侯對此憤憤不平，天下百姓對他是敢怒敢怨而不敢言，名義上雖為天下的領袖，實質上已盡失民心。

　　劉邦點頭稱善，繼續問道：既然如此，那我該如何著手準備呢？

　　韓信接著侃侃而談：很簡單，反其道而行之！

　　一是大膽任用天下武勇之人，充實自己的隊伍；

　　二是不要吝嗇，把天下的土地分封給功臣，給他們一定的好處，充分激起他們的積極性；

　　三是團結那些一心想打回老家去的老兵，提振士氣，給他們樹立打回去的信心。

　　更何況，從外部條件來看，主公還有以下這三大優勢。

　　第一，關中三王盡失民心。項羽分封天下時，在關中一口氣封了三個王，分別為章邯、司馬欣和董翳，目的只有一個，就是鉗制主公。問題在於，這三人都是秦朝舊將，率領秦國子弟南征北戰已有數年，戰死和逃亡的人不計其數。特別是他們當初為了自保投降項羽，致使項羽坑殺秦降兵二十萬人，關中父老對他們無不恨之入骨。

　　第二，主公深得民心。主公在進入關中之後，一路秋毫不取，封府庫，安百姓，廢秦法，與民「約法三章」，深得關中百姓的信任與支持，有著非常牢固的群眾基礎。

　　第三，關中父老都知道您的委屈。根據當初諸侯的約定，主公理當在關中稱王，關中的百姓都知曉，可主公卻失掉了應有的封爵，被安排在漢中做王，秦地百姓無不怨恨項王。如今主公只要靜待機會，一旦中原出現動盪，您就立即起兵攻取三秦。以主公在關中累積的民意基礎，

「三秦」大地只需一張布告即可搞定。下一步，您就可以謀取天下了！

如果用最直白、最簡單的話來總結一下韓信的分析，那就是：項羽是只紙老虎，劉邦不用怕！

我們可能覺得，這事挺簡單的啊，項羽雖然分封了各路諸侯，自己回到了老家，但由於分封不公平，不少諸侯心中都有怨氣，中原必定會再次發生摩擦糾紛。劉邦要想從巴蜀之地走出來，也只能先取關中，然後以此為基礎，向中原邁進。我要是韓信，把地圖往桌上一攤，也會這樣給劉邦建議啊。

其實不然。

我們現在看歷史時，很多時候會覺得歷史很簡單，那是因為我們站在兩千多年的時光外，開啟了上帝視角，並且是在已知結局的情況下對歷史進行復盤。其實回到當時的歷史情境，這是一個不太容易想到的策略。你要從更高的視角分析項羽分封天下的利弊，摸透各路諸侯的心思和矛盾，了解劉邦此前的一系列行為帶來的民意反映，並且設計出一套切實可行的方案，完成最後的逆襲。

我們每個人的思考模式，其實都很容易被眼前的困境所迷惑，進而被局限在世界的一個角落裡。不是沒目標，不是沒資源，不是沒能力，不是不努力，但就是很難突破，為什麼？

因為沒有看到更大的地圖。

在大局中競爭，重要的往往不是力量和資源，而是認知能力，也就是需要看到更大的地圖。在這幅地圖中，各個板塊之間是相互依存、相互連繫的，不僅要理解自身的處境，還要分析對手的處境，這有利於判斷局勢最終的演化。只有具備這種更高維度的認知能力，才能重新樹立信心，找到全新的關鍵突破點，以點觸動面，撕開一道裂口，殺回贏得競爭。

第九章　還定三秦

明修棧道，暗度陳倉

　　韓信從劉邦的不利境遇中看出了暗流湧動，只要劉邦靜待時機，抓住機會，打敗項羽並不困難。

　　與項羽不同，劉邦身上有一個很突出的優點，那就是能識人用人，而這一點恰恰是項羽所缺乏的。項羽麾下人才不少，韓信、陳平、范增、鍾離昧、英布這些人一開始都歸附在項羽集團，但項羽卻肉眼難識大才，結果韓信失望跳槽了，陳平被嚇走了，范增受疑離去了，鍾離昧被棄置了，英布被逼反了，還有誰願意為孤傲的項羽做事？

　　韓信為劉邦描繪了一幅清晰的政治藍圖。劉邦對韓信言聽計從，把打出漢中、進軍關中的軍事部署全權交由韓信負責，又派蕭何做後勤部長，去巴蜀之地收租保障軍糧供應。

　　劉邦想要成就大業，就必須走出巴蜀，回到關中。而要回到關中，就必須邁過巍峨的秦嶺。關中有幾十萬秦軍，難以戰勝，而比秦軍更難戰勝的，是秦嶺的山路。

　　在當時，從陝南的漢中到關中平原，只有子午道、褒斜道、陳倉道幾條路徑相通。

　　子午道直接通往長安，劉邦從關中前往漢中，走的就是這條路，之後他採納了張良的建議，路過後即燒了這條棧道。

　　第二條是褒斜道。這條路起點位於漢中褒河，通往陝西眉縣西南斜峪。三國時期諸葛亮伐魏的時候，多次走這條道。

　　最後一條是陳倉道。這條路通向陝西寶雞市南，而從寶雞到咸陽還有數百里之遠，中間既有山路，又有水路。所以，這條路是鎮守關中的秦將最不看好的路。

明修棧道，暗度陳倉

項羽在分封完畢、離開關中之前，為堵住劉邦出關的通道，將關中之地分封給秦朝的三位降將。他把咸陽以西之地劃歸章邯，封其為雍王，建都廢丘（今陝西興平市東南）；把咸陽以東至黃河之地劃給司馬欣，封其為塞王，建都櫟陽（今陝西臨潼東北）；把陝西北部的上郡之地劃給董翳，封其為翟王，建都高奴（今陝西延安東北）。

董翳和司馬欣都不是能征慣戰的將領，但雍王章邯不同，他被稱為秦帝國最後的名將，在鉅鹿之戰前曾率秦軍掃蕩關東，是一位作戰經驗非常豐富的對手，他將是劉邦回到關中的最大障礙。

可惜的是，章邯的對手是超一流的名將韓信。

為了麻痹敵人，達到出奇制勝的用兵效果，韓信先派樊噲、周勃率兵萬人，假裝修補之前已燒毀的棧道，擺出要從褒斜道出兵的姿態。章邯的反應很快，他迅速將主力部隊調至眉縣西南斜峪，擺開陣勢。

就在章邯瞪大了眼睛嚴陣以待的時候，漢兵主力從天而降，突然集結於秦嶺以北。章邯大吃一驚，他立刻意識到自己低估了漢軍的實力。原來，就在章邯將目光鎖定在褒斜道口之時，韓信率漢軍主力已悄悄從陳倉故道入關，攻下了大散關。等到章邯恍然大悟，倉促率兵趕來救援時，明修棧道的兩支漢軍也前來會師，士氣高昂的漢軍三面夾擊，章邯兵敗自殺。塞王司馬欣、翟王董翳不是劉邦的對手，先後投降。

章邯有兩個弟弟，一個叫章平，一個叫章豨。章平隨兄章邯降楚後，仕楚為上卿，領兵守武關。劉邦圍攻廢丘，章邯命其弟章平支援，但章平哪裡是韓信的對手？幾個回合下來就被韓信打敗被俘。

從北出漢中到還定三秦，韓信僅僅用了四個月的時間，其速度之快令人驚嘆。

這是韓信在軍事上的牛刀小試，也讓劉邦真正見識到了他的軍事指

第九章 還定三秦

揮才能。韓信用了聲東擊西的戰術，略施小計就騙過了章邯，帶領漢軍重新回到了關中，並在關中站穩了腳跟。

彭越：規則意識很重要

有一個很奇怪的現象：劉邦反攻關中的四個月裡，關中被封的三個諸侯王竟然沒得到項羽的任何支援。如果項羽此時率兵還擊，漢軍極有可能會陷入岌岌可危的境地。面對漢軍奇襲三秦的「反叛」，項羽為什麼沒有參加？

答案其實很簡單：關東出亂子了。

首先跳出來的是齊地的田榮。

田榮是田儋的堂弟。當初，齊王田儋因救魏在臨濟戰死，齊國國內無主，齊人擁立了戰國末代齊王田建之弟田假為新王。田榮在聽到這個消息後十分憤怒，帶兵驅逐了齊王田假、齊相田角和將軍田間，立田儋之子田市為齊王，自任齊相，以弟弟田橫為將軍，掌握齊國大權。

西元前207年十月，副將田都背叛田榮。十二月，齊王建的孫子田安攻克濟北郡，隨項羽入關。

項羽進入咸陽後，分封十八路諸侯，一口氣在齊國封了三個王。田榮因為當初不肯出兵援助項梁，沒有得到項羽的分封。

田榮原本只是個齊相，並不是齊王，但當他看到齊國被分成了三塊地盤，而自己擁立的田市被擠到了膠東之地，自己沒獲得什麼好處後，心裡不平衡了！怎麼說，我也是名義上的齊相，你項羽大封天下，卻把我當空氣對待，太過分了！

田榮決定出兵去會會新封的齊王田都。田都當然不是田榮的對手，

一場架打下來，田都吃了敗仗，逃往楚國投靠了項羽，從此在史書中不知所蹤。

田榮公開反楚，堅決反對田市去做膠東王。左右親信對田市說：「項羽為人殘暴，大王如果不到封地膠東去，肯定有危險。」田市越想越害怕，於是背著田榮，偷偷跑去膠東。田榮更加生氣了，他馬上帶兵去追，將不聽話的姪子一刀給殺了。

田榮公然反抗楚國，他自己也知道後果會很嚴重，他雖然蠻幹，但腦子還算清醒，知道僅靠自己是打不過項羽的，於是廣泛網羅和扶持反楚力量，讓項羽手忙腳亂，顧不過來。

很快，田榮就找到了一個合作夥伴——彭越。

彭越的起點並不高，原本在巨野湖以打魚為生，兼職做做強盜，屬於撈一票就跑的那種。當反秦的浪潮席捲全國時，他的夥伴們想推舉他當團隊老大，帶領弟兄們打出反秦的旗號。不料，彭越卻輕描淡寫地說了一句話：兩條龍剛開始打架，先等等看。

一年後，反秦起義如火如荼，巨野湖澤聚集了一百多個年輕人，他們找到彭越，請他做首領，不料彭越還是拒絕。後來在大夥兒的執意請求下，彭越這才同意「立起旗幟」，不過彭越有言在先，今後不同於現在的小打小鬧，必須要有嚴肅的軍紀，明天太陽出來前，所有人要到這裡集合，遲到殺頭。

第二日，當太陽剛剛露出一角時，大部分人都準時趕到集合地點，但遲到的仍有十多人，最後一個居然到了中午才來。這時候，彭越說話了：「我本不願意挑這個事，可你們執意要我當老大。我約好時間，可還是有很多人遲到，為了嚴肅立下軍紀，必須殺最後一個遲到的人立威！」

第九章　還定三秦

　　自由慣了的強盜們沒把這事當真，以為他在開玩笑，都笑著說：「老彭何必當真呢，下不為例唄！」

　　彭越板著臉，將最後遲到的人綁了起來，一刀下去，人頭落地。

　　為何彭越執意要嚴格執法？很簡單，他要用手中的鋼刀讓大家真正意識到，打仗靠的不是個人英雄主義，而是團隊的配合，軍隊與強盜最大的區別就在於紀律。眼前的這些江湖好漢們的革命鬥志和戰鬥能力都不成問題，缺的是集體觀念、紀律觀念。只有嚴明的紀律，才能保證這支軍隊的戰鬥力。

　　這讓我想起了另一個練兵的故事。

　　春秋時代有個軍事家叫孫武，有一天去見吳王闔閭，吳王問他能不能練兵。孫武為了顯示自己的軍事水準，刻意提升難度說：「大王後宮的嬪妃宮女就可以。」

　　吳王闔閭從後宮之中傳召了一百八十名女子前往演兵場，交給孫武。孫武把宮女編成兩隊，讓吳王最寵愛的兩個妃子當隊長，然後把一些基本動作教給她們，告誡她們要遵守軍令，並指定自己的車夫和隨從監督，負責執行處罰。

　　一切準備就緒後，孫武開始發號施令，宮女們卻覺得好玩，皆亂作一通，一個個都笑了起來。孫武又重複了一遍，然後擊鼓訓練，宮女們仍然置於腦後，你推我搡，隊伍混亂不堪。

　　這次孫武生氣了，大聲呵斥：「法令不明，這是我的責任；法令既然明瞭而不執行，這就是隊長的責任了。」下令把隊長拖出去斬首。

　　吳王聽說要斬他的愛妃，急忙向他求情，孫武說：「大王既然命令我訓練她們，我就得嚴明法令，如果規矩成了擺設，以後誰還能遵守軍紀？任何人違犯了軍令都該接受處分，這是沒有例外的。」說完便下令

斬了兩個寵妃示眾，又任命了新的隊長重新操練。

宮女們都嚇得臉色發白，再也不敢吊兒郎當，訓練中都嚴肅認真，積極投入。

在企業管理中，最有效的管理莫過於制度管理，建立一套好的制度，等於成功了三分之一，另外的三分之二就在於制度的落實。作為管理者，一定要先作為表率，維護規則的剛性和權威，這樣才能讓大家樹立規則意識，團隊也才會有凝聚力和戰鬥力。

適當示弱，巧妙轉移火力

彭越終於舉起了義旗，他嚴明軍紀，不斷擴大地盤，收編諸侯散兵，很快組織起千餘人的反秦隊伍。

田榮反叛楚國時，彭越在巨野已有兵眾一萬多人，尚無歸屬。

田榮敏銳地發現了這支部隊的利用價值，他鑄造將軍信印，派人送給彭越，收編了這支部隊，命他攻打濟北王田安。彭越對於歸屬問題沒有多想，接到將軍信印後，立即進攻濟北，殺死了濟北王田安。就這樣，田榮合併了三齊之地，自立為齊王。

田榮見彭越很有能力，又派他去和強大的楚國接觸。項羽很生氣，好你個彭越，膽子可不小啊！竟敢來捋虎鬚！立即命部將蕭公角率軍迎擊彭越。彭越大敗楚軍，給了項羽一個下馬威。

項羽很生氣，不過，更讓他惱怒的還在後面。

項羽大封天下後，陳餘只得到了南皮三縣之地，為侯爵。得知張耳被封常山王，建都襄國（今河北邢台市西南），領有趙地，就連張耳的親信申陽都被封了河南王後，陳餘憤憤不平，對身邊的人說道：「張耳與我

第九章　還定三秦

功勞相等，現在張耳為王，我卻只是個侯，憑什麼？」

如果說以前陳餘對張耳只是三分怨，現在又加了七分恨。

陳餘表示抗議，但苦於兵力不足，不敢有什麼舉動。

就在陳餘生悶氣的時候，田榮公開反楚了。陳餘見時機成熟，暗中派遣張同、夏說去遊說齊王田榮：「項羽作為天下的主宰頗不公平，把好的地方全都分給了各將領，把原來的諸侯國君主改封到不好的地方。現在趙王就往北到代郡去了，這哪能行？聽說大王您起兵抗爭，公開反對項羽，希望您能資助我一些兵力去攻打常山，恢復趙王的王位。事成之後，我一定說服趙王做您的小弟！」

齊王田榮正在擔心自己勢單力薄，打不過項羽，見有人主動投靠，自然同意，給陳餘調了一支軍隊支援。

陳餘得到了田榮的援助，立即把矛頭對準了自己的死敵張耳。陳餘和張耳早年是好友，都是魏國大梁人，兩人都是天下聞名的賢士。名氣大到什麼程度呢？劉邦還沒混到亭長之前，有一次仗劍遊歷，曾屁顛屁顛跟在張耳身後當小跟班。

秦滅魏後，四處搜捕張陳二人，開出的賞金為：張耳千金，陳餘五百金。二人不得已，化名逃到陳地藏身。

鉅鹿被圍時，張耳多次請求陳餘發兵救援，但陳餘因秦兵勢大，不敢輕舉妄動，只派了張黶與陳澤去救援，結果全軍覆沒。鉅鹿解圍後，張耳顯然很在意陳餘的「背叛」。一見面，他劈頭蓋臉就是一頓責備，陳餘也惱了，說：想不到您誤解我這麼深！是不是覺得我權力太大想收回去？說完，解下印綬遞給張耳。

兩人的信任土崩瓦解，信任一旦不再，曾經的情誼瞬間變成怨恨。陳餘負氣離去，多年好友自此反目成仇。

適當示弱，巧妙轉移火力

張耳此時正在一心經營趙國，陳餘率兵來攻，張耳兵力不足，無法抗衡陳餘的聯軍進攻，戰敗撤退，準備去投靠項羽。

張耳部下有一名叫甘公的謀士，他攔住張耳，問道：「主公和漢王劉邦頗有交情，為何不去投奔漢王？」

張耳道：「劉邦雖然和我有老交情，可是項羽的勢力強大，更何況我的地盤都是他給的，我只能投奔項羽。」

甘公搖頭道：「我曾夜觀天象，漢王入關，五星會聚於井宿天區。井宿天區是秦國的分星，先到的一定功成霸業。別看現在項羽強大，將來成就霸業的必定會是劉邦！」

張耳一聽，也變得猶豫不決。既然你說劉邦是潛力股，那咱就去投奔劉邦吧！就這樣，張耳做出了人生中最明智的一次選擇。他沒有找強大的項羽申請報仇，而是投奔了較弱的劉邦。

當時的劉邦正在廢丘圍攻章邯的軍隊，見有人來投靠自己，自然高興，以優厚的禮遇接待了他。

陳餘打敗張耳以後，收復了趙國的土地，把趙王從代縣接回來，恢復了他的王位。趙王對陳餘感恩戴德，封陳餘為代王。陳餘因為趙王的力量尚且弱小，國內局勢剛剛穩定，留下來繼續輔佐趙王，而派夏說以國相的身分駐守代國。

面對齊國上躥下跳的田榮和關中重出江湖的劉邦，項羽一時沒了主意，該揍誰呢？

就在項羽猶豫的當下，突然收到了張良的兩封書信，這兩封信讓項羽堅定了目標：先揍田榮！

那麼，這兩封信寫的是什麼內容呢？

第一封信，是張良寫給項羽的，信的內容是這樣的：漢王失去了在

第九章　還定三秦

關中應得的王位，他之所以重回關中，無非是想到關中拿回屬於自己的東西。他只是按照先前的約定稱王於關中，絕對不敢東進的。眼下齊國田榮正在四處活動，要和趙國準備聯手滅楚，所以齊國才是項王的心腹大患啊。

第二封信，是齊地田榮、趙地陳餘寫給各路諸侯王的，裡面聲稱齊王想和趙王聯手，準備邀請各路諸侯組建聯軍共同對付項羽！

在張良的暗示下，自負的項羽認為劉邦成不了氣候，而田榮之亂近在咫尺，且齊地離彭城太近，於是打消了西進收拾劉邦的念頭，轉而將目標瞄準了一向不服氣的田榮。就這樣，剛剛回到關中喘了口氣的劉邦，又一次在懸而不定的情況下逃過了一場劫難。

從這封信中，我們不難看出張良對於時機的掌握，以及人心的洞察，他在關鍵時刻的示弱，又一次拯救了劉邦。

很多時候，鋒芒畢露並不能給你帶來好處，反而會招來不必要的麻煩。要懂得保護自己，收斂銳氣。適當的時候示弱，可以巧妙地轉移敵人的火力，進而得到保全自己的機會。

第十章　楚漢爭雄

留住人才：以真心換真心

在收到張良寄來的兩封書信後，項羽決定先放劉邦一馬，轉而集中火力對付難纏的田榮。而此時，距離田榮起兵反叛，已經過去了整整七個月。

事實證明，一代戰神的名號不是白給的，項羽的大軍在齊國境內所向披靡，一舉擊潰了田榮的主力，田榮在逃到平原（今山東平原縣）後，被當地百姓所殺。

田榮死後，項羽一路收復齊地，沿路瘋狂燒毀民宅建築，活埋投降的士卒，擄掠婦女老弱，在齊地引起了極大的民憤。項羽的本意是透過嚴酷的殺戮，在齊地樹立自己的權威，讓大家都乖乖地當順從的人民。殊不知，這種燒殺搶掠的暴行反倒引起了百姓的集體聲討，他們重新聚集起來，對項羽的暴行予以頑強的反抗。田榮的弟弟田橫豎起反楚大旗，輔佐田榮的兒子田廣擔任齊王，跟項羽玩起了持久戰，項羽深陷齊地，不得脫身。

當項羽陷在齊地的泥淖中時，劉邦也沒閒著。在迅速安定關中後，漢軍攻城掠地，取得了不小的勝利，塞王司馬欣、河南王申陽、翟王董翳眼見形勢不對，轉而投靠了劉邦。

隨著漢軍在關中四處開花，劉邦開始想著要將仍在沛縣老家的父親和妻兒也接過來一起享福。派誰去呢？劉邦左看右看，最後選定一個人：同鄉王陵。

第十章　楚漢爭雄

王陵也是沛縣人，後來繼蕭何、曹參成為漢朝的第三任丞相。秦始皇在位時，王陵在沛縣是大哥級的人物，劉邦也在他的手下做過事。《史記》中說，劉邦曾「兄事王陵」，意思就是說劉邦曾以小弟的身分為王陵大哥做事。天下大亂、豪傑蜂起的時候，王陵也拉起了一支隊伍，走上了反抗暴秦的道路。

劉邦西征滅秦時，與王陵曾有過一次合作，他們共同攻下了南陽。劉邦是要取道南陽從武關入秦，繼續他「先入關者為王」的事業，而王陵由於過去的身分和地位都比劉邦高，並沒有繼續追隨劉邦一同入關。

當劉邦西出陳倉、還定三秦後，漢軍的勢力很快就擴充到了前秦故地，他派人和王陵取得了聯絡。眼見劉邦勢大，王陵帶領部下歸順了劉邦。

王陵接到的第一個任務，便是到沛縣去接劉邦的家人。問題在於，從關中到沛縣，要經過項羽控制的陽夏，劉邦在關中鬧得轟轟烈烈，項羽會同意自己帶著劉邦的家人去關中嗎？

眼見王陵倒向劉邦，項羽坐不住了，他派人到沛縣將王陵的母親「請」到了楚軍之中，好吃好喝地招待，實際上是將她作為要脅王陵的人質。

王陵得知消息後，向項羽陣營派了人前去了解情況。項王親自接見了使者，並告訴他，要想保全母親性命，唯一的辦法就是讓王陵前來投降。

就在王陵使者將要返回的時候，王母拉住使者，哭訴道：「請先生替我跟我兒子說，好好在漢王手下做事，漢王是個厚道長者，將來一定會得到天下，不要因為我定不下心來。」說完伏劍而死。

項羽未料到王母竟然如此剛烈，導致招降計畫泡湯，大怒之下，竟

然讓人把王母的屍體給煮了！

以母子親情要脅他人，失敗後又氣急敗壞做出一系列出格行為，這是懦夫才有的表現。項羽被大家看作是一個悲劇中的英雄，一個頂天立地的男子漢，但如果撥開歷史的層層外殼，我們看到的卻是一個心胸狹隘的屠夫。他經常發怒，多次屠城，在一次次的殺戮中，也耗盡了自己最後一點民心。

有趣的是，後世的曹操並沒有從中吸取經驗教訓，為了挽留自己中意的人才，曹操也上演了一齣以母子親情相要脅的大戲。

故事的主角叫徐庶，寒門出身，能文能武，在投靠劉備之後，打贏了曹仁，得到劉關張的信任。

沒想到，曹操發現對手劉備陣營中的徐庶是個人才，為了讓徐庶歸順自己，在程昱的建議下，將徐庶的母親騙到許昌扣留了下來。而後，程昱憑藉一封偽造的書信將徐庶騙到許昌。徐庶進了曹營後，其母自盡，徐庶立誓此生不給曹操出一計一策，也就有了「身在曹營心在漢」的典故。

亂世之時，強大的一方總是用俯視眾生的態度，企圖利用人性的弱點控制他人，而缺少對他人真正的欣賞和認同，結果帶來的只是仇敵與反抗，項羽就是最好的前車之鑑。

如果從管理學的角度來看，項羽和曹操面臨的問題其實就是：如何留住人才？

眾所周知，人才是企業發展的「血液」，而如何留住人才，是管理者要思考的首要問題。對待人才，項羽的做法簡單粗暴，用暴力或親情脅迫的方式，讓人不得不為他效力。這樣雖然能暫時留住人才，但很難讓他們融入自己的團隊，死心塌地追隨自己。

第十章 楚漢爭雄

那麼如何才能真正留住人才？

劉邦的後世子孫劉備用三顧茅廬的故事告訴我們，留住人才就只有一種方式：以真心換真心。

用人要疑，疑人也要用

隨著劉邦勢力進一步擴張，漢軍終於把矛頭直接指向了楚國，大軍從臨晉渡過黃河，準備聯合各路反楚軍事力量向項羽發起反擊。

與此同時，一個叫陳平的人從項羽陣營叛逃，前來投奔劉邦。至此，劉邦身邊的核心團隊終於湊齊了最後一塊重要拼圖。

陳平是誰？

在這裡，我們有必要隆重介紹一下這位與張良齊名的著名謀士。

陳平小時候出身並不好，祖上沒什麼產業，也是吃了上頓沒下頓。他也沒什麼謀生的本事，時時刻刻都要為柴米油鹽發愁。但陳平又很幸運，老天給了他一個好兄長，也給了他一副好皮囊。

陳平每天跟著哥哥混吃混喝，四處閒逛，社交圈子倒是很廣泛。他喜歡讀書，不喜歡務農，喜歡做些輕巧的活計營生。村裡有紅白事他都去幫忙，順便賺點外快。有個叫張負的富豪，他的孫女嫁了五次，丈夫無一例外死亡，在村裡人看來，這姑娘天生的剋夫命。

沒人敢娶這個「剋夫」的女人，陳平卻打算娶她。張負見陳平家裡雖然窮了點，好在為人踏實能幹，將來肯定會有出息的，所以自作主張將孫女許配給了他。他兒子表示不服：「陳平既窮又不願勞動，全村的人都笑他沒出息，怎麼還把女兒嫁給他呀？」

張負解釋道：「陳平長得這樣高大英俊，能永遠貧窮嗎？」執意把孫

女嫁給陳平，婚禮花費全部由女方倒貼。

有了老丈人家雄厚的資金做後盾，陳平的社交圈子變得更加廣泛。他知道，是時候去做一番大事業了。

有一件小事足以證明他的抱負。有一年村裡祭祀，陳平負責分肉，不貪小便宜，分得很公平，大家都誇獎他分得好，陳平卻感慨道：「假如讓我陳平擁有治理天下的機會，也一定會像分肉一樣做得恰當稱職。」這語氣與劉邦的「嗟乎，大丈夫當如此也」簡直如出一轍，也難怪最終兩人成為鐵桿朋友。

西元前209年，陳勝、吳廣在大澤鄉起義。陳平一看，機會來了，果斷投入了魏王魏咎的帳下，為他出謀劃策，不料魏王目光短淺，根本就不聽陳平的意見。陳平見項羽勢頭凶猛，是各軍團中勢力最強的一支，於是又投到項羽的麾下，跟著項羽一路攻破秦國，還被項羽封爵。

本來形勢一片大好，可後來項羽因封王引發了很多人的不滿，天下仍舊烽煙四起，項羽疲於四處滅火平亂。而在鴻門宴上，項羽空有一身英武之氣，剛愎自用，不喜接納人言。與此同時，陳平被劉邦的氣度、智謀與膽識所折服，又聽說他知人善用，便認定劉邦是個人物。恰逢司馬卬背楚降漢一事，讓項羽遷怒於陳平，陳平一琢磨，項羽此人意氣用事，成不了大事，乾脆趁此機會掛印封金，投奔劉邦陣營去了。

從陳平創業初期對合作夥伴的選擇上，我們不難看出，陳平看人的眼光是非常準的。關鍵時刻，一旦發現正確的方向便立刻付諸行動，絕不因猶豫而錯過機會，這也是他的過人之處。

在路上，陳平因過河而上了一條漁夫的船。船行到一半，船夫見他儀表堂堂、衣著不凡，起了謀財害命之心。就在船夫暗自揣測的時候，陳平意識到了危險，他馬上解開衣服，哎喲，這天怎麼熱起來了？來，

第十章　楚漢爭雄

我來幫你划槳吧！船夫見他身上並沒藏有金銀，也就打消了害人的心思，陳平也得以安全過河。

在好友魏無知的推薦下，陳平順利見到了劉邦。劉邦對人才向來都非常重視，何況是從項羽那裡投奔過來的，他賜給了陳平豐厚的酒食。酒足飯飽，兩人一番長談，劉邦覺得陳平很有才華，問他在項羽那裡當的什麼官。陳平老實答道：「都尉。」

都尉，這個官職在戰國始置，是次於將軍的武官，相當於現在的作戰參謀官。

劉邦於是繼續封其為都尉，留在身邊做參乘，還兼職監察軍隊。

任命一出，軍中一片譁然。一個外來戶受此重任，劉邦的一些老兄弟不滿了，紛紛抱怨：「一個楚國的逃亡士卒有多大本事，竟然陪乘漢王，還監督我們這些老將，漢王是不是該收回這個任命？」

面對眾人的質疑，劉邦充耳不聞，反而對陳平愈加親近。

周勃和灌嬰，這兩位武將適時地站了出來，準備揭發陳平的真面目。這次，他們掌握了足夠的證據，有信心扳倒陳平。

根據周勃和灌嬰二人的敘述，陳平的罪狀羅列如下：

一、私生活不檢點，在老家曾和自己嫂子通姦。

二、經濟有問題，經常接受軍官賄賂。

三、革命立場不堅定，曾先後投靠在魏咎和項羽門下，是標準的「牆頭草」。

面對確鑿的證據，劉邦也坐不住了，他找來了推薦人魏無知：「聽說陳平此人私生活混亂，人品有問題，有沒有這樣的事？」

魏無知答：「有。」

劉邦：「你不是說他是個賢人嗎？」

魏無知：「臣所說的賢人是指能力和水準，大王所問的是指品行。如果品行端正，但沒有能力，大王能重用嗎？當今楚漢相爭，臣推薦的是善出奇謀的能人，這對國家有利呀！即使有些不良行為又有什麼影響？」

劉邦想了想，還是不放心，索性叫來當事人陳平，問他怎麼回事。

陳平的回答倒是很乾脆，說：「不是我朝三暮四，屢次背主，是魏王、項王不重用我，我才來你這裡的，你不重用我，我照樣走。我剛來你這裡，不收受賄賂怎麼吃飯？」

陳平的這番話夠坦蕩、夠直白，劉邦很欣賞他的這番坦誠，不僅沒有辭退他，反而對他更加信任。從此，陳平開始在歷史的舞臺上大展身手。

史書說：漢之謀臣，良、平而已，然良之術多正，平之術多譎。意思是說，張良的謀略是比較正統的，是所謂的陽謀，而陳平的謀略多以詭計、陰謀取勝。與張良不同的是，陳平不僅靠奇計奠定了他在漢初的政治地位，還被劉邦視作為數不多的心腹大臣。漢帝國建立，陳平繼蕭相國、曹相國之後，與王陵一起為漢帝國的左、右丞相，就是明證。

從陳平的故事中，我們不難看出劉邦對待人才的態度，那就是不以道德為選人的唯一標準。劉邦是個用人高手，他的高明之處就在於有用人之道，更有用人之術。

在劉邦看來，真正的選人標準不是「唯道德論」，絕對不能將道德作為選拔人才的唯一標準，甚至不認為是第一標準。如果在對待人才的問題上一味地著眼於道德，很有可能出現一個問題，那就是有德無才。選出來的人品行端正，卻能力不佳，這樣的人往往會成為「老好人」。

第十章　楚漢爭雄

「用人不疑，疑人不用」，似乎一直被奉為領導者選人用人的執行方針。但其實，這種說法有一定的局限性。如果只用而不疑，企業遲早必亂；如果只疑而不用，企業人才必定越來越少。換句話講：該用的時候不用，人會走；該疑的時候不疑，會出事。

在旁人眼裡，陳平此人跟嫂子通姦，又喜歡貪汙受賄，道德上存在重大瑕疵。劉邦在得知這一點後，並沒有撤掉陳平的職，而是繼續大膽委以重任，絲毫不理會旁人的懷疑。

得道多助，人心是事業的基石

隨著漢軍四處征戰，劉邦的東進之路也頗為順利，從平陰津（古渡口名，今河南孟津東北）渡過黃河，到達洛陽，一路攻城掠地，所向披靡。

此時的劉邦可謂是意氣風發。在他看來，項羽已深陷齊國戰局的泥淖中，根本無法顧及自己。既然如此，何不一鼓作氣，拿下西楚王國首都——彭城呢？

劉邦率兵進抵洛陽新城，一時間軍威浩蕩，旌旗蔽天。老百姓聽聞那位約法三章的漢王來了，都擠在道路兩旁圍觀。

就在人山人海的圍觀群眾中，一位老人站了出來，攔住了劉邦的車駕。劉邦見到老者一副德高望重的樣子，命手下人請他上車，誠懇地問道：「老丈何人？找我有何指教？」

原來這位老人是新城的三老董公，已經八十出頭了。他對劉邦說：「我見漢王軍紀嚴明，一路上秋毫無犯，確實稱得上是仁義之師。但漢王這次出征，卻有一個疏漏。」

劉邦說：「請董公明示。」

得道多助，人心是事業的基石

董公道：「自古以來，得人心者得天下。漢王入秦，秋毫無犯，秦人悅服，而項羽專橫自驕，自認為天下無敵，兵入咸陽，殺子嬰，焚阿房宮，秦人怨聲載道，如今又無故殺了義帝，失了人心。漢王應該率領全軍為義帝服孝，聯合天下諸侯，共同討伐。這是扭轉時局的關鍵，消滅項羽成敗在此一舉，望漢王三思。」

這裡面要講一件事，當初項羽奉懷王為義帝，卻在將其遷往南方的途中，派九江王英布將義帝暗中殺害。

劉邦聽董公所言，如夢方醒，對啊，我怎麼沒想到呢？

劉邦立即下令，全軍縞素，為義帝服喪三天，自己為義帝哭祭三日，又派使者傳檄諸侯，說項羽殺死義帝，大逆不道，我現在要替天行道，願與各諸侯王一起剷除這擅殺義帝的罪人！

董公的願景看起來很美好，問題在於，天下諸侯百姓對義帝被殺真的那麼在乎，那麼關注嗎？

在我看來，其實不然。

義帝熊心確實是項氏家族在反秦之初樹立的一面旗幟，在天下百姓乃至各路諸侯心中有一定的分量。但這是一個憑實力論輸贏的時代，誰的胳膊粗，誰的拳頭硬，誰就是大哥。項梁之所以立熊心為名義上的帶頭大哥，不過是為了團結更多的六國百姓，共同對付秦帝國。雖然在項梁死後，義帝也曾一度奪回兵權，試圖收回權力，卻遭到了項羽無情碾壓。試問，這樣一個沒有實權的放牛童，真的能夠成為萬人敬仰崇拜的帶頭大哥嗎？

顯然不會！

既然如此，為什麼劉邦還要為義帝舉行隆重的葬禮，向天下人公開聲討項羽？

第十章　楚漢爭雄

這是因為，劉邦需要義帝這面正義的旗幟，進而宣布自己是正義之師。既然漢軍是正義之師，那麼反面角色自然就是項羽的楚軍了！

劉邦不是個優秀的軍事家，但絕對是一個出色的政治家。劉邦深諳軍事是政治的延續這一真理，他需要一面正義的旗幟，為未來的「楚漢戰爭」搶占道義上的制高點，以便利用這個制高點打贏這場戰爭。

因此，劉邦此哭，政治目的非常明確：為消滅項羽撈取政治資本。

我們常說，得道多助，失道寡助，其實是有一定道理的。在我看來這裡面的「道」，其實就是人心，要知道，人心才是事業的基石，制勝不在驍勇，而在於人心所向，劉邦此人最大的特點就是對人心和人性敏銳的洞察力。他知道僅憑自己目前的實力，根本無法與不可一世的項羽抗衡，所以他在聽聞三老董公的建議後，迅速轉變思路，拿義帝熊心之死大做文章，批判項羽的濫殺和不仁義，團結一切可以團結的力量共同對付項羽。

事實上，從劉邦起兵反秦時，他就深知人心向背對於事業的重要性。反秦戰爭中，項羽坑殺秦降兵，盡失三秦民心，劉邦則收之；項羽盡毀秦公室，而劉邦卻散之；項羽壓制反秦諸侯，劉邦卻許之以好（劉邦稱帝後則相反）；楚漢戰爭爆發後，項羽所到之處皆屠城，劉邦卻撫之。這一屠一撫間，天下的人心已經做出了選擇。

彭城之戰，劉邦為何一敗塗地

隨著劉邦向項羽宣戰的檄文傳遍天下，各個諸侯國紛紛回應，他們早就對項羽的分封心生不滿，只是懾於項羽的神勇無敵，都不敢挑這個頭。既然有人帶頭向項羽發出挑戰，自己也樂得跟在後面搖旗吶喊。

首先回應劉邦的是趙國，河南王申陽、韓王鄭昌、魏王魏豹、殷王

彭城之戰，劉邦為何一敗塗地

司馬卬等諸侯也相繼出兵，這樣一來，劉邦的聯軍人數激增到五十六萬人，這讓劉邦興奮不已。要知道，這還是他第一次統帥這麼多軍隊，一路上人心歸附，打了無數勝仗，難免心裡有一點飄飄然。他已經磨刀霍霍，等不及要去抄項羽的老巢了。

西元前205年，劉邦抓住項羽在齊國平叛分身乏術的機會，率領五十六萬大軍東出函谷關，去攻打項羽的大本營——彭城（今江蘇徐州）。

彭城守兵寥寥，所有精兵猛將都隨項羽伐齊去了，只剩老弱幾千人留守城中。聽聞劉邦率五十六萬大軍打過來了，紛紛棄城而逃。所以這次出兵，劉邦打得非常順利，幾乎沒有遇到什麼抵抗就攻入了彭城。對於劉邦來說，他已經忍了太久了，對項羽的所有仇怨和憤怒，統統發洩到項羽的那些女人身上去了。此時此刻，劉邦「貪於財色，好美姬」的本性暴露無遺，他在溫柔帳裡夜夜笙歌，在聲色犬馬之中流連忘返。

今朝有酒今朝醉，莫使金樽空對月。連老大都這樣了，手下的官兵自然也不甘落後，五十六萬諸侯軍隊都沉浸在這巨大的勝利之中，在城內花天酒地，肆意享樂。

劉邦占了項羽的老巢，項羽會怎麼辦呢？

兩個字：大怒！

我們不妨先來分析一下項羽眼下面臨的局勢。

首先，項羽此時身在齊地城陽前線，遠離彭城，鞭長莫及。如果率大軍回援，必定要面臨兩線作戰的局面，腹背受敵。

其次，劉邦此時統帥著五十六萬諸侯聯軍，坐鎮彭城，可以說是以逸待勞，而項羽久攻城陽不下，軍隊人數遠遠少於劉邦，雙方實力差距太大。

再者，項羽的盟友或背叛、或中立，就連自己的心腹，九江王英布

第十章　楚漢爭雄

也裝聾作啞靜觀其變，政治大環境陷入極度孤立。

面對如此凶險的局面，項羽不僅沒有膽怯，反而激發了他的全部潛能。大戰在即，他的目光更加堅定，他召集諸位將領，制訂了一個大膽的長途奔襲計畫。

項羽的計畫是這樣的：留下諸將繼續猛烈進攻齊地城陽，給劉邦製造自己還在齊地的假象，他自己則精選三萬騎兵疾馳南下。

沉沉的夜色中，劉邦照舊在彭城的王宮內舉行宴會，僕從們往來各席之間，為客人們的酒杯續酒，濃稠酒香瀰漫在王宮上空。喝就喝吧，男子漢不就得醉幾回嗎？幾杯酒下肚，劉邦看堂下舞姬曼妙身姿的眼神也漸漸迷離起來，再喝下去，他就不知道這酒的滋味了。

千里之外，一支三萬人的精銳騎兵像離弦的箭，馳騁在齊國的大地上。

為首的正是西楚霸王項羽，他劍眉緊鎖，目光如電，內心中猶如一團火焰在燃燒。他現在終於明白，以前實在是太輕視劉邦了，以至於釀成今日禍端。項羽自負是有原因的，他出自楚國貴族世家，血統高貴，萬人矚目，雖然出生之時，已是國破家亡，但他年少成名，武藝超群，相貌堂堂。反觀劉邦出身底層，不過是市井猥瑣之輩，從內心深處，項羽對他有種說不出的鄙夷。

正因為如此，項羽在分封諸侯之時，覺得像劉邦這樣的人能夠受封漢中，已是萬般歡喜才是。然而，如今才發現，自己低估了此人的野心，以至於他悄無聲息間已經壯大到與自己抗衡的地步，這是項羽萬萬沒辦法接受的。

如今，諸侯背叛，楚地皆失，而齊國戰線絕對不能有任何閃失，不然自己將陷入萬劫不復之地，怎麼辦？

世人都知道，項羽是以打硬仗著稱，當年率軍渡河，與秦軍鉅鹿一戰，揚名天下，此後作戰都是硬碰硬，從不屑於用偷襲等手段。但如今形勢危急，項羽決定反其道而行之，千里奔襲，出其不意，殺劉邦個措手不及。

劉季，你且勿高興太早，鹿死誰手尚未可知，彭城將是你我決一雌雄之地，鴻門宴上可以放過你，但這一次，你就沒有這麼幸運了。

項羽心中焦急，不由得下意識雙腿夾了一下胯下的烏騅馬，烏騅馬極通人性，馬上明白了主人的意思，進一步加快步伐，風馳電掣般奔馳起來，蹄下揚起一陣塵土，隨風散布開來。

或許有人會問了，劉邦攻入彭城後，難道就沒有在周邊設防嗎？

當然有！進入彭城後，劉邦一面派呂澤，也就是呂雉的哥哥駐軍下邑，一面讓樊噲率軍在周邊駐守，協防彭城。

只是，項羽的騎兵速度實在太快，在以迅雷不及掩耳之勢擊破了樊噲的防線後，迅速繞到了彭城西面的蕭縣，等待黎明時分攻城。

次日一早，薄霧逐漸消散開來，守城的士兵揉揉眼睛，望向城外，看到遠處似乎有一些小黑點。接著，黑點越來越大，黑壓壓的騎兵，儼如潰堤的海潮，奔騰著殺來。

「敵軍殺來了！敵軍殺來了！」

士兵們紛紛從睡夢中驚醒，連兵器也顧不上，爬起身便倉皇向城內奔逃。

此時的劉邦還在昨日的宿醉中未醒，接到項羽兵臨城下的消息後，酒意登時醒了大半，連忙召集眾人趕快迎戰！

可是已經晚了。項羽的騎兵作戰能力實在是太驚人，由西向東突襲彭城外諸侯聯軍的側背，聯軍來不及準備，無法組織有效抵抗，亂成一

第十章　楚漢爭雄

團，在彭城近郊被項羽騎兵斬殺十餘萬人。中午時分，項羽騎兵便大破諸侯聯軍，兵臨彭城城下。

漢軍出城迎戰，但他們哪裡是項羽的對手？一交戰便被擊潰。劉邦感覺形勢不利，頓覺心慌，趕快撥轉馬頭往後退。聯軍上下無心戀戰，紛紛四散奔逃，項羽在後面奮力追擊，直殺得天昏地暗、日色無光。

聯軍在逃跑時需要經過兩條河：一條叫谷水，一條叫泗水。由於隊伍混亂，過河時自相踐踏，潰軍們跳入谷水、泗水之中，死傷者達十多萬人。漢軍又向南逃，結果，楚軍在靈璧追上漢軍，又展開了一輪大屠殺，十多萬聯軍被擠入睢水，睢水一度因此而斷流。

那麼，此時的劉邦呢？他從城裡逃出來了嗎？

劉邦就在包圍圈中，楚軍將他包圍三匝，貌似插翅難逃。不料平地刮起一陣狂風，一時間飛沙走石，拔樹捲屋，天色一下子昏暗下來。突如其來的惡劣天氣讓毫無防備的楚軍無所適從，劉邦趁亂衝破了包圍圈，帶著十多名騎兵向北逃竄，僥倖死裡逃生。

這場沙塵暴來得太過詭異，史書上有明文記載，而且記載在《史記·項羽本紀》中，這麼多人見證，應該不是杜撰。

劉邦一路奔逃，路上碰到了自己的一對兒女，劉邦將這一對兒女接上了車子。楚軍在後面死死咬住不放，劉邦為了減輕車的載重，一狠心，把女兒和兒子推下了車。

虎毒不食子，劉邦為了自己活命，卻可以犧牲自己的兒子和女兒，天底下最自私的人莫過於此。

車夫夏侯嬰實在看不下去，把兩個孩子重新抱到車上。

孩子在一旁哭，可劉邦毫不理會，又把孩子推下了車。夏侯嬰再一次把孩子抱上了車。如此反覆幾次，劉邦最終作罷。

這一戰，項羽以三萬精銳騎兵大敗劉邦五十六萬諸侯聯軍，創造了冷兵器時代的戰爭奇蹟，堪稱鉅鹿之戰的翻版。

西楚霸王，名不虛傳。

彭城之戰是楚漢相爭的第一次大戰，劉邦遭到了自起兵以來最大的一次慘敗，幾乎全軍覆沒。

彭城之戰後，劉邦帶著殘兵敗將一路西逃，從彭城一直逃到了下邑（今河南夏邑縣），他已經一無所有了。

面對這種慘敗，劉邦還能重拾信心，從頭再來嗎？

歷史上有很多人在面臨失敗時，都一時想不開，自暴自棄。晚清的曾國藩在和太平軍交戰時，不堪戰敗，曾多次投河自殺，幸而被身邊的將領拉住，才有了後來平定太平天國的成果。

敢於面對最壞的結局，是創業者身上應必備的特質。在我們的一生中，總會經歷大大小小數不盡的失敗。有的失敗，甚至超出了我們的心理承受能力，即便如此，我們依然不能氣餒，不能向失敗認輸。真正的失敗只有一個，那就是自我放棄。如果劉邦在此刻承受不住壓力，選擇放棄，中國歷史恐怕就要改寫了。

幸而劉邦在短暫的失落後，迅速恢復了鬥志。而此時，蕭何帶著一支關中老弱軍隊趕來支援，給了劉邦極大的信心。

實施股權激勵，向劉邦看齊

彭城大敗後，各路諸侯見風使舵，紛紛倒戈投向了項羽。這些諸侯們都是牆頭草，他們看到誰的勢力占據上風，就倒向誰。劉邦出關中，勢如破竹，他們就倒向劉邦；項羽以三萬精兵擊敗劉邦浩浩蕩蕩的

第十章　楚漢爭雄

五十六萬兵力，他們又馬上倒向項羽。

為了儘快扭轉局面，劉邦找來了張良，共同商議對策。

劉邦問道：「我想把函谷關以東的土地捐出去給別人，共同對付項羽，先生覺得給誰合適呢？」

張良沉吟片刻，答道：「英布戰鬥力超強，是西楚的猛將，但人品差一些。聽聞近期英布和項羽互相猜忌，矛盾明顯，我們可以藉機把英布策反過來。而彭越和項羽是死仇，擅長打游擊戰，適合在這一帶給項羽搔搔癢。您手下的將領中，只有韓信值得託付大事，在軍事上可以獨當一面，掃平中原。您要是想把函谷關以東的地方拿來封賞，這三人是最合適的人選。」

劉邦點點頭，會心一笑。

張良與劉邦的這番對話就是歷史上著名的「下邑劃策」，看似簡單，實際上給劉邦指明了將來取得天下的人才戰略。

劉邦的這個設想可以說非常豪氣，早在漢中時，韓信就對他說過，「以天下城邑封功臣，何所不服」，當時劉邦認為有道理，但未必真心想這麼做。

彭城一戰，劉邦一敗塗地，也讓他清醒地意識到，僅憑自己的實力是不足以戰勝項羽的，各路諸侯都是牆頭草隨風倒，根本靠不住，只能另想辦法。

什麼辦法呢？

裂土封侯，用管理學的術語講，叫股權激勵。

如果把國家比喻成一間公司，那麼和股權激勵最接近的激勵措施就是「裂土封侯」，這就等同於不僅可以共有公司的價值，而且還成了公司的主人，可以極大地提升激勵對象的歸屬感和榮譽感。

在現代企業當中，為員工設置遠景，規劃藍圖，讓員工工作有盼望是非常重要的。正所謂：「羊群需要肥沃的草地，老虎需要獨占一個山頭。」

我們以秦國的軍功爵位制度為例，來看看秦帝國是如何鼓勵士兵在戰場上奮勇殺敵的。

秦國士兵的激勵機制十分具體、實惠：打一次勝仗，小官升一級，大官升三級。三級爵可以分得精米一斗，二級爵位只能吃粗米。秦國的士兵只要斬獲敵人一個首級，就可以獲得爵位一級、田宅一處和僕人數個；如果斬獲兩個敵人首級，他做囚犯的父母就可以立即成為自由之身，如果他的妻子是奴隸，也可以轉為平民。斬殺的首級越多，獲得的爵位就越高。

這種「績效目標」使士兵們明確知道，只要透過在戰場的「業績」，就可以得到房產、田地，還有僕人。這對普通士兵有著極大的吸引力，放到戰場上，哪個不奮勇爭先？

秦失其鹿，天下共逐之；風雲際會，一時諸侯並起。在當時的反秦武裝力量中，實力最強的幾家諸侯都是六國王室後人及貴族。既沒後臺又沒資源，不具備貴族血統，欠缺品牌號召力，也不是「高富帥」的劉邦，唯一能做的就是竭盡所能籠絡人才，為自己所用。可問題在於，你劉邦拿什麼吸引人才？靠描繪願景？靠人格魅力？靠人情關係？事實證明，這些都是靠不住的。能留住人才的，只能靠實實在在的利益。

劉邦用人，哪怕自己並不喜歡的人才，也能隱藏自己的情緒，唯才是用，虛懷若谷，論功行賞，甚至對一些功高者採取「股權激勵」模式。

劉邦有所謂「四字得天下」，即一獎、二賞、三封、四用，綜合運用這四種手段激勵員工。劉邦是怎麼樣激勵韓信的呢？只要你把對方的三

第十章 楚漢爭雄

個城池打下來，其中有一個就是你的，給你封侯。而項羽在此方面就做得很不好，官印揣在手裡磨圓了都捨不得給部下。「於人之功無所記，於人之罪無所忘，戰勝而不得其獎，拔城而不得其封。」就是用來形容項羽不懂得激勵員工。

劉邦雖然拿關東之地作為激勵籌碼，但仔細一想不難發現這只是一張空頭支票，因為此時的關東之地大多數都不在劉邦手中，這種激勵措施會有效嗎？

當然有！

要知道，函谷關以東的土地可不是一點點，而是整個秦帝國一半的疆土。無論是誰，面對這麼大的一個蛋糕，必定會動心。為了打敗項羽，劉邦不惜下了血本！

在這裡，張良提到了三個人：韓信、彭越和英布。

為什麼是這三個人呢？為什麼不是跟劉邦一起從家鄉出來打拚的戰將周勃、樊噲、曹參等人呢？

那是因為，在劉邦的豐沛集團中，除了蕭何有點知識水準，其他的個個都是鄉巴佬，他們信奉一句話，跟著大哥有肉吃。這些人的實力和水準都有限，劉邦無法靠他們取得天下。

劉邦的用人之道是會審時度勢地分配利益，依據時局和需求的變化進行親者疏、疏者親的分配。他的組織管理法則是：

初級階段，用兄弟，心齊；

高級階段，用專家，強力；

完勝階段，用外援，集勢。

這是劉邦作為一個管理者的分配策略，他的內心始終信奉一句話：贏了，丟掉的可以再搶回來；輸了，擁有再多也會化為泡影，因為命沒了。

先來看韓信。

韓信是一位不世出的軍事天才，雖然被劉邦拜為大將，但劉邦對他的軍事才能仍然懷有疑慮。彭城之戰時，劉邦幾乎帶來了手下所有將領，有曹參、周勃、樊噲及灌嬰，這些人都是劉邦的嫡系，且都具有一定的指揮作戰才能。但唯獨缺少了韓信，此時他究竟去哪裡了呢？

司馬遷在《史記》中對於彭城之戰有著不少記載，但關於此時韓信的情況，只有短短幾個字：「復收兵與漢王會。」綜合當時的局勢，我們可以斷定，項羽在彭城虐劉邦的時候，韓信並沒有在劉邦身邊，若是韓信當時在彭城的話，劉邦絕不至於輸得那麼慘。

劉邦雖然還沒有意識到韓信身上潛藏的軍事才能，可身為謀士的張良卻是看得一清二楚，他很早就看出，如果這個世上還有人能與氣勢如虹的西楚霸王決一勝負，那這個人必定是韓信！

再說彭越。

彭越是水澤強盜出身，此時已歸附劉邦。項羽曾派出蕭公角收拾彭越，結果卻被彭越給收拾了。劉邦在戰場上失利後，彭越帶領軍隊向北駐守黃河沿岸，甘當漢王的側翼急先鋒，將游擊戰發揮到了極致。

外交談判是門藝術

那麼英布呢？

英布是楚國人，封為「九江王」，是眼下項羽集團的核心將領，其勇猛無畏堪稱項羽麾下眾將之首。

既然如此，張良為何還會向劉邦推薦這樣一個敵方陣營中的將領？

這是因為，此時的英布雖然表面上是項羽的部下，可兩人的關係已

第十章 楚漢爭雄

經出現了裂縫。

項羽原本對英布頗為欣賞，這對於剛愎自用的西楚霸王來說，實屬難得。然而，自從項羽分封天下後，英布的表現一直都很消極。項羽在北伐田榮的時候，曾經徵調英布人馬，英布推說身體不好，只是派人帶了幾千人馬隨同作戰。彭城大戰時，英布自稱病未痊癒，居然袖手旁觀。

項羽待英布不薄，而英布卻在彭城陷落之時隔岸觀火，確實匪夷所思。合理的解釋似乎只有一條，那就是英布對項羽最終能否獲勝信心不足，所以他選擇了中立旁觀，等待時局明朗再做判斷。

這一切，都被張良看在眼裡，他知道，這是一個策反英布的絕佳機會！

聽完張良的一番分析，劉邦心動了，如果真能將英布這員猛將拉入自己麾下，對項羽而言絕對是一個重大的打擊！

只是，派誰去完成這項任務呢？

劉邦環顧左右，感慨道：「你們這些人啊，沒一個有能力幫我打天下的。」

就在此時，一位名叫隨何的侍從挺身而出：「我沒聽明白漢王這話是說誰？」

劉邦道：「如果有人能去淮南勸降英布，讓他起兵背楚，我就有把握打贏項羽。」

隨何毫不猶豫地回答：「這有何難？讓我去！」

這是一項艱巨的任務，要說服英布背叛軍威正盛的項羽，給一個被打得落荒而逃的劉邦當小弟，談何容易？隨何此行註定任重而道遠。

果不其然，隨何一到淮南，就遇上一個大麻煩，英布早就知道了他的來意，根本不見他。他把隨何安排到驛館，讓太宰陪著隨何，每天好

吃好喝招待著，就是晾著他，而且一晾就是三天。

隨何坐不住了，他知道自己必須得採取行動了，於是對太宰說：「九江王不想見我，不過是不想跟著漢王背叛項羽罷了，但是不至於連我的面都不敢見吧？你告訴九江王，如果我說得有理，對他有用，就讓他聽我的；如果對九江王沒用，那就讓他把我殺了送給項羽，豈不是表示忠心的好方法嗎？何必躲起來不見人呢？」

一句話，你見我也沒什麼壞處，決定權在你。

英布也知道老躲著也不是辦法，隨何畢竟是劉邦的特使，如果連面都不見，有點說不過去。

既然如此，那就不妨見見，反正也只是一次象徵性的見面，大家一起吃吃飯、喝喝酒、擺擺龍門陣，不會達成什麼重要共識的。

一見面，隨何首先發難：「大王為什麼願意親近楚國而疏遠漢王？」

英布的回答倒也乾脆俐落：「我本身就是項羽封的，當然要臣屬楚國了！」

隨何冷笑道：「天下有九江王這樣當下屬的嗎？如果九江王忠於西楚，項羽北伐田榮的時候，九江王就應該親自帶兵援助，擔當西楚的先鋒。結果九江王假裝生病，只派了幾千人助陣，這難道是忠臣的作為嗎？」

一句話就噎住了英布，英布不禁啞口無言，滿面通紅。

隨何繼續進攻：「就算項王寬厚，這些事情都可以既往不咎，但是彭城淪陷的時候，你近在咫尺，手握重兵，見死不救，這又是什麼意思呢？」

英布正想找個藉口搪塞過去，隨何卻根本不給他辯駁的機會：「事情的真相是，大王你已經有了背叛項王之心，而且有了背叛行為，之所以沒有撕破臉皮，只是你內心恐懼而已！」

第十章　楚漢爭雄

英布聽到此處，已是一身大汗。隨何卻放緩了咄咄逼人的語氣，從容地告訴英布：「項羽雖然強大，但是已經被漢軍阻擋在滎陽，無力前進。而天下的諸侯國，大部分已經背叛西楚，與漢聯手，所以項羽的失敗乃是不可扭轉的必然。九江王如果能夠起兵，牽制住項羽幾個月，便是大功一件，日後封賞，漢王一定會另眼相看！」

隨何的話很有煽動性，他明確告訴英布，項羽並沒有看上去那麼堅強，這棵大樹靠不住，將來奪取天下的必定是劉邦，希望你早做決斷。

在聽了隨何的一番慷慨陳詞之後，英布悄悄地表示：「我願意跟隨漢王，不過這件事，你知我知，漢王知道就行了，先別公開。」

英布還想拖延時日，然而這邊項羽的使者也到了，催促英布趕快出兵，與項羽會合。

英布一面滿口應承，一面按兵不動。劉邦和項羽，兩邊都來了使者，可他兩邊都不想得罪，只能採取一個辦法：拖！

項羽使者到訪的事，隨何第一時間就知道了，他很清楚自己必須要採取行動，砸碎英布的小算盤了。

這一次，英布宴請楚使，席間，楚國使者再次督促英布，要求他立刻出兵協助項王。哪知道隨何混進帳中，直接坐在楚使的上位，大聲喝道：「九江王已經降漢了，怎麼可能為楚國出兵？」

英布愕然，他根本沒想到隨何會玩這一齣，直接跟楚國的使者攤牌。面對這突如其來的變化，楚國使者起身就走，他要報告項羽，英布果然叛變了！

英布已經沒有選擇了，如果等使者回去一向項羽彙報，那自己反叛的罪名就坐實了，與其坐以待斃，不如先發制人！在隨何的慫恿下，英布終於被迫下定決心，殺了楚國使者，正式投靠了劉邦。

> 外交談判是門藝術

　　不得不說，隨何確實是一名出色的外交家，縱觀他策反英布的整個過程，充分展現了他的外交技巧。他對人心的揣測，對大局的掌控能力，使得他圓滿完成了此次任務。

第十章　楚漢爭雄

第十一章　韓信北伐

先得人心，再得天下

彭城一戰，劉邦幾乎賠光了家底，就連老爹和老婆也被項羽扣為人質。雖然暫時在下邑找到了落腳處，但楚兵顯然不打算放過這條大魚，一路窮追不捨。劉邦只得繼續逃命，好不容易逃到了滎陽，才算喘了口氣。

滎陽位於現在的河南省，原為韓地，後來被秦國吞併，成為秦三川郡下轄的一個縣。在當時，滎陽是東西南北運輸的交會處，陸路有四通八達的馳道，水路有黃河與濟水航道，交通十分便利。

最為關鍵的是，滎陽附近的敖倉乃天下第一大倉，囤積了帝國無數糧草。秦滅六國時，敖倉就是支持秦軍南征北戰的中原後援基地，這無疑為劉邦解了後顧之憂。

而此時，遠在關中的蕭何已經得知了劉邦在彭城戰敗的消息，他連忙徵召關中地區的老弱，設法調往滎陽前線。沒辦法，關中連年的戰亂已經耗盡了青壯年，只剩這些老弱病殘了。

秦朝時，全國人口約兩千萬。但是，秦始皇好大喜功，不恤民力，動用大量人力去修建陵墓、長城和阿房宮，極大地消耗了關中的民力。項羽入關中後，肆意屠殺，咸陽城裡的一把火足足燒了三個月，再加上長期戰亂，青壯年多戰死沙場。放眼望去，關中已是滿目瘡痍，殘破不堪，田野荒蕪，只剩下老弱婦孺在田間地頭辛勤勞作。

第十一章　韓信北伐

劉邦平定關中時，面臨的就是這樣一幅景象。為了穩定關中這個大後方，劉邦將重任交給了自己最信任的夥伴——蕭何。

蕭何留守關中後，馬上安撫百姓，恢復生產，全力收拾關中的殘破局面。他一方面重新建立已經散亂的統治秩序，另一方面對百姓施以恩惠，以定民心。他不僅頒布實施新法，重新建立漢的統治秩序和統治機構，還開放了原來秦朝的皇家苑囿園地，讓百姓耕種，賜給百姓爵位，減免租稅等。他還讓百姓自行推舉年齡在五十歲以上、有德行、能做表率的人，任命他們為「三老」，每鄉一人；再選各鄉里的三老為縣三老，輔佐縣令，教化民眾，同時免去他們的徭役，並在每年的年末賜給他們酒肉。

由於蕭何辦事細緻，施政有方，農業生產逐漸得到恢復，建立了穩固的後方，保障了前線的需求。

都說路遙知馬力，日久見人心，看著眼前這些風塵僕僕、臉上掛滿疲憊與傷痛的將士們，劉邦心中大為感動。自己把關中地區交給蕭何，果然沒有看錯人！

然而，就在此時，又一個不幸的消息傳來，從彭城出發乘勝追擊的楚騎兵已經到了滎陽城下！

為了迎戰，劉邦不得不臨時抽調善於騎馬的士兵，組建漢軍的騎兵隊伍。

好不容易湊齊了人，劉邦一看，還缺個帶隊的，選誰合適呢？

為了選出最合適的人選，劉邦決定採用民主選舉的辦法，讓大家推薦心目中的最佳人選。投票結果出來，名單上有兩個人：李必、駱甲。

這兩人都是原來大秦黑色鐵騎中的騎士，劉邦當即宣布，任命二人為騎兵將領，不料李必、駱甲二人卻擺擺手表示拒絕。

劉邦鬱悶了，這年頭還給官不要的，真是少見啊！他召來二人，詢問緣由：

「說說看，為什麼不願意當這個騎兵統領？莫不是嫌官太小了？」

「豈敢？我二人原來隸屬於秦軍，如果統領漢軍騎兵的話，恐怕將士們會不服。為了內部團結，希望漢王能派左右善於騎射的近臣來擔當此任。」

劉邦一聽，覺得很有道理，於是任命灌嬰為中大夫令，以李必、駱甲為左右校尉。

這支新組建的騎兵果然不負使命，在滎陽東大破楚軍，攔住了楚軍繼續追擊的步伐。

這一年，劉邦還做了兩件事：

六月份，劉邦返回關中櫟陽，立嫡子劉盈為太子，也就是後來的漢惠帝，實行大赦，安定關中民心。

緊接著，漢兵引水灌廢丘，坐困孤城的章邯選擇了自殺。至此，大後方關中全定，劉邦可以安心謀楚了。

然而，正當劉邦雄心勃勃，準備再出關中與項羽一決勝負之際，關中又出事了。

這年夏天，關中大旱，赤地千里。糧食產量銳減，很多地方顆粒無收。老百姓連樹皮都吃光了，一時間關中米價暴漲，人人相食，屍橫遍野。

看著關中百姓受苦受難，自己卻無力賑災，劉邦心如刀絞。

讓劉邦更擔憂的不僅是天災，還有流民問題。

古往今來，流民問題，是一個從夏朝以來便根植在華夏土地上的社會現象，歷經數千年而無法根除。產生流民的原因，無非是天災和人

第十一章　韓信北伐

禍，如果兩者疊加，便一定會造成「赤地千里，流民百萬，盜賊蜂起」的情景，動搖國家的統治基礎。對於劉邦而言，關中是他的大本營，要想在楚漢戰爭中站穩腳跟，關中地區絕對不能生亂。可是，如何才能解決天災和流民問題呢？

這一日，蕭何找到劉邦，告訴他，巴蜀地區土地肥沃寬廣，縱橫交錯地遍布著逶迤的河川，主公何不將這些流民遷往那裡？

劉邦一聽，是個好主意，只是，民眾會聽從自己的建議嗎？

要知道，中國自古是一個「戀土」情結很重的國家，歷代人民均恪守「安土重遷」，生於斯、長於斯、老於斯，若非生計逼迫，是不會拋家捨業，去往一個陌生地方謀生的。

出乎意料的是，當劉邦提出讓關中的百姓暫時到蜀郡、漢中郡避難，政府還可以供應路上的口糧時，民眾歡呼雀躍。原因也很簡單，劉邦入關中時約法三章，所過之處秋毫不犯，已經贏得了民眾的信賴。何況，劉邦入蜀後，致力於開發建設巴蜀之地，已初見成效。民眾相信劉邦，一定會帶領他們走出困境。

這是一個明智的決定，既解決了令人頭痛的流民問題，又充實了巴蜀地區的人口，更是穩定了飽受秦朝壓榨的關中百姓的民心。不管在哪個年代，民心都是一個政權取得成功的關鍵。劉邦本人不如項羽勇武，但擁有民心這一最強力的武器，使得他雖然屢戰屢敗，但蕭何每次都能徵發關中兵，補足漢軍缺額，讓他得以重新振作，多次轉危為安。

知己知彼，方能百戰不殆

在楚漢對峙階段，劉邦並不是一味地防守，他還在不斷地開闢新的根據地。

魏王豹的反叛一度讓劉邦耿耿於懷，當初魏王豹藉口回家探視生病的父親向劉邦請假，然而一回到魏國，他馬上占據了黃河渡口的蒲津關，派出使者與項羽訂約講和。

魏王豹是魏咎的堂弟，項羽在鉅鹿打敗章邯秦軍主力後，魏豹趁機收復魏地二十餘城，被項羽封為魏王。作為報答，魏豹率領精兵追隨項羽西入函谷關，參與了滅秦的最後一戰，此後被分到山西南部一帶割地稱王。

劉邦席捲函谷關以西地區後，渡過黃河，進入魏豹領地。魏豹順應大勢，直接率領臣民投降劉邦，並跟隨劉邦東征項羽。

這一次，劉邦在彭城一敗塗地，魏豹氣喘吁吁跟著一路撤退到滎陽，緩過神來，覺得跟劉邦混沒前途，又一次倒向了項羽。

很顯然，魏王豹就是牆頭草，見風使舵兩頭倒。

魏豹的叛亂也讓劉邦意識到，楚漢之爭絕非一朝一夕能見分曉，雙方的實力對比決定了諸侯的忠心程度，戰事一天不結束，騎牆觀望的各路諸侯們就會朝秦暮楚，他們今天可以成為漢王的羽翼，明天也可以成為楚王的爪牙。

眼看著劉邦要發兵去攻打魏王豹，謀士酈食其適時站了出來，勸諫道：「主公且慢！我跟魏王豹平時有點交情，不妨讓我先去勸他一勸，如果他仍然不肯回心轉意，再揍他也不遲。」

劉邦一聽，酈食其說得有理，於是說道：「你去替我勸勸魏豹，如果能說服他，我可以既往不咎，封你為萬戶侯！」

在劉邦的授意下，酈食其趕到平陽（今山西臨汾市），見到魏王豹後，反覆陳說利害，希望他能歸附漢王。

那麼魏王豹什麼反應呢？

第十一章　韓信北伐

面對酈食其的拉攏，魏王豹不為所動，搖頭道：「人生一世間，如白駒過隙耳！漢王眼裡只有他自己，哪有別人？他把諸侯和臣下看作奴僕一樣，今天打，明天罵，我可受不了！先生還是從哪兒來回哪兒去吧！」

酈食其在魏王豹面前碰了釘子，只好悻悻回去。這次出使，雖然酈食其沒能完成任務，但他在魏國隨時收集留意對方的情報，摸清了對手的底牌，為大軍的進攻掃清障礙。

軟的不行就來硬的。眼見酈食其無功而返，劉邦即刻命韓信為左丞相，與灌嬰、曹參統帥十萬大軍渡河擊魏。

臨行前，劉邦又一次找來酈食其，詳細了解魏國的內政。

劉邦：「這次去魏國招降魏豹，酈老先生受累了！我想問你，魏大將是誰？」

酈食其回答道：「據老臣了解，是一個叫柏直的人。」

劉邦摸著鬍鬚笑道：「柏直就是一個乳臭未乾的小兒，不足掛齒，怎麼會是韓信的對手呢？那麼他的騎兵將領是誰啊？」

「馮敬！」酈食其回答道。

劉邦收住笑容，想了想說：「如果我沒記錯，馮敬是秦將馮無擇的兒子吧？這小子還是有點本事的，名聲也不錯，不過缺少謀略，肯定不是灌嬰的對手！那步兵將領呢？」

酈食其接著回答道：「是項他！」

劉邦聞聽大喜，說道：「他也不是曹參的對手！既然如此，我就可以高枕無憂了！」

從這件事不難看出，劉邦熟知天下英雄，對於對手的底細摸得一清二楚，他絕不容許打一場無準備之仗。

與劉邦一樣，韓信也深諳「知己知彼、百戰不殆」的用兵之道，當他接到劉邦討伐魏豹的命令後，也在第一時間把酈食其請過來問道：「請問酈老先生，魏國難道沒用周叔做大將嗎？」

酈食其拍著胸脯，十分肯定地回答：「確實是柏直！」

韓信暗喜，說了一句：「豎子也，不足為懼！」

西元前205年八月，韓信率軍從關中出發，兵臨黃河岸邊。

漢軍一路浩浩蕩蕩，來到了臨晉關，這是一道連接山西和陝西的重要關口，也是一個重要渡口。只見黃河水勢滔天，對岸山西境內全是魏軍重兵把守，戒備森嚴，一副如臨大敵的陣勢。洶湧澎湃、濁浪翻天的黃河水，勝過百萬雄兵，漢軍即便是有翅膀，也飛不過黃河。

更何況，為了阻止漢軍渡河，魏王豹把黃河兩岸的船全部弄走了，連兩岸大樹都給砍了。

怎麼辦？第一次正式領兵出征的韓信，陷入了深思。

為了迷惑對岸的魏軍，韓信表面上讓軍隊趕緊造過河的船隻，擺出一副一定要從這裡渡河的架勢，暗中卻派人到上游查看兩岸地形，尋找渡河的最佳地點。

沒多久，派去的人回來報告：「大將軍，上游一直都有魏兵把守，只有二百里外的夏陽水流相對平緩，適合渡河。」

就是這裡了！

韓信立即下令，留下一部分兵力繼續趕造船隻，迷惑對面的魏軍，主力部隊迅速趕往二百里外的夏陽集結！

地點是選好了，可是夏陽依然沒有渡河的船隻。

這一日，韓信看到周邊農民使用的罌瓴，靈光一現，頓時有了主意。

第十一章 韓信北伐

罌瓿是一種小嘴大肚子的陶器，可以用來汲水、存水，也可用來盛糧。

在夏陽，韓信收集到了很多這樣的罌瓿，這些罌瓿就是漢軍的渡河工具。

在韓信的安排下，漢軍把罌瓿封住口，排成長方形，口朝下，底朝上，用繩子綁在一起，再用木頭夾住做成筏子，放入河中，士兵們三三兩兩一組坐上去，用兵器划水，向對岸駛去。就這樣，漢軍主力神不知鬼不覺地從夏陽渡口全部渡過了黃河，踏入了山西境內。

再說臨晉關這邊，魏軍在魏將柏直的指揮下，一直在渡口瞪大了眼睛嚴陣以待，以防漢軍突然渡河。每天晚上，對岸漢軍陣營中都會鼓聲雷鳴，殺聲震天，使得魏軍更加小心謹慎，一夜都不敢合眼。

就在魏軍在黃河渡口嚴陣以待的時候，守軍來報，說漢軍主力渡過天險黃河，已經攻克了東張和安邑兩地，現在正向魏國都城平陽方向殺將過來。

魏王豹大驚：「漢軍不是都在臨晉關對岸打造船隻，準備在那裡渡河嗎？他們是怎麼過來的？難道都長翅膀了不成？」

不過，眼下不是自責的時候，魏王豹倉促之間領兵去阻擋，但是漢軍在渡過黃河後，士氣正旺，一路勢如破竹，魏軍哪裡抵抗得住？在韓信和灌嬰的兩路夾擊之下，腹背受敵的魏王豹只好向北逃跑。漢軍在後面緊追不放，最終魏王豹在東垣投降，漢軍占領了都城平陽。從起兵伐魏到平定魏地，韓信僅僅用了兩個月的時間，讓後方的劉邦欣喜不已。

張耳、陳餘的塑膠兄弟情

擊敗了魏王豹以後，韓信收編了魏國的散兵，兵力得到了極大的擴充，一時間聲勢浩大。

當時，黃河北岸尚有代（今山西北部）、趙（今河北南部）、燕（今河北北部）三個割據勢力，他們都投靠了項羽，成為楚國的羽翼。

剛剛平定了魏國的韓信兵不解甲、箭不鬆弦，緊接著向劉邦提出了下一步的戰略構想：

由自己率軍開闢北方戰場，逐次消滅代、趙、燕，東擊田齊，南絕楚軍糧道，對楚軍實施側翼迂迴，最後與劉邦會師滎陽。

消息傳回滎陽，劉邦對韓信的這個構想初步表示認可，但他同時也提出了一個條件：要求韓信將麾下年輕力壯能打仗的精兵調到滎陽前線對抗項羽。

劉邦此舉，既能大大增強滎陽的軍力，同時也能降低韓信對自己的威脅。不得不說，劉邦是個敏感的政治家，他將一切有可能會威脅到自己的苗頭都扼殺在搖籃裡。

面對劉邦的奪權，韓信倒也沒有任何怨言，將麾下精兵悉數派往滎陽前線，只帶著剩下的三萬老弱病殘，奔赴下一個戰場。

即便如此，劉邦對韓信依然不放心，他派出了自己最信任的張耳，跟隨韓信一起北伐。

韓信把矛頭先指向了弱小的代國。代國這個地方之前是項羽分封給趙歇的，後來陳餘把分封在趙地的常山王張耳打跑之後，又恢復了趙國，仍擁立趙歇為趙王。陳餘自己做了代王，但是他並沒有留在代國，而是繼續留在趙國輔佐趙王歇，只是派國相夏說管理代國，因此代國和

第十一章　韓信北伐

趙國其實就是一家。

對於這趟差使，張耳異常興奮，他終於有機會與自己的對手陳餘在戰場上會面了。

為什麼這哥倆會從當初的刎頸之交成為陌路乃至仇人？我們不妨來回顧一下兩人的關係。

張耳和陳餘曾經是親密友誼的代名詞，兩人志同道合，成為刎頸之交。秦滅六國之後，大力搜捕六國後人，張耳和陳餘從此逃亡江湖，後來到陳國的城門口當了門衛。

有一回，一個地方官經過這裡，對陳餘皮鞭相向，陳餘哪裡受得了這樣的侮辱？打算反擊。就在這時，張耳悄悄踩住陳餘的腳，暗示他不可輕舉妄動。陳餘會意，咬著牙忍受了這一次鞭笞。

事後，張耳將陳餘拉到一處僻靜的地方，對他說：「咱們當初交朋友的時候怎麼說來著？約好了一起做大事業，同生共死，怎麼今天你稍微受了點屈辱就要逞匹夫之勇，自取禍端呢？」

什麼是好朋友？不是好酒好肉，也不是專門對你說好聽的話，而是在關鍵時刻，願意冒風險將你從錯誤的邊緣拉回來。張耳和陳餘當時就是這樣的關係。

陳勝、吳廣起義後，張耳和陳餘看到了改變自身命運的希望，兩人立即投身於轟轟烈烈的農民起義，扶持趙國的武信君將事業越做越大。

然而，考驗來了，友誼的小船開始承受更大的風波。

鉅鹿城下，章邯將趙國團團圍困，張耳與趙王歇就在鉅鹿城內。重圍中的張耳屢次向周邊的陳餘求援，而陳餘在掂量了自身的實力後，選擇了避其鋒芒。鉅鹿解圍後，張耳怒氣衝衝地質問陳餘為何見死不救？陳餘解釋說：「我不是不救你，只是秦軍勢大，我派遣了五千救兵，結果

全部玩完，實在是鞭長莫及啊！」

張耳則一口咬定陳餘見死不救，陳餘大怒道：「行，既然你不信我，那我把我的軍隊指揮權交給你，這是你給我的將印。」而後去了趟廁所。

陳餘當時就是一時氣憤，覺得自己的好兄弟怎麼能這麼質疑自己呢？所以才如此賭氣般把將印交給了張耳。當陳餘回來後，才愕然發現，張耳居然就真的收下了自己的將印，並且拒絕交出，還派人全面接收了自己的軍隊。

什麼是背叛？這就是背叛，赤裸裸的背叛。

經此一事，兩人友誼的小船說翻就翻，張耳投奔了過去的老友劉邦，選擇跟他一起發展，而陳餘則繼續留在趙國。

楚漢戰爭開始後，劉邦出兵進攻項羽，邀請陳餘出兵相助，不料陳餘提出一個條件：「漢王殺死張耳，我就出兵。」

這就有點過分了，不過當時的劉邦急需外援，於是命人殺了一個和張耳長得很像的人，將那人的頭顱送給了陳餘。陳餘驗完貨，當即派兵助漢。然而彭城之戰後，陳餘發現自己受騙了，於是又撤回部隊，背叛了劉邦。

最近網路上流行一句話「友誼的小船，說翻就翻」，說的就是很多友誼是經不起現實考驗的。為什麼呢？我們每個人都有自己的底線，一旦觸及這個底線，或者強人所難，或者索求無度，友誼也就破裂了。張耳和陳餘從一開始的刎頸之交，一步步走向對立面，不得不讓人感慨。

第十一章　韓信北伐

「聰明過人」必將自食惡果

回到主題，讓我們把目光重新聚焦到代國。

由於陳餘此時不在代國，主政的是夏說，而夏說不懂軍事，倉促應戰，一戰即潰，最終在鄔東（今山西介休）被斬於馬下。

代國被韓信拿下的消息第一時間就傳到了陳餘的耳朵裡。得知韓信馬不停蹄，正在來趙國的路上，陳餘和趙王歇不敢有絲毫大意，迅速在井陘口集結了主力部隊，號稱有二十萬，準備迎戰韓信。

井陘口是太行山有名的八大隘口之一，是從山西翻越太行山進入河北平原的必經之地。在它以西，有一條長百餘里的狹窄驛道，易守難攻，不利於大部隊的行動。在陳餘的指揮下，趙軍扼守住井陘口，居高臨下，以逸待勞，且兵力雄厚，處於優勢和主動地位。

韓信帶著三萬新兵上路了，沒辦法，經驗豐富的士兵都被劉邦調走了，自己只有這點兵力，而且全是新兵菜鳥。一路上，韓信不斷派出斥候四處打探描繪地形，顯得憂心忡忡的樣子。他知道井陘口四周皆是崇山峻嶺，一旦西邊的那條狹長通道被堵住，自己只能徒喚奈何了。

在親自視察了這條天險後，陳餘心中一直懸著的那塊石頭終於落地了，憑藉著這樣的天險，韓信大軍就算是插上翅膀，也絕對難以過來。

儘管如此，部將李左車還是很謹慎。這一天，他找到陳餘，向他提出一個建議：

「聽說漢將韓信渡過西河，俘虜魏豹，生擒夏說，最近血洗閼與，如今又以張耳輔助，計議要奪取趙國。這是乘勝利的銳氣離開本國遠征，其鋒芒不可阻擋。可是，我聽說千里運送糧餉，士兵們就會面帶飢色，臨時砍柴割草燒火做飯，軍隊經常無法吃飽。眼下井陘這條道路，兩輛

戰車不能並行，騎兵不能排成行列，行進的軍隊迤邐數百里，運糧食的隊伍勢必遠遠地落到後端，希望您撥給我三萬奇兵，從隱蔽小路攔截他們的糧草，您就深挖戰壕，高築營壘，堅守軍營，不與交戰。他們向前不得戰鬥，向後無法退卻，我出奇兵截斷他們的後路，使他們在荒野什麼東西也搶掠不到，用不了十天，韓信和張耳的人頭就可送到將軍您的帳下。要是真跟他們硬碰硬，恐怕我們會吃大虧的。」

李左車是戰國時趙國大將李牧之孫，秦中大夫詹事李泊之子。此人繼承家學，精通軍事，足智多謀。秦末戰亂中，李左車輔佐趙王歇，因功被封為廣武君。

然而，陳餘說到底是個懦弱書生，自稱趙軍是正義之師，不用欺詐奇謀，他還引經據典，反駁道：

「我聽兵法書上講，十則圍之，倍則戰之。現在韓信所將之兵，號稱數萬，其實不過幾千。他們不遠千里來襲趙國，已經師老兵疲，沒有多少戰鬥力。如果連這樣的軍隊都不敢迎戰，以後再有強者來攻，我們怎麼應對？」

就這樣，自大的陳餘拒絕了李左車的建議。

李左車與陳餘的對話第一時間就傳到了韓信的耳朵裡。得知陳餘不用李左車之計，韓信非常興奮，再無顧忌，立即下令：全軍火速出發，目標井陘口！

教條主義要不得

在經過連日的長途奔襲後，這一日，漢軍抵達了趙國邊境，韓信命令全軍在離井陘口還有三十里的地方安營。夜半時分，韓信突然傳令，挑選輕騎兵兩千人，每人手拿一面紅旗，走山間小路，暗中隱蔽接近趙

第十一章　韓信北伐

軍的大營。他對眾人說道：「明天趙軍見我軍退卻，必然會傾巢出動追殺。你們要趁機馳入趙軍營壘，拔去趙軍旗幟，換上漢軍紅旗。趙軍大敗之日，就是我軍在趙軍大營聚餐之時！」

當晚，韓信以一萬步兵背河布陣。天亮時，他打出大將韓信、張耳的旗幟，擂響戰鼓，大張旗鼓地直出井陘口。趙軍遠遠地看見漢軍前來，打開營門迎擊漢軍，兩軍一陣混戰。過不多時，韓信、張耳見時機已到，假意丟下大將旗幟和戰鼓，倉皇撤退。趙軍見漢軍主將和副將均在潰敗的亂軍之中，深信無詐，敗退無疑，於是傾巢而出，全力追擊。

當趙軍一路狂追，看到漢軍背水而設的戰陣後，紛紛忍不住哈哈大笑。先前聽聞劉邦手下有個叫韓信的，用兵如神，現在看來也不過如此嘛！連帶兵布陣的基本常識都不懂，徒有虛名罷了！這樣的布陣無疑是自絕後路，只要對方一個衝鋒，漢軍立刻完蛋！韓信啊韓信，你還真以為自己有霸王的萬夫不當之勇，想來個破釜沉舟啊？

眼前是來勢洶洶的趙軍，身後就是滔滔江水。面對如此絕境，膽怯者有之，咒罵者有之，畢竟漢軍只是一群新兵菜鳥，沒經歷過戰爭大場面，韓信也無法用嚴明的軍紀去約束他們。

望著焦躁不安的士兵們，韓信拔出腰間長劍，激勵眾人道：「將士們，眼下我們已經被趙軍逼到了絕路上，如果我們害怕了，這身後的滔滔江水就是我們的葬身之地！只要我們能熬過這一關，擊退趙軍，我韓信必定為大家向漢王請功，升官發財指日可待！弟兄們！不怕死的就跟我上！」

這番話大大鼓舞了將士們背水一戰的勇氣，大家紛紛打起精神來，與趙軍做最後一搏。在漫天的廝殺聲中，面對如狂風驟雨般襲來的趙軍，漢軍頂住了一輪又一輪的衝擊，還抓準機會發起了反擊。幾個回合

下來，趙軍死傷慘重，漢軍的陣地卻巋然不動。

而此時，韓信的另一支兩千人奇兵見趙軍營壘空虛，趁機馳入，拔掉趙旗，換上漢軍鮮豔的旗幟。

趙軍久攻不下，被拖得疲憊不堪，無法取勝，又抓不住韓信等人，只得鳴金收兵撤回營寨。一抬頭，卻見營寨上漢軍紅旗飄飄，個個大驚失色，大家都以為漢軍已經占領了自己的大本營，俘虜了趙王，全軍亂成了一鍋粥，紛紛四散逃命。

戰場上最擔心的就是士兵潰逃，趙將怒不可遏，拔出劍當陣斬殺了許多逃兵，可依然也控制不住場面。此時，韓信帶著河岸邊的漢軍發起反攻，兩面夾擊，大破趙軍。趙王歇見大勢已去，奪馬南逃，到鄗地（今河北柏鄉北）被擒，反倒是書生氣重的陳餘跑得最快，一路南逃，最後被追兵追上殺死，趙國滅亡。

井陘之戰，雙方在作戰指揮上的得失高下是顯而易見的。韓信取得作戰勝利，關鍵在於他能夠及時掌握並利用情報，巧妙地掌控士卒「兵士甚陷則不懼，無所往則固，深入則拘，不得已則鬥」（《孫子兵法·九地篇》）這一心理狀態，奇正並用，背水列陣，靈活用兵，速戰速決，從而一舉殲滅趙軍，譜寫了中國古代戰爭史上的精彩篇章。趙軍的失敗，則在於主帥陳餘迂腐而又傲慢，拒絕採納李左車正確的作戰方案，昧於了解漢軍的作戰意圖，終使趙軍喪失了優勢和主動地位，在處處被動中遭到殲滅。

這一仗，韓信打得是非常之精彩，也贏得了將士們的信賴。打完仗，所有的部下都集中到韓信的軍帳中，向韓信表示祝賀，同時也提出了一個大家百思不得其解的問題：

「大將軍帶我們打的這一仗，確實打得很漂亮，但是我們到現在還沒

第十一章　韓信北伐

想通這個事。兵書上說，『右倍山陵，前左水澤』，讓我們在安營紮寨和布陣時，要右靠山陵，左臨水澤。可是將軍您卻完全反著來，還那麼堅定地說破趙後聚餐，當時我們誰都不信，沒想到最後真的打了勝仗。哎呀，臣等左思右想還是想不明白。」

韓信笑了笑，道：「兵書上確實是這麼寫的，只是各位平時沒有留意兵書上還有一句話，『置於死地而後生，置於亡地而後存。』眼下精兵都被漢王調走了，我們缺少訓練有素的士兵，只有一群新兵菜鳥。這種情況下，只有將隊伍置於絕境，才能激發大家的戰鬥力，讓每個人為了生存拚死一戰，我們才有贏的機會。」

大家恍然大悟，哦，原來是這麼個道理，還是大將軍熟讀兵書，指揮有方！

背水一戰的計策，普通的將領掌控不了，搞不好會適得其反。三國時期，曹魏猛將徐晃在漢中之戰時，決定效仿自己的偶像韓信，在漢水布置重兵，結果被趙雲和黃忠打得落花流水，多數魏兵並不是戰死，而是落水而亡。

由此可見，背水一戰不僅需要天時地利人和，更考驗統帥的能力和魄力，估計在這方面也就項羽能與韓信一決高下。

韓信確實是一位卓越的軍事家，早年在淮陰老家時，就手不釋卷，讀遍了當時所能找到的所有兵書。最關鍵的是，他沒有死讀書認死理，被經驗主義和教條主義束縛，而是能根據實際情況採取靈活多變的策略，去贏得戰爭的勝利。

兵書是死的，人是活的，戰場的形勢瞬息萬變，按照兵書生搬硬套是行不通的。如果一個人缺乏判斷力與邏輯分析能力，只是一味拘泥於教條理論，後果無非兩條路——輕者落入窠臼，重者作繭自縛。

上兵伐謀，其次伐交

井陘口之戰中，韓信識得了一個人才，他的對手李左車。戰後，他下令不許傷害李左車，活捉李左車者賞千金。

重賞之下必有勇夫，沒過多久，五花大綁的李左車就被送到了韓信的大帳前。

韓信一見李左車，大為高興，親自解開繩索，然後將他請到了主座上，自己則恭恭敬敬坐到了客座上。

為什麼韓信要這般禮遇一個敗軍之將李左車？

很簡單，因為韓信的北伐大計還沒完成，他需要李左車的幫助。

當初，李左車背後阻斷漢軍退路的建議雖然沒被陳餘採納，卻讓韓信出了一身冷汗。倘若陳餘依計行事，那此時站在這裡的階下囚就是韓信了！從當初陳餘與李左車的對話中，韓信就判斷出這李左車絕對是個難得的軍事奇才！

二人依照主賓坐定，韓信向李左車深施一禮，虛心請教道：「我欲北攻燕國，東伐齊國，依李將軍之見，該從何處著手？」

李左車推辭道：「敗軍之將，不足以言勇，亡國之人，不可以圖存，在韓將軍面前，我哪敢妄談什麼兵法謀略？」

韓通道：「非也！今日之前，你我各為其主，不得不在戰場上兵刃相見，對於將軍的兵計謀略，我韓信雖已久仰，卻無緣求教。今日在此相會，將軍是我韓信的貴客，我還有重要事情當面求教，還請將軍不吝賜教！」

李左車依然道：「將軍謬讚了，我何德何能，能得將軍您的賞識？」

面對李左車的拒絕，韓信沒有輕易放棄，而是繼續勸說：「想當年，

第十一章　韓信北伐

百里奚在虞國而虞國滅亡，在秦國而秦國稱霸，這並非是在虞國愚蠢，到了秦國卻聰明，關鍵在於國君是否願意用他，聽取他的意見。如果當初陳餘聽從了您的意見，我韓信哪這麼容易打勝仗？我是誠心想聽您的意見，還望您不要推辭。」

看著眼前畢恭畢敬的韓信，李左車被他的真誠打動了，他思慮再三，幫韓信出了如下建議：「古人有言，智者千慮，必有一失；愚者千慮，必有一得。哪怕狂夫之言，聖人亦可選擇。我雖愚頑，計策也不成熟，既然將軍想聽，那我就說說我的看法。

「如今將軍渡河虜魏王，擒夏說，一舉攻克井陘，擊垮趙軍二十萬，威震天下，即便草野農夫都驚恐萬狀，靜待將軍您的戰況，這些都是您的優勢。問題在於，眼下百姓困苦，士卒疲憊，難以繼續作戰。現今將軍如果發動疲憊之師，屯兵於燕國的銅牆鐵壁之下，恐怕一時難以攻克，一旦實情暴露，威勢自減，時間一長，糧食耗盡，必然進退維谷。如果燕國攻打不下來，齊國將來還會臣服於您嗎？不可能的。燕、齊相持不下，那麼劉、項則勝負難料，這都是將軍的劣勢。我雖見識淺薄，但竊以為攻燕伐齊是下策。故善用兵者不以短擊長，而以長擊短。」

雖然打了一系列勝仗，但部隊的確已經疲憊不堪了，如果繼續再打下去，不知會出現什麼樣的後果，這也是韓信所擔心的。

韓信繼續追問道：「既然如此，那依將軍之見，該如何是好？」

「不戰而屈人之兵。」

「如何做？」

李左車沉吟片刻，道：「將軍不如按兵不動，安定趙國秩序，撫恤陣亡將士遺孤，每天好酒好肉犒勞將士，擺出北攻燕國的架勢，然後派出使者攜書信至燕國，把您的優勢誇耀一番，燕國不敢不聽您的話。等降

服燕國後，再派說客往東勸降齊國，齊國必然望風而降。如此一來，將軍不費一兵一卒，便可平定燕齊之地了！」

韓信聽完後，不禁拍案叫絕，他聽從了李左車的建議，派人出使燕國。燕國接到信後，果然不戰而降。

韓信在第一時間就將這個喜訊傳給了劉邦，為了穩定趙國局勢，韓信還推薦了張耳為趙王，鎮守趙國。

劉邦聞訊，喜不自勝，讓自己最信任的張耳鎮守趙國，正合自己的心意，於是當即予以批准。

韓信能夠兵不血刃，派一個使臣拿一封書信就降服燕國，是因為李左車的提議讓他想起了《孫子兵法》裡的一句話：

凡用兵之法，全國為上，破國次之；全軍為上，破軍次之；全旅為上，破旅次之；全卒為上，破卒次之；全伍為上，破伍次之。是故百戰百勝，非善之善者也；不戰而屈人之兵，善之善者也。

什麼意思呢？

戰爭是政治的延續，只是手段之一，並不是最終目的；擁有高超的兵法，不一定就能取得最後的勝利。一個戰略上的失誤往往能讓無數次戰術上的勝利化為烏有。

所以，不戰而屈人之兵，是最高境界。

怎樣才能做到這點？要靠綜合實力，這其中當然包括軍事力量。

曹操在給《孫子兵法》做注解時，寫了一句話：「欲攻敵，必先謀。」

謀什麼呢？王晳注解說：「謀利害關係，趨利避害。打仗不是為了殺敵，因為殺敵要付出代價，殺敵一千，自傷八百。最好是不戰而屈人之兵，曉之以利害，讓他主動投降，全城全人全財全貨盡歸於我。」

第十一章　韓信北伐

　　簡而言之，就是耍心眼，說得好聽點，叫博弈技巧，再說得邪乎一點，就是透過前期策劃，獲得戰略上的優勢。

　　把對手圍起來，讓他絕望，認清形勢，主動投降，那是最好不過。他若做困獸之鬥，我們攻城那就得付出代價，得到的也不是全城，而是一個破城。更何況，戰場上什麼事都有可能發生，不一定就能取得勝利。

　　三國時，曹操伐江南，劉琮投降，曹操兵不血刃得到了徐州，還得到了蔡瑁、張允的水軍，這就是全國為上。

第十二章　生死突圍

格局決定高度

韓信在北方一路過關斬將，滅魏、亡代、破趙、脅燕，打得順風順水，反觀身在滎陽前線的劉邦，可就沒這麼幸運了，被韓信搶了風頭不說，打起仗來也沒韓信那麼順利。沒辦法，兩人的對手不一樣，韓信北伐的對手都是魏豹、夏說、陳餘等平庸之輩，而劉邦在前線要面對的，可是西楚霸王！

也許有人要問了，韓信在北方鬧得天翻地覆，連續降服了好幾個諸侯國，項羽難道就無動於衷嗎？

其實不然。對於韓信在北方的侵擾，項羽看在眼裡，急在心裡。他很清楚，一旦韓信平定了北方的各個諸侯國，自己將處於兩面受敵的不利境地。為此，在韓信北伐期間，項羽曾不止一次派出援兵渡河救趙，企圖阻遏韓信北伐的步伐。

然而，韓信和張耳也不是吃素的，面對遠道而來的楚軍，韓信不慌不忙，從容應對，一次次擊退了楚軍的進攻，化險為夷。

隨著韓信兵不血刃拿下燕國，北方的局勢逐漸明朗，楚軍被困之勢也初見端倪。

為了破局，項羽只得在滎陽前線猛攻漢軍，他將進攻的重點放在了兩處，一處是敖倉，這裡是天下糧倉，儲備豐富；另一處是軍事要塞成皋。

第十二章　生死突圍

　　對於項羽的意圖，劉邦怎能不知？在酈食其的建議下，劉邦加強了對這兩處的軍事防禦，總算是頂住了楚軍的輪番「轟炸」。

　　攻了許久，項羽也看出了一些門道，劉邦之所以能堅持這麼久，除了有敖倉的軍糧外，大後方關中也有源源不斷的糧食送到前方。為此，項羽集中兵力，專攻漢軍運送糧食的甬道。

　　這下子，可算是掐住了劉邦的命脈，他急得團團轉，恰巧張良此時不在營中，身邊連個出主意的人都沒有了。

　　就在這時，閒不住的酈食其又一次出場，他給劉邦出了個主意：「過去商湯討伐夏桀，封夏朝的子孫於杞國。當今秦朝喪失道德拋棄理義，侵略攻伐各個諸侯國，滅了六國的後代，使他們沒有立足的地方。漢王如果能夠恢復封立六國的後裔，使他們都接受您的印信，這樣各國的君臣百姓必定都會感戴漢王您的恩德，欽慕您的德行道義，願意成為您的臣民。到了那個時候再稱霸，楚國也無可奈何，還得來朝拜呢！」

　　病急亂投醫，火燒火燎的劉邦聽完酈食其的提議，貌似很有道理，一拍腦門說，就按先生你說的去辦，趕緊去刻六國的君印！

　　酈食其回去後就籌備此事，正巧這時張良出差剛回來，向劉邦彙報工作。劉邦正在吃飯，對張良道：「子房，有個人為我出了一條挫敗楚國的計策。」然後把酈食其的建議全都告訴了張良，說完後問道：「子房你看怎麼樣？」

　　孰料張良聽完，卻是眉頭緊蹙，一臉嚴肅地問道：「誰為漢王出的這個主意？要是真這麼做，漢王的功業就完蛋了！」

　　劉邦嚇得一哆嗦，連忙問道：「子房為何這麼說？」

　　張良也不客氣，拿過劉邦手裡的筷子，一口氣講了八個不可。

　　當初商湯滅夏桀，之所以分封其後人於杞地，是因為他們掌握著敵

方的生死大權，眼下大王能夠決定項羽的生死嗎？此其不可一也。

武王伐紂，之所以封其後人於宋地，是能取商紂王的首級，眼下大王能得項羽的人頭嗎？此其不可二也。

周武王進入商朝的都城殷都之後，把箕子從監獄裡釋放出來，為比干營造高大的墳墓；眼下大王能封聖人之墓嗎？此其不可三也。

周武王能把巨橋糧倉的糧食分發給百姓，把鹿台府庫裡的金錢分發給百姓，使貧苦百姓得到賑濟，眼下大王能拿出錢糧救濟貧苦百姓嗎？此其不可四也。

殷商滅亡之後，周武王廢戰車為乘車，毀干戈為鋤犁，以此來表示再也不打仗了。眼下大王能刀槍入庫，不再用兵嗎？此其不可五也。

周武王把戰馬全都放養在華山的南面，以此來表示再也不東征西討了，眼下大王能停戰嗎？此其不可六也。

周武王在種滿桃林的山丘上放牛，以此來表示再也不用牠們來輸送糧草輜重了，眼下大王能放牛停運嗎？此其不可七也。

更何況，那些漫遊天下的豪傑之士，他們之所以拋棄親人、遠離故鄉，心甘情願追隨大王南征北戰，無非是希望有朝一日能接受大王的分封、賞賜。如果您恢復了六國後裔的王位，那麼這些人就要返回故鄉，各歸其主，這樣一來您還能期望誰來幫助您奪取天下呢？此其不可八也。

這一連串的「八不可」，句句點到了劉邦當時的處境，打醒了不自量力的劉邦，同時也重重打了異想天開的酈食其那個老小子一巴掌。劉邦聽得目瞪口呆，嚇出了一身冷汗。

如果我們把張良的上述論點總結一下，那就是，在項羽強、劉邦弱的形勢下，分封六國後人，只會有一個惡果——被分封的六國後人隨時會投靠項羽。

第十二章　生死突圍

　　天資過人的劉邦馬上明白了其中的利害，一口噴出嘴裡的飯，大罵酈食其：「這個臭書生，專出餿主意，幾乎壞了老子的大事！」立刻下令取消酈食其的任務，並令其銷毀已刻好的君印，分封提議就此廢止。

　　關鍵時刻，張良制止了劉邦實行一項錯誤政策，避免了劉邦的戰略失誤。

　　分封的不利後果似乎是顯而易見的，既然如此，為何身為頂級外交家的酈食其還要提出這個建議？

　　很簡單，因為酈食其的身分決定了他必然會支持分封這種模式。

　　酈食其是外交家，也是縱橫家。只有選擇分封制，他們才能繼續遊走在列國，來去自如；如果天下一統，他們就沒市場了，也就沒有了用武之地。

　　然而，從上述這番對話中，我們也許還會有一個疑問：張良，這位曾經強烈堅持恢復六國的貴族公子，為什麼在劉邦意圖恢復六國的時候要堅決反對呢？他的反對意見確實對漢王劉邦的事業有利，然而恢復六國不是他堅決反秦的初衷嗎？

　　真正的緣由是，這麼多年的觀察和體會，尤其是項羽分封的一系列後果，讓張良意識到六國的湮滅是註定無法恢復的，分封必然會再次引起天下紛亂。經歷了長達五百多年的社會大分裂，直到秦朝建立，社會人心才穩定下來，沒有人願意看到天下再次分裂。換句話說，張良雖然渴望恢復韓國，但他也知道，只有統一才能帶來和平與穩定。他的格局註定了他看得比酈食其更遠，更能明白天下人心。

　　我們常說，格局決定高度，可見，一個人的思考格局有多重要。看一個人，首先要看他的思考格局。曾國藩也說：「謀大事者，首重格局。」

酈食其與張良，一個是縱橫家，一個卻是帝王師。縱橫家格局不大，只能從自己的角度出發，選擇對自己最有利的一面；而帝王師的格局顯然更大，站得更高，看得更遠，知道只有集權才是對劉邦最有利的。

　　格局不同，看到的東西自然也不同，人與人之間的差距就顯現在此處。

信任毀了，人心就沒了

　　隨著楚漢之爭的延續，劉邦的境遇越發窘迫，漢軍斷糧的問題依然沒有從根本解決。無奈之下，劉邦只得派出使者，要求與項羽議和，滎陽以東為楚，滎陽以西為漢。

　　漢使言辭懇切，加之項伯在旁幫襯，項羽也有點猶豫了：西楚連年征戰，百姓疲弊，將士思歸，不如就依他講和，且得休養生息，將來再做籌劃？

　　然而，謀士范增卻堅決反對：「眼下劉邦雖然陷入了困境，但他還有大片的河山在手，還有韓信的十幾萬兵馬可搏，他怎麼可能輕易言和，此不過緩兵之計。眼下劉邦正缺糧，這是解決他的最好時機！大王當急攻滎陽，切不可聽信其一面之詞！」

　　項羽卻道：「亞父此言差矣！今天下紛亂，人心思定，漢王若真有心言和，我又何必苦苦相逼？不如暫且與他議和，以觀後事！」

　　范增怒急攻心，拍著桌子對項羽大吼：「天予不取，必受其咎，今日若養虎為患，君王後必悔之！」

　　在范增的竭力勸說下，項羽只得再次增兵圍攻滎陽。此時此刻，滎陽城就像一個大鐵鍋，而劉邦本人就是被架在鐵鍋上待煎的生牛肉。

第十二章　生死突圍

眼看著城中糧食越來越少，士兵厭戰的情緒越來越嚴重，劉邦終於切身體會到什麼叫煎熬，這才是真真正正的煎熬。

就在劉邦快堅持不住的時候，一個人的出現，給他帶來了轉機。

這個人叫陳平。

關於陳平，我們之前講到過，如果說張良擅長陽謀，那麼陳平就是玩陰謀的行家。

這一天，陳平找到劉邦，給他出了個主意：「項羽身邊忠誠可靠的臣子只有范增、鍾離昧、龍且幾個人，他的猜忌心一向很重，漢王如果願意拿出重金厚禮離間他們君臣關係，必然能讓楚軍內亂。我軍伺機全力進攻，必定可以大破楚軍！」

劉邦一聽，有道理，問陳平：「你需要多少錢？」

陳平道：「我只需三萬斤金（黃銅），定能促成此事！」

劉邦索性一揮手，「給你四萬斤金，你隨便花，只要你能辦成此事，花多花少我一概不問！」

在陳平的策劃下，楚軍內部開始流傳一個謠言：鍾離昧這些人立下那麼多戰功，卻沒有被封王，心中對項王早有怨恨，聽聞他最近正在跟劉邦祕密接觸，想聯手劉邦滅了項羽，再瓜分項羽的地盤稱王。

鍾離昧聽到謠言後，嚴厲呵止，並對眾將士說道：「我鍾離昧追隨項王出生入死多年，對項王忠心不二，是誰在外面亂嚼舌頭？」

鍾離昧心中無愧，對這些謠言充耳不聞，但耳根子軟的項羽卻聽進去了，他開始懷疑鍾離昧等人的忠誠。

但問題在於，眼下棘手的不是鍾離昧，而是項羽手下的謀士范增。這老頭子一口咬定，眼下漢軍內外交困，正是消滅他們的最佳時機，千萬不可錯過！

陳平不得不再次正視這個難纏的對手，你不是挺能生事的嗎？看我下一個就滅了你！

在陳平的授意下，漢軍不斷派出使者前往楚軍大營，協商談判議和之事。

這一天，漢軍大營也迎來了項羽的使者。

楚使一入漢營，立即受到非常熱情的歡迎和款待。

為了演好這齣戲，陳平讓劉邦特意擺了一桌豐盛的酒宴，還準備了華麗至極的歌舞表演，氣派非凡。

楚使受寵若驚，不禁感嘆：「雖然霸王的威名赫赫，漢王也太客氣了些，在下受之有愧……」

正當西楚使者準備大吃一頓時，陳平卻表情怪異地進來，下令把大餐全部撤走。「不好意思搞錯了，我還以為是亞父的人，原來是項王派來的使者……」

楚使正在疑惑，然而當他看到新端上來的飯菜只是一桌發餿的食物時，終於怒了：「有這麼接待貴賓的嗎？你們這簡直是在餵狗！」丟下碗筷，拂袖而去。

陳平望著楚使離去的背影，笑了。

回到楚營，楚使將如上情形添油加醋地向項羽彙報。本來就對亞父心存芥蒂的項羽聽了讒言，一個奇怪的問題突然在腦袋裡跳了出來：范增之前為什麼執意要我速擊劉邦，難道范增真的是別有用心？

這一天，范增又來催促項羽繼續圍攻滎陽，但項羽卻認定范增與劉邦勾結，反倒質問范增到底有何居心。惱怒的范增氣急敗壞道：「天下大局已定，大王好自為之吧，我老朽不忍心看你身敗名裂，就讓我葉落歸根吧！」

第十二章　生死突圍

對於范增的離去，項羽沒有做太多的挽留。初出茅廬的青年，往往都不耐煩老父親的絮叨。年少就名滿天下的西楚霸王，或許已厭倦亞父的嘮叨，更不滿於他老人家的說教訓斥。

荒涼的古道上，范增一個人孤零零地駕著馬車，默默前行。

人生七十古來稀，幾十年雨雪風霜，他到底收穫了什麼？他不過像一隻老鳥一樣，在這混沌的天空上轉了一圈，如今又不得不沿著老路重新回到他的老巢。

范增前往的方向是彭城，行至半路時，急火攻心，背上長出一顆毒瘡。

但他仍然背負沉重孤獨前行，他一路孤獨地停，孤獨地走，沒有旅伴，沒有慰問，空氣裡彌漫的彷彿全是陰謀者的詭笑和愚蠢者的悲劇。

幾天後，范增惡瘡發作，死在了半路上。

為什麼陳平這看似簡單拙劣的反間計，項羽偏偏就是識不破，還要主動跳進去？

其實，拋開項羽多疑的性格，他與范增的關係不睦，兩人之間早有分歧。正如蘇軾在《范增論》中所言：「物必先腐也，而後蟲生之；人必先疑也，而後讒入之。陳平雖智，安能間無疑之主哉？」

戰略比戰術更重要

范增雖然被氣走了，但楚軍依然將滎陽圍得如同鐵桶一般，漢軍無法保障糧草，將士們士氣低下、疲憊不堪，戰鬥力直線下降。這一次，劉邦註定在劫難逃！

滎陽城隨時有被楚軍攻破的危險，在這危急時刻，一個名叫紀信的

部下主動求見劉邦，對他說道：「我的相貌很像大王，我願意假扮成大王從東門向敵人投降，大王您帶領人馬從西門突圍出去。」

當天夜裡，滎陽城的東門忽然打開，兩千餘名披盔戴甲的士兵迅速出城。圍攻的楚軍一看，立即朝東門方向聚集，將出城的漢軍圍困。包圍過來的楚軍走近了才發現，原來這只是一群婦女假扮的士兵。這時，一輛黃屋車緩緩駛出，就著火把的光亮，楚軍認出車上坐的正是劉邦！

楚軍見劉邦投降，興奮莫名，將劉邦押送到項羽的大帳內。項羽聽聞劉邦被活捉了，喜不自勝。然而，當他看到眼前被五花大綁的「漢王」時，臉色立時就變了！

此人不是劉邦！

眼前這人，雖然身材和面貌和劉邦相似，但卻騙不過項羽！

你不是劉邦！

我確實不是漢王，我是紀信。

劉邦何在？

紀信慘澹地笑了笑，我家主公已經平安出城了，要抓就抓我吧！

項羽氣急敗壞道，劉邦必定是從西門出的城，趕緊去追！

項羽沒有猜錯，真正的劉邦帶領自己身邊僅有的幾十人馬成功從西門逃離，消失在了茫茫夜色中。楚軍無功而返，惱羞成怒的項羽下令將假扮劉邦的紀信處以火刑。

這是劉邦第三次從項羽手上逃離，且一次比一次狼狽。

逃出滎陽城的劉邦不甘心，準備重整旗鼓，帶著關中士卒再打回滎陽去。謀士袁生卻建議劉邦改變進軍方向，讓滎陽、成皋的軍民喘口氣。畢竟，滎陽將是楚漢未來爭天下的焦點。

第十二章　生死突圍

袁生認為，劉邦不妨率軍南出武關，在南陽郡治所宛城駐紮，深溝高壘，吸引項羽南下，為滎陽、成皋的漢軍爭取喘息之機。與此同時，讓韓信以趙地為中心，聯合燕、齊包圍楚軍。這樣一來，楚軍要同時防備劉邦和韓信兩路夾擊，必將疲於應對。

劉邦依計行事，改道武關，出兵南陽。項羽果然率兵南下，劉邦卻堅守不戰，將項羽牢牢拖住。

與此同時，彭越帶兵打起了游擊戰，襲擊西楚後方糧道。

糧道被阻斷，對楚軍可謂是滅頂之災。要知道，在古代冷兵器戰爭中，糧食補給一直都是左右戰局的關鍵要素。三國時曹操就是透過切斷對手袁紹的糧道，才最終贏下了官渡之戰。所以，高明的將領都十分重視糧食供應。

項羽軍隊戰鬥力雖然強勁，但由於糧草供應短缺，只得派出項聲、薛公兩個人率兵前去救援。然而，這兩人豈是彭越的對手？一場仗打下來，楚軍被打得丟盔棄甲，四散而逃。

沒辦法，項羽只得親自率大軍東進收拾彭越。臨行前，他將成皋交給了終公，反覆告誡他：在自己回來之前，千萬不可受城外漢軍的蠱惑，主動出擊！

然而，這位終公沒能將項羽的話聽進去，就在項羽前腳離開後，漢軍後腳迅速圍攏上來，挑釁楚軍。氣憤不過的終公率軍出戰，結果中了漢軍的埋伏，全軍覆沒，成皋重新回到了漢軍的手上。

另一頭，彭越見項羽親自前來，知道自己不是對手，充分發揮「敵進我退，敵駐我擾，敵疲我打，敵退我追」的游擊戰術，索性跟項羽兜起了圈子，就是不跟強悍的楚軍正面硬碰硬。項羽雖然勇猛無敵，但面對這樣一條滑不溜丟的泥鰍，有力無處使，也是無可奈何。

彭越閃了，劉邦重新奪回了成皋，項羽只得帶著疲憊不堪的將士們返回滎陽。面對強大的楚軍，劉邦再一次選擇了出逃，臨走前，他指派了御史大夫周苛、樅公、魏豹三人鎮守滎陽。

面對天生神勇的楚霸王，這三人哪裡是對手？楚軍還沒到跟前，三人先內亂了。這天，周苛跟樅公商量道，這個魏豹一會兒投靠項羽，一會兒投靠主公，反覆無常，不值得信任，不如我們攜手將他除掉？

周苛的話說到了樅公的心坎裡，他當即贊成，而且說倘若漢王追責，他願意共同承擔。於是，在二人的設計下，魏豹被送去見了閻王。

滎陽城很快陷落，周苛、樅公二人被活捉。項羽見周苛人才難得，便許以上將軍、封邑三萬戶招降他，卻被周苛一口回絕：「你若不降漢，必被俘虜，你不是漢王的對手！」

項羽暴怒，一鍋沸水將周苛活活烹死了。隨後，又勸降樅公，照樣不從，被推出斬首。

曠日持久的對峙中，滎陽、成皋飽受兵戈之苦，楚漢雙方都向這裡投入了大量兵力和物力。在面對不可一世的項羽時，劉邦雖然屢戰屢敗，卻能很快東山再起，捲土重來。反觀項羽，被劉邦一路牽著鼻子走，雖然每戰必勝，但他卻像一個救火隊員，四處征戰依然改變不了大局，楚軍被困之勢初見端倪。

為什麼會這樣？

如果將項羽和劉邦單獨做個比較，不難發現，項羽不是輸在了正面戰場上，而是輸在了後勤補給上。

項羽的糧草補給地在他的根據地彭城，距離前線滎陽四百多公里，對於秦末時期的物流水準來說，這是一個相當艱巨的任務。

再看劉邦這方，雖然屢戰屢敗，但別忘了，坐鎮漢軍大後方的可是

第十二章　生死突圍

蕭何，有他在，關中人力物力可以源源不斷地送往滎陽前線，協助劉邦迅速投入戰鬥。

更何況，彭越又在北方大打游擊戰，時不時地切斷項羽的補給線，項羽不得不兩頭跑，先擊退彭越再重回滎陽與劉邦對峙，疲於奔命。

說到底，戰爭比試的不僅僅是將領的英明指揮和士兵的奮勇作戰，也考驗著雙方的後勤補給能力。項羽在戰術上的勤奮，無法彌補他在戰略上的惰性。面對西部劉邦和北方韓信逐漸形成的包圍之勢，項羽雖然也察覺到了危險逼近，但他對局勢缺乏統籌規劃，沒有目標，沒有方向，贏了戰術，卻輸了戰略。

快速掌握主動權

從成皋逃出來後，劉邦帶著他的保鏢兼司機夏侯嬰，將落腳處選在了修武（今河南修武縣）。

為什麼要去修武？因為那裡有兩位重量級人物：大將軍韓信和名士張耳。

在拿下趙國後，韓信聽取了李左車的建議，一方面採取休養生息的政策，把大軍駐紮在修武和齊地遙望，做出隨時進攻的態勢；另一方面採取恐嚇威逼的方式，引導各種輿論對齊地施壓，力爭達到不戰而屈人之兵的目的。

韓信在北方打得順風順水，難為了身在滎陽前線的劉邦，面對強大的楚霸王，劉邦在陳平的謀劃下又是使緩兵之計，又是使離間之計，結果還是沒能擋住項羽所向披靡的兵鋒，被打得頭都抬不起來。從成皋逃出來後，劉邦又變成「光桿司令」了。

要想東山再起，手上必須有一支軍隊，可是劉邦手上的漢軍都快被

快速掌握主動權

打光了,哪裡還有可以調動的部隊?

有,韓信的部隊在北方不是打得挺順手的嗎?他的部隊不就是漢軍嗎?

問題在於,面對劉邦無節制的借兵要求,韓信會心甘情願將好不容易訓練好的部隊拱手讓給劉邦嗎?

雖然韓信名義上歸劉邦指揮,但今日的韓信已今非昔比,他現在可是一支龐大軍隊的主人了。隨著他在北方戰場上的節節勝利,風頭甚至蓋過了滎陽前線苦苦支撐的劉邦,幾乎可以與劉邦平起平坐了。誰能保證此刻的韓信還能對劉邦忠心不二?

如果你問劉邦,他會告訴你:不管你信不信,反正我不信。

更何況,孤身一人入萬軍之中奪人兵權,稍有不慎就會有性命之憂,劉邦冒不起這個險。

其實,劉邦對韓信一直就沒有完全信任過。韓信每打贏一次仗,劉邦就對他多一層提防和懷疑。要壓制韓信,唯一的辦法就是奪取他的兵權,在他羽翼豐滿前將他打回原形,讓他重新開始。

如何才能奪回韓信手上的兵權?一路上,劉邦一直在苦苦思索這個難題。

這一日,劉邦帶著夏侯嬰到達修武。天色已晚,兩人沒有直接去找韓信,而是在當地找了一家簡陋的旅館住了一晚。

委身於異地的小旅館,劉邦自然是一夜無眠。眼看著東方露出了魚肚白,劉邦的眉頭漸漸舒展開,心中已有了初步的計畫。

一早,劉邦便帶著夏侯嬰前往韓信的大營,卻在大門口被士兵攔了下來。

「什麼人?」

249

第十二章　生死突圍

「我乃漢王派來的特使，有機密之事要面見韓信。」說著話，劉邦從懷中摸出來一枚印符。

士兵仔細看了看，一揮手，放行。

進入韓信的軍營後，劉邦熟門熟路，到了韓信日常辦公的地方，在對守衛亮出自己的身分後，收繳了韓信的兵符。

破曉時分，韓信手下的將領們接到了一條緊急集合的命令，大家都以為有緊急軍情，急急忙忙穿好衣服就往議事廳趕。到了才發現，廳內根本沒有韓信與張耳，而是手握虎符的漢王劉邦，以及手持符節的夏侯嬰。

面對眾人眼中的狐疑之色，劉邦嘉勉了大家一番，然後發布了新的人事任免命令，調換諸將職守，瞬間便完成了對這支軍隊的大洗牌。

為什麼要重新洗牌？很簡單，這些將領大多都是韓信自行任命的，他們只聽命於韓信一人。只有打破這種人事安排，由自己給他們重新授予官職，才能讓他們效忠自己，對自己感恩戴德。換句話說，這是快速掌握主動權最有效的方式。

俗話說，將在外君命有所不受，但現在君在內，且有兵符在手，再驕橫的將軍也得俯首聽令。

劉邦此舉不僅僅是因為猜忌心理作祟，也是維護政治地位的需求，即爭奪對軍隊的控制權，進而掌握主動權。

這一輪人事任免過程出奇地順利，那麼此時的韓信在做什麼？

答案是，他還在睡覺。

當劉邦完成新一輪的人事任免後，後知後覺的韓信和張耳才穿好衣服，慌慌張張跑到議事廳內，口中連聲道：「不知漢王遠道而來，有失遠迎，罪該萬死！」

快速掌握主動權

劉邦大馬金刀地坐在案後，玩弄著虎符，裝模作樣地長嘆一聲，道：「我帶著幾個人就闖進了中軍大帳內，日上三竿，將軍尚睡未起，印已取過，左右亦無人報知。如果真有刺客詐稱漢使而入營，取將軍之首就如同探囊取物！將軍坐鎮一軍，怎能如此疏漏？」

韓信與張耳又驚又懼，聽到劉邦挑出不少毛病，後背直冒冷汗。劉邦滿臉欣慰地看著韓信、張耳二人，終於長長舒出一口氣。

「起來吧！楚軍甚是強悍，修武之軍要隨我到前線，你沒意見吧？」

就在兩人還沒回過神兒的時候，劉邦又發布了新的任務：任命張耳鎮守趙地，韓信為相國，率領未被抽調的部隊攻打齊國。

此言一出，韓信頓時愣住了，有沒有搞錯啊，你把我好不容易訓練出來的士兵全都調走，還要我帶剩下的老弱病殘出兵齊國，這也太強人所難了吧？要知道，齊地方千里，有城池七十餘座，帶甲三十餘萬，實力不容小覷。當年項羽親自出馬，轉戰千里，都遲遲未能平定齊國。你現在把我的兵都調走了，還要我攻下齊國，這不是把我往火坑裡推嘛！

面對韓信不解的眼神，劉邦只是拍了拍他的肩膀，勉勵他：「我相信韓大將軍的能力，不要讓我失望哦！」

劉邦心裡很清楚，要想鉗制勢力不斷膨脹的韓信，掌握正面戰場的控制權，最有效、最直接的方法就是借正面戰場需要補充兵員這一藉口，抽調韓信軍中精銳，壯大正面戰場漢軍的實力。

韓信心裡很不是滋味，但他還是忍了。

望著大隊人馬遠去的背影，韓信看著周圍剩下的士兵，深吸一口氣，眼中重新燃起鬥志和希望。一切都為了大局，自己以前不就這樣被抽調過兵力嗎？還不是挺過來了？想到這裡，韓信一揚鞭，往北方趙國疾馳而去，他要在那裡重新打造一支軍隊，再創一次讓天下驚嘆的傳奇！

第十二章　生死突圍

小不忍則亂大謀

　　酒足飯飽之後，劉邦帶著韓信軍中的精銳，匆匆踏上了南下的征程。

　　已是九月，涼風驟起，潦水盡而寒潭清，煙光凝而暮山紫。雁陣驚寒，聲斷征夫之魂，鼓角唱晚，響徹黃河之濱。望著天空掠過的南歸大雁，一股強烈的思鄉之情湧上了劉邦的心頭，他已經五十多歲了，放在普通人身上，早該在家含飴弄孫、頤養天年了，可劉邦沒有這份興致，他還要繼續為了自己的理想而奮鬥。

　　手上有了兵，劉邦的底氣也充足許多，他想南下渡過黃河，回到滎陽、成皋一帶與項羽繼續比腕力。

　　關鍵時刻，又有一個人站了出來表示反對。

　　誰？謀士鄭忠。

　　他攔住劉邦的車駕，對他說道：「漢王可是想渡河與項羽開戰？」

　　劉邦點了點頭。

　　鄭忠一拱手：「我以為，漢王此舉不妥。」

　　劉邦來了興趣：「有何不妥？說來聽聽。」

　　「漢王雖然新收了韓信的士兵，但項羽的楚軍南征北戰多年，經驗豐富，實力不可小覷。成皋、滎陽這兩座城池易守難攻，楚軍長年累月地發動猛攻，損兵折將無數，好不容易才從我們手中奪走。如果我們用這些新收編的將士發動反攻，屯兵於堅城之下，難保不會重蹈楚軍的覆轍。更何況，項羽神勇無敵，天下幾無對手，漢王若是與他硬碰硬，恐怕占不到什麼便宜。」

　　經鄭忠這麼一提醒，剛剛還意氣風發的劉邦馬上冷靜下來，問道：

「先生所言確有道理，那我該如何應對呢？」

鄭忠道：「楚軍鋒芒太盛，漢王應該繼續高築壁壘，深挖戰壕，不要輕易和楚軍交戰。同時，選派少量精兵渡過黃河，援助彭越，繼續騷擾項羽的後方補給線。待到項羽回兵時，漢王再以逸待勞，必能挫傷楚軍！」

有道理！劉邦眼前一亮，接受了謀士鄭忠的提議，派盧綰、劉賈二人率領兩萬步兵、數百騎兵，從修武下游的白馬津渡過黃河，與彭越呼應配合，展開了大規模的游擊戰和突擊戰，燒毀了楚軍軍糧，還接連攻克了外黃、睢陽等十幾座城池，切斷了成皋的楚軍與彭城的連繫。

剛剛攻克成皋不久的項羽，又面臨後方糧道被阻的不利局面，這對身處前線的項羽可謂是重大打擊。

為了打通糧道，項羽安排了大司馬曹咎駐守廣武，自己親自領兵回去收拾彭越。

曹咎原本是秦國蘄縣的一名獄掾，一次，項梁犯法被關到監獄裡，是曹咎給櫟陽獄吏司馬欣寫了一封信，救了項梁一命。所以說，曹咎是項氏叔姪的救命恩人，此後一路官運亨通，官拜大司馬。

項羽似乎很了解曹咎其人的真實水準，可眼下，他實在找不出其他人代他守城了。

臨走前，項羽還不忘對曹咎千叮嚀萬囑咐：「任憑城外如何叫陣辱罵，你只需堅守十五日，千萬不可出城迎戰，我十五天即可平定彭越，到時再來與你會合。」

問題在於，曹咎能做到嗎？

世間無限丹青手，一片傷心畫不成。項羽在夕陽中感慨完「早歲那知世事艱」的憂傷，調轉烏騅馬，帶著精兵匆匆踏上了征程。

得知項羽大軍離開廣武，劉邦立即派一小撮人到楚軍陣前尋釁滋

第十二章　生死突圍

事，怎麼難聽怎麼來，目的只有一個：逼你出兵！

項羽的叮囑猶在耳前，城內的曹咎會上當嗎？

議事廳內，眾多將領分列兩旁，曹咎坐在上位。聽著外面的辱罵聲，眾將領紛紛請戰：將軍，他們都問候您祖宗十八代了，這事您能忍，我們可忍不了！

曹咎面色很難看，仍是默然不語，他知道這是劉邦設計的激將法，堅決不能上當！

曹咎的境遇，跟面對諸葛亮時的司馬懿頗有相似之處。

《三國演義》中有個故事，諸葛亮想用激將法激怒司馬懿，讓他出來跟自己決戰，於是想了一個非常有趣的羞辱方法，他送了司馬懿一套女人的衣服，還寫了一封非常具有挑釁性的信，裡面說：「仲達既為大將，統領中原之眾，不思披堅執銳，以決雌雄，乃甘窟守土巢，謹避刀箭，與婦人又何異哉？」

面對這種羞辱，滿營眾將怒髮衝冠，恨不得出去跟蜀軍決一死戰。司馬懿也表現得很憤怒，連劍都拔出來了，表示自己要和諸葛亮決一死戰，但是話說是這麼說，司馬懿最終還是沒有出戰。

他明白諸葛亮的打算，也知道按兵不動才是唯一的對策。棋子懸而不落，軍隊守而不出，耗的是蜀軍的心神。

小不忍則亂大謀，正面對抗就是中了圈套，忍辱負重才有勝利的希望。

回到曹咎身上，面對城外難聽的叫罵聲，他雖然時刻牢記著項羽的囑咐，可是他控制不了手下的將領們。要知道，這些將領追隨項羽征戰沙場多年，每戰必勝，早就養成了一股驕橫之氣，各個一副老子天下第二（第一是項羽）的樣子。

看著紛紛請戰的將領們，曹咎無力阻攔，只能被迫出城迎戰。

漢軍人少，一觸即潰，楚軍乘勝一路追擊，從成皋城下追到汜水岸邊，然後渡河繼續追擊。正當前鋒部隊渡河渡到一半時，前方突然出現了無數漢軍士兵。曹咎大叫一聲：「中計！快撤！」然而已經來不及了。岸上早已埋伏好的漢軍萬箭齊發，一時間矢如雨下，在汜水中的楚軍士兵衝又衝不上去，退又退不回來，只能做了漢軍弓箭手的活靶子。

望著蜂擁而來的漢軍，曹咎知道這次無論如何都脫不了身了，將手中的劍一橫，選擇了自刎。

曹咎死後，漢軍順利進入了廣武城，收繳了楚軍囤積在此的大批軍需。

人心不是靠武力征服，而是靠寬容征服

劉邦避實擊虛的戰略很快就取得了成效，他與彭越的配合可謂完美。當項羽在廣武與漢軍對峙時，劉邦避而不戰，卻派出了援兵支援彭越，襲擾楚軍的糧道。

當項羽一離開廣武，劉邦迅速冒了出來，趁機拿下了廣武，重新找回了戰場上的主動權。

而此時，項羽正帶著西楚大軍，日夜不停地趕往梁地。他本以為，大軍一到，梁地必定可以傳檄而定，沒想到梁地的百姓卻主動支持彭越，不遺餘力地協助漢軍守城。這一戰，楚軍打得很艱難，每攻下一城，都要付出極大的代價。

時間已經超出了自己的預期，項羽卻依然沒有平定梁地，這讓他很是惱火。從底下人的彙報中得知，自己離開廣武後，劉邦的漢軍已經南下，直奔成皋而來，大司馬曹咎現在很危險。

第十二章　生死突圍

必須儘快平定梁地，否則一旦成皋失守，楚軍將面臨兩面夾擊的被動局面，到那時可就危險了。

項羽下令：「全軍日夜不停攻城，務必在三日之內攻下外黃！」

然而，面對楚軍如潮水般的攻擊，外黃城依然不肯投降，彭越將城內的男女老少全數趕上城樓，死守城牆。

項羽怒不可遏，這些百姓竟敢抗拒楚軍，城破之日，我必屠此城！

再看城內，彭越雖然頂住了楚軍一輪又一輪的攻擊，但城內的糧草輜重也已消耗殆盡，兵少將疲，隨時都有可能被楚軍攻破。

好在彭越早有準備，他此輪迎戰項羽，就是為了配合劉邦南下，眼下自己已經在梁地拖住了項羽十餘日，目的既然已經達到，自己也該撤了。再守下去，恐怕自己真的走不了了。

一個月黑風高的夜晚，彭越帶著自己的隊伍悄悄從北門出了城，避開了楚軍的哨兵，逃離了外黃縣城。

次日一早，得知彭越已經逃跑的外黃縣百姓只好打開城門，宣布投降。

項羽帶著大軍入城，立即宣布了一項命令：外黃縣城中所有十五歲以上的男子集中到城東，全部坑殺！

殺！似乎是項羽一生唯一的生活方式。在那個弱肉強食的時代裡，殘暴是滿足凶殘者最大的娛樂，沒有比殺戮更讓人痛快，更能刺激人的感官功能！

此令一出，全城慟哭，抵抗是死，投降了也是死，外黃滿城當即響起了一片末日來臨時的號哭，百姓們紛紛拉住楚軍的衣袖，請他們向項羽求情。然而，楚軍的態度卻很傲慢：「哭，哭有什麼用？誰叫你們當初不肯投降的？早知如此，當初何苦要幫助彭越守城？」

> 人心不是靠武力征服，而是靠寬容征服

就在全城百姓彷徨無助的時候，一個人站了出來，對項羽說「不！」

準確地說，是一個孩子，因為他只有十三歲，他提出要面見項羽，為全城百姓的生死存亡請命。

看著這個弱不禁風卻神色如常的少年，項羽微微一愣，哪裡來的小屁孩，竟敢來跟我講道理？

少年昂然道：「我不是什麼小屁孩，我是外黃縣令的兒子，有話想要對項王您說。」

項羽仰起頭，道：「好一個大言不慚的少年，有什麼話你就說吧，我洗耳恭聽！」

少年道：「彭越劫持了外黃百姓，百姓只能被逼著抵抗。如今彭越已逃，百姓們開城投降，是為了等著項王您來拯救他們。如今項王您來了，卻把怒火全發到百姓身上，要坑殺全城百姓，豈不令全城百姓寒心？對項王您而言，屠一座小小的外黃縣城輕而易舉，但梁地的其他十幾座城池，恐怕沒有哪個會向您投降了，還望項王三思而行！」

說完，少年抬頭看著高大魁梧的項羽，就像在看一座山。

有的時候，我們很容易被仇恨和憤怒沖昏頭腦，做出一系列過激的行為。項羽不是沒聽過大道理，自從范增離開後，已經很久沒有人跟自己講過這些了。而眼下，這樣的道理竟然是從一個十三歲的孩子嘴裡說出的，不得不讓項羽重新審視這個其貌不揚的少年。

孺子與英雄，在那一刻，他們是平等的。

項羽不得不感嘆，這位少年說的話不無道理，殺戮不能解決問題，也不是他的最終目的。他要的是威服天下之諸侯，讓天下人心都歸附自己，單純的殺戮只會讓百姓更加厭惡自己，反倒會激發他們的反抗之

心。人心不是靠武力征服，而是靠愛和寬容征服，既然如此，何不退一步，用寬容感化他們？

項羽當即承諾不殺，撤銷了屠城令，還承諾此後不再妄殺一個百姓。

外黃百姓又是一場號哭，這哭聲不是悲天搶地的哭聲，而是告別地獄的哭聲，是他們生命本能對死的恐懼及生的渴求的極致宣洩！

這之後，項羽繼續東進，梁地的百姓聽聞項羽撤銷了屠城令，爭相歸附項羽，所過之處，舉城投降。項羽沒費一兵一卒，就平定了梁地的叛亂，彭越沒了根據地，只好繼續到周邊打游擊戰。

第十三章　龍戰於野

酈食其：一人之辯強於百萬之師

在擊敗彭越後，項羽鬱悶地得知廣武已被漢軍攻破，曹咎、司馬欣、董翳兵敗自殺。

沒辦法，項羽只得再一次充當救火隊員，趕往廣武前線。

得知項羽親自領兵前來，廣武城內的漢軍可是嚇得不輕。項羽可不是曹咎，誰也沒有把握能打贏他。雙方在成皋一帶形成對峙局面，再次進入戰略相持階段。

楚漢爭鬥至今，劉邦深深陷入了正面戰場的泥淖，進退維谷的痛苦一日甚於一日。楚軍多次叫陣，漢軍每每都掛出免戰牌，就是不與楚軍接戰。

當兩股勢力相持不下時，要想破局，只能引入第三股勢力打破這種平衡。問題在於，誰是這第三股勢力？

韓信！

只有儘快拿下齊國，才能從北方完成對項羽的包圍，取得戰略優勢。

很顯然，劉邦身邊的頂級說客酈食其也發現了這一點。這一天，他找到劉邦，對他說道：

「兵久用則疲，將久守則懈，眼下楚漢雙方相持不下，我方士兵已經露出疲弊之相，不知大王心中可有破敵之策？」

劉邦心中暗罵一聲，老子要是有對策，還用得著跟項羽在這裡耗嗎？

第十三章　龍戰於野

酈食其接著說道：「方今燕國、趙國都已經平定，只有齊國還在死死抵抗。如今齊王田廣占據著幅員千里的齊國，齊將田間統領二十萬大軍，屯駐於歷城（今山東濟南）。田氏宗族力量強大，他們背靠大海，憑藉黃河、濟水的阻隔，南與楚國接壤，再加上齊國人狡詐多變、反覆無常。大王即使派遣幾十萬軍隊征討，也不可能在一年半載內攻破它。」

劉邦黯然一嘆，道：「先生所言，正是我所憂慮的。我已督促將軍韓信儘快攻破齊國，可眼下卻毫無進展，為之奈何？」

酈食其心中暗喜，道：「大王，我倒是有個辦法。」

劉邦見酈食其胸中已有成見，心中大喜，立刻一改前態，和顏悅色地躬身請教道：「先生既有良策，何不早說？」

酈食其侃侃而談：「大王不如派我去齊國，憑藉著我這三寸不爛之舌，必能說服齊王，讓他主動投降。到那時，大王就可以不費一兵一卒而拿下齊國了。」

劉邦狐疑道：「要想說服齊王，談何容易？先生有幾成把握？」

酈食其拍著胸脯，信誓旦旦地保證：「我都活了七十多歲了，什麼場面沒見過？大王就靜待佳音吧！」

劉邦深知酈食其在外交方面頗有經驗，二話不說立即派他出使齊國。

酈食其信心滿滿地出發了，看著他遠去的背影，劉邦心裡也在鼓噪：連項羽和韓信都擺平不的齊國，就憑這老傢伙，能說服齊王嗎？

此時，曾經與項羽鬥得你死我活的齊王田榮已經戰死，齊國的實際掌權者是田橫、田廣叔姪，田廣為國君，田橫為丞相。隨著楚漢之爭的白熱化，齊國沒有勇氣參與這場紛爭，只得選擇中立自保的政策。

軒敞闊氣的大殿內，齊王田廣熱情地接待了漢軍使者酈食其。酈食其開門見山地問：「大王知道天下將歸向何處嗎？」

齊王回答：「不知道。」

酈食其道：「大王若是知道天下的歸向，那麼就可以保全齊國；若是不知道天下歸向的話，那麼齊國恐怕就危險了。」

雖然知道酈食其是在賣關子，但還是勾起了齊王的興趣，問道：「先生看來，天下將歸向何處？」

酈食其答道：「歸漢。」

齊王又問：「先生為什麼這樣說？」

酈食其見時機成熟，首先列舉了劉邦的優勢：

「漢王和項王並力西進，攻打秦國，事先就在義帝面前約好了，先入關中者為王。漢王先入咸陽，但是項王卻背棄了盟約，將他發配到巴蜀之地，不讓他在關中稱王。項王擅殺義帝，漢王知道後悲憤交加，立刻發兵攻打三秦，出關中為義帝發喪。漢王召集天下軍隊，擁立六國諸侯的後代，攻下城池立刻就給有功的將領封侯，繳獲了財寶立刻分贈給士兵，和天下同得其利，所以那些英雄豪傑、才能超群之人都願意為他效勞。」

接著，酈食其一一列舉了項羽的幾大罪狀，醜化項羽：

「而項王呢？既有違背盟約的不義名聲，又有殺死義帝的不義行為；他對別人的功勞從來不記著，對別人的罪過卻又從來不忘掉；將士們打了勝仗得不到獎賞，攻下城池也得不到封爵；除了項氏家族的親戚，旁人很難能得到重用；手中的印信稜角都快磨光了，也不願意給別人；攻城得到財物，寧可堆積起來，也不肯賞賜給大家；所以天下人背叛他，才能超群的人怨恨他，沒有人願意為他效力，全都投歸了漢王。」

對於項羽在分封方面的吝嗇與失當，齊王田廣是知道的，當初項羽分封諸侯，將齊國劃分為三塊。從那時起，齊國便與項羽結下了仇恨。

在分析完劉邦與項羽二人的優勢和劣勢後，酈食其開始給齊王施壓了：

第十三章　龍戰於野

「漢王徵發蜀漢的軍隊，平定了三秦；東渡黃河，擊敗了魏豹，占了三十二座城池；又援引上黨的精兵，攻下了井陘，除掉了陳餘。這就如同戰神蚩尤的兵鋒一樣，並非人力所為，而是上天之助。現在漢王已經據敖倉，占成皋，天下諸侯若不趕快向他投降，被滅掉那是遲早的事。大王若是先向漢王稱臣，便可保全齊國社稷，否則，亡國之禍指日可待。」

史書記載，齊王田廣、齊相田橫聽了這話，心悅誠服，解除了齊國的緊急戰備，天天拉著酈食其喝酒，準備與漢軍聯合，共同對付項羽。

不動干戈，僅靠一張嘴就降服齊國，讓齊王對劉邦稱臣，酈食其真有這麼大的力量嗎？你會相信嗎？

我不信。

真正的原因是，此時韓信的軍隊在經過短暫的休整後，已進至平原縣（今山東平原南），準備渡黃河，與齊國一決勝負。齊國雖然有七十餘座城，對外號稱有二十萬精兵，但齊王田廣深知這些都是表象。事實上，齊國田氏與項羽的矛盾由來已久。

想當初在滅秦之戰中，項梁請田榮出兵救趙抗秦，田榮卻提出以殺田假為先決條件，否則拒絕出兵。項羽因為田榮當年不與項梁合作，又不參加鉅鹿之戰和諸侯聯軍入關，拒絕承認田榮反秦有功，未封田榮為王，並且將齊地劃分為三塊。項羽分封十八路諸侯王之後，田榮立刻起兵造反。

在與項羽軍團的一系列戰爭中，齊國損失慘重，元氣大傷。因此，在面對橫掃北方、風頭正旺的韓信大軍時，齊王實在沒有與之一戰的勇氣。

就在齊王糾結的時候，酈食其適時地出現了，他帶來了一個折中的方案：向漢王稱臣，握手言和。只要齊王願意，他願意居中說和，給齊王一個體面的收場。

換句話說，酈食其的出現，給了齊王一個臺階。

爭功的韓信

酈食其靠著一張嘴，成功說服了齊國歸順劉邦，順帶還留在了齊國混吃混喝。

韓信厲兵秣馬，在訓練好被劉邦挑剩下的士兵後，正準備向齊國進發，期望畢其功於一役。得知齊國已被酈食其說服的消息後，韓信先是有些不敢相信，待消息被證實後，他隨即命令大軍停止前進，就地紮營。

這天傍晚，韓信登上附近的一處山頭，望著東方蒼茫遼闊的齊魯大地，心中頗為不服：

「老子辛辛苦苦帶著弟兄們在戰場上浴血廝殺，天天把腦袋繫在褲腰帶上，好不容易才拿下了魏、代、趙、燕這四個國家，你酈食其，一個黃土都快埋到脖子根兒的老頭子，何德何能，靠著一張利嘴就能說服齊王，將功勞據為己有？憑什麼？」

不只是韓信，他身邊的將領們也各個義憤填膺，眼看煮熟的鴨子就這麼飛走了，大家胸中都憋著一口氣。

辯士善於察言觀色，揣度人心。韓信下令原地待命的一剎，蒯通從韓信的神色中就察覺到了猶豫狐疑，他知道，是時候主動出場了！

蒯通上前問道：「大將軍不欲立功於天下乎！為何罷平原之兵？」

「你不知道酈食其已經說服田橫了嗎？齊與漢和，我欲用兵於何處？」

蒯通說道：「酈食其不過是一個糟老頭子，靠著哄騙人的本事竟然降服了齊國，搶了大將軍您的功勞，不知大將軍您有何打算？」

韓信喟然一嘆，道：「酈食其是漢王派去的，如今大功告成，齊地被收服，我還能有什麼打算？」

第十三章　龍戰於野

蒯通搖了搖頭，道：「大將軍不必如此悲觀。您受漢王命令攻齊，雖然漢王派了使者前往齊國勸降，可到現在，您收到過停止進攻的命令嗎？沒有！酈食其不過是一介窮酸書生，憑三寸不爛之舌，就拿下齊國七十餘城，再看將軍您，這麼多年四處征戰，也不過才攻下五十餘城，難道還不如區區一個儒生嗎？且田橫歸漢，並非酈食其之功，而是畏懼大將軍威名。平齊之功，大將軍本當居其首，卻讓酈食其獨得。此後天下皆知高陽酒徒酈食其，又有誰知道淮陰韓信？」

與其說這是勸諫，不如說是變相羞辱。

韓信的面色有些苦澀，問蒯通：「先生的意思是？」

「繼續發兵，攻打齊國！」蒯通的話擲地有聲。

韓信有些遲疑，「這，如何向漢王交代？」

蒯通道：「不需交代！」

韓信越想越惱火，他不是貪功，在這次事件中，劉邦做得非常不厚道，他明明知道韓信正在厲兵秣馬攻伐齊國，卻連個招呼都不打，就讓酈食其出使齊國。酈食其顯然也考慮欠妥，從他與田橫的對話中，絕口不提韓信之功，已經說明了問題。換句話說，酈食其與劉邦對韓信欠缺一份尊重。

「出兵！」韓信思慮良久，從牙縫中擠出這兩個字。

十一月的長夜，似乎比任何時候還要寒冷。

歷下城西門的城頭，幾名巡夜的士卒冒著風雪，無精打采地來回走動著。就在幾天前，他們剛剛接到指令，齊國已與漢王劉邦締結了和平條約，解除了戰備狀態。因此，這一夜負責值守的每個人都心不在焉。

忽然，遠處傳來一陣隆隆的馬蹄聲，緊接著，城下的黑暗中響起了窸窸窣窣的聲音。守軍中有人聽到了這種奇怪的聲音，睜大眼睛探頭向

城下望去,他們驚奇地看到一片鋪天蓋地的黑影就像巨浪般向歷下城拍來!

守將想發出示警,可是已經晚了,幾支尖銳的弩箭嘶嘶尖嘯著射穿了他們的喉嚨。齊國將士們猝不及防,他們根本沒有任何心理準備,就被漢軍紛紛斬殺。經過一夜的廝殺,漢軍順利占領了歷下城。

與此同時,灌嬰率領的騎兵軍團、曹參指揮的步兵軍團也攻下了齊軍大營,二十萬齊軍全軍覆沒。

在拿下歷下城後,韓信帶領漢軍一路追擊,兵鋒直指臨淄(今山東淄博)。

得知漢軍突襲的消息,田廣暴怒欲狂,他認定漢軍此次進兵完全是一個陰謀,而那個口綻蓮花的酈食其是一個不折不扣的騙子,他出使齊國的目的就是為了讓自己放鬆警惕,便於漢軍突襲。

此時此刻,酈食其的心中也如同波濤翻湧,心中不停地罵道:小兒韓信,你這是要害死老夫啊!

酈食其被帶到了大殿之內,暴怒的齊王指著旁邊沸騰的油鍋,說道:「你能讓漢軍退兵,我就讓你活下來,否則就烹了你!」

看著暴怒的齊王,酈食其知道這次無論如何也逃不過這一劫了,韓信的漢軍豈會因保全自己而退?既然如此,何不再瘋狂一把?

酈食其看一眼滾燙的油鍋,深深吸口氣,抬起高傲的頭顱,昂然道:「成大事者不拘小節,品行高尚之人做事從不推託不前,你老子我不會遂你心意!」

「烹了他!」田廣歇斯底里地喊道。

在處死酈食其後,齊王帶著剩餘的兵力向高密逃竄,同時向項羽發出緊急求救信號。

第十三章　龍戰於野

千里之外的劉邦，在得知韓信破齊後，心中頗為複雜。他已經明顯感覺到韓信正在脫離自己的控制，都說團隊協調決定成敗，可眼下這樣一個團隊能完成滅楚的最終目標嗎？

獅子也會敗給狐狸

雨水洋洋灑灑地連飄了五天，太陽終於從陰霾的天際中探出頭，照著濕淋淋的大地。

項羽擰眉坐在中軍大帳中，他面前攤開著一卷書信，那是齊王田廣緊急送出的求救信。在信中，田廣歷數劉邦不守信用的罪狀，懇請項羽出兵援助，不然，待韓信統一了北方，楚軍也將面臨兩面夾擊的境地。

當年那個跟在自己身後，唯唯諾諾的懦夫居然能成為一軍主帥，世道多麼荒唐滑稽！難道真是自己當初看走了眼？想到這裡，項羽唯有一聲長嘆。

抬起頭，看著帳下分列左右的將士們，項羽開始部署下一步的計畫，他安排龍且和項他帶著二十萬楚軍迅速北上，與齊王田廣的殘部匯合，救援齊國。

而此時，韓信也沒有閒著，在攻占歷下城之後，他率領大軍星夜兼程奔襲臨淄，兵分三路橫蕩齊軍。落魄的齊王田廣只得帶著剩餘兵力逃亡。

得知項羽手下的頭號猛將龍且親自帶著二十萬大軍前來支援，田廣喜不自勝，親自到城外迎接，絕口不提過去的恩怨。

抵達高密的第二天，龍且帶著自己的部下到城外視察地形。眼前的這條河名為濰水，河道比較寬，高密城在河東，韓信的軍營在河西，站在河邊能夠清楚看到漢軍大營中高高飄揚的紅色大旗。

眼下正值冬季，濰水水位很低，只到膝蓋部分，徒步就可以走過去。

望著前方的漢軍大營，龍且陷入了沉思。

「諸位有何高見？」龍且問身邊眾人。

一個謀士站出來說道：「漢軍遠離國土作戰，鋒芒銳不可當。齊楚兩軍在本土作戰，容易逃散，我們不如深溝高壘，堅守不出，讓齊王派遣親信在淪陷區招撫舊部。淪陷區的士兵和百姓如果知道他們的國君還在，楚軍又來救援，一定會抵抗漢軍。屆時漢軍將落入四面皆敵的境地，我們則可以迫使漢軍不戰而降。」

不得不說這個建議和之前李左車建議嚴守不戰一樣，皆是高明之策。

然而，龍且聽完，卻搖了搖頭。他想起在出征前，項羽單獨召見他，給他面授機宜：此行阻止並擊敗韓信倒是其次，關鍵是要拿下齊國一半的土地為我所有！

如果只是堅守不戰，如何能夠將齊國據為己有？再看河對岸的漢軍大營，自從漢軍在此紮下營寨後，一連幾天都沒有動靜，也不見他下戰書，韓信到底在賣什麼關子？龍且皺眉苦思，半晌都沒有猜透韓信的意圖。

濰水西岸，漢軍大營，韓信坐在上席，看著沙盤陷入了沉思。

「大將軍，屬下已打探清楚，楚軍陣營中大將是項他，但軍中主事的是龍且。」一名斥候匆匆來報。

龍且？

韓信輕輕擦拭著手中的劍，他知道這個人，此人號稱項羽麾下的頭號猛將，戰功赫赫，不可小覷。想當初，英布被劉邦的使者策反，正是

第十三章 龍戰於野

龍且帶兵平叛，才逼得英布走小路投奔了劉邦。如果硬碰硬，憑自己手底下這點兵力，很難討到什麼便宜。

如何才能打敗龍且？韓信沉思良久，眼角的餘光不經意地落到了濰水河上，忽然有了主意。

就在龍且視察戰陣之時，韓信也沒閒著，他緊急召集諸將，將一部分兵力悄悄派往濰水上游，命他們準備一萬多個麻袋，在河邊挖出沙土，填滿麻袋，在濰水上游築起了一道臨時大壩，堵住了大部分河水。

幾天後，龍且的戰書送到了韓信的桌案前。

韓信看了一眼，對身邊的士兵吩咐了幾句，然後露出了一絲詭譎的笑容。

次日一早，當清晨的薄霧散去後，兩軍在濰水兩岸拉開了陣勢。漢軍前鋒渡過濰水，直奔齊楚聯軍的大營。龍且一揮手，數十萬士兵齊聲高呼，嗷嗷叫著衝向漢軍陣營。戰鼓轟轟作響，頓時間戰場上血霧彌漫，斷肢殘骸遍野。

龍且緊緊盯著前方，只聽漢軍鳴鼓撤退，紅色頭巾就像潮水般開始湧退，楚軍士氣正盛，乘勝追擊，一時間，漢軍敗退的隊伍被衝得七零八落，戰場上滾落了無數人頭，眼中布滿了驚恐和絕望。

當戰馬踏上濰水西岸的時候，漢軍陣腳開始後移，龍且越發堅信漢軍即將潰敗，心中再無疑慮，一拍馬，帶領一隊精兵衝了上去。

就在此時，漢軍陣營中傳出一陣尖銳的呼嘯聲，緊接著，一股足以開山裂石的滔天洪流挾著沙石枯木滾滾而下，河床當中一窩蜂似的楚軍來不及喊叫就被洪流淹沒了。

總攻的時機已經來臨！韓信一聲令下，郎中騎兵率先發起閃電一擊，圍剿被困在河岸邊的齊楚聯軍。聯軍被洪水淹死無數，指揮部又被

摘除，陣亡的陣亡，被俘的被俘，全軍覆沒。

這一戰，楚軍二十萬人敗亡，大將龍且戰死沙場，韓信徹底平定了齊地。

劉邦與項羽之爭，其實自始至終都是一場不對稱戰爭，尤其是在楚漢戰爭初期，項羽一方在軍事上占有絕對優勢。但經過數年對峙和攻防，雙方勢力出現了換位，原因是多方面的，但跟雙方所採用的戰術策略有很大關係。

以楚漢雙方主要戰將龍且和韓信為例，就能精確說明問題。龍且擁有驕人的戰績，就連九江王英布這樣的猛將，也敗在他的手下，其作戰之勇猛，可見一斑。但是兩軍對壘，絕不能單靠主將個人之勇氣和魄力，最主要的還是靠戰術謀略，充分調動士氣，並且做好後勤保障。

沒有任何史料可以證明，龍且是個靠匹夫之勇、只懂蠻力的武夫，但是在戰爭藝術方面，很顯然，龍且遠遜於韓信，或許龍且作戰的剛猛之風是受到了項羽的影響，似乎很少見他從戰略高度來影響戰爭的勝負。這就好比狐狸和獅子的搏鬥，獅子固然勇猛，但狐狸借著狡猾的謀略，讓獅子有勁沒處使，最終狐狸實現了以弱勝強、以小博大，笑到了最後。

齊國封王，劉邦第一次動了殺機

圍剿龍且，破齊楚聯軍二十萬，這則消息很快像風一樣傳遍了中原大地。項羽在得知龍且戰死後，幾乎不敢相信自己的耳朵。這怎麼可能？龍且可是自己麾下最勇猛的悍將，當初接到齊王田廣的救援信後，項羽深知齊國的存亡對自己事關重大，再三思量，才派出了自己最信任的龍且前往救援，沒想到剛一接觸就被韓信輕鬆拿下，這多少讓項羽感到有些不安。

第十三章　龍戰於野

回憶起自己這麼多年的征戰歲月，項羽還是第一次感到恐慌，對韓信恐慌，也有對未來恐慌。

面對這樣一位戰功顯著的軍事天才，劉邦的態度是怎麼樣的呢？

劉邦既高興，又忌憚，更多的是忌憚。

一方面，他為韓信平定了齊地感到高興，畢竟，隨著齊地被平定，漢軍就可以從北面給項羽施加壓力，完成戰略包圍。另一方面，劉邦也為韓信的迅速崛起和壯大感到憂慮，他已經看出，韓信此人確實是一位不世出的軍事天才，自己今後恐怕再也無法約束他了。

就在劉邦心中忐忑之際，另一份快報也被送到了他面前。

劉邦展開一看，火冒三丈，當場就摔了一個精緻的茶盅：「韓信小兒，欺人太甚！」

張良接過書信一看，原來是韓信請求封代理齊王，他在信中稱，齊人狡詐多變，齊國又與楚國接壤，眼下雖然平定了齊地，但各地尚有散兵游勇，極容易發生變亂，請求漢王冊封自己為代理齊王，以鎮撫齊國。

劉邦接著罵道：「我被圍困在這裡，日夜盼望你來援救，你卻想稱王！豈有此理？」

張良合上書信，心中頗為複雜。自古以來，恩自上出，這是千古不易的法則。對於一個臣子而言，恩賞或許可以要，但官銜不能要，爵位更不能要。就像在今天的職場上，薪水待遇可以談，職位級別最好不要主動伸手。張良粗略一看，一眼就看出了韓信強烈的政治欲望和貪婪的占有思想。想當初，韓信在拜將時對劉邦的慷慨陳詞中，就要求劉邦「以天下城邑封功臣」，或許正是登壇拜將的榮耀滿足了韓信的心理，也蒙蔽了他的雙眼。在他看來，自己平定了北方，理應得到應有的封賞。

齊國封王，劉邦第一次動了殺機

以張耳之功，猶能封為趙王，韓信之功遠在張耳之上，封王又有什麼不可以的？何況韓信並沒有獅子大張口，他要求得到的只是一個代理齊王而已。

然而，韓信的這些想法，在劉邦這位老謀深算的政治家眼中，又是多麼幼稚和搶眼！打工最忌諱的事情，就是逼老闆就範，因為這會讓他有一種失控的感覺。更何況，韓信想要的可是君主最忌憚的權力！權力只能私有，豈能分享？

然而，張良想的卻比劉邦要深遠，眼下正是漢方急需韓信效力的緊要關頭，豈能因為這一件小事而與韓信結怨，白白損失掉一條臂膀？

此時此刻，穩定住了韓信，就是穩定了大漢天下！

想到這裡，張良看了對面的陳平一眼，兩人目光相接，都看懂了彼此的心思。陳平挪到劉邦身邊，踩了劉邦一腳，劉邦叫出了聲，正要罵陳平無禮，不料張良卻湊到跟前，附耳輕聲給劉邦講解此中關鍵：

「我軍現在被項羽擠在河南，進退不得，大王自問，以我們現有的實力，能阻止韓信自立為王嗎？有沒有大王的旨意，韓信都有自立的實力，他今日派人來求為王，說明他心中還有漢王。漢王不可錯失良機，為今之計，不如善待韓信，就封他做個齊王，穩住他，使之滅楚。如果激怒了韓信，與項羽合兵，還有我們的活路嗎？」

劉邦聽完，心中悚然一驚，他剛才只顧著嘴上抒發，卻沒有想到這一層。可是，韓信的使者就在不遠處，想必他已經聽到了，這該如何收場？

要說劉邦也是急中生智，他話鋒一變，說道：

「大丈夫者，當縱橫天下，萬夫授首！韓信定三秦、擒魏豹、斬陳餘、降臧荼、定東齊，威震天下，此真大丈夫也。沒有韓信，我劉邦何以有今

第十三章　龍戰於野

日？韓信定齊，當封為真齊王，以酬不世之功，何必做什麼假齊王！」

使者喜滋滋地回去覆命了，可劉邦越想越覺得不是滋味，這個新封的齊王怎麼著都讓劉邦心裡感覺不踏實。但他同時也深知，眼下只能給韓信充分授權，先穩住他，最大限度地激發他的積極性，才能讓他無限的潛能得以發揮。畢竟，楚漢之爭即將進入最後的決勝階段，劉邦容不得自己這方出任何差錯。

面對三分天下的誘惑，韓信猶豫了

就在韓信受封齊王之時，一名使者從前線滎陽出發，策馬向北急馳，奔赴千里之外的齊國都城臨淄。

他叫武涉，是項羽派出的使者。望著武涉遠去的背影，項羽悵然若失。

項羽從二十四歲起兵反秦，一生大小七十餘戰，從無敗績，亦未曾有人能令他心生寒意。但是現在，他不得不重新審視這個迅速崛起的對手：韓信。

龍且是他最看重的一員猛將，齊國有近三十萬大軍，是一塊最難啃的骨頭。然而，韓信僅憑藉著自己匆匆忙忙訓練出來的十萬大軍，在不到一個月的時間內，橫掃北方齊國，兵鋒直逼楚都彭城！

這個人究竟有什麼魔力，竟然可以讓自己的二十萬楚軍主力死的死，降的降，逃的逃，轉瞬之間，化為烏有？

眼下，項羽的二十萬主力大軍已被韓信擊潰，他手上已經沒有多少兵力了，兵源也幾近枯竭，而漢兵則越打越多，已經在數量上對自己形成了壓倒性優勢。

項羽是最不屑於縱橫之術的，在他看來，遊說只是卑鄙的政治手段

而已。可眼下,即使驕傲如項羽,也要向現實低頭,他不得不派人去說服韓信,讓他成為自己的盟友,為自己緩解一些壓力。

西元前203年二月,韓信迎來了項羽的使者武涉。

武涉是盱眙(位於今江蘇西部)人,離韓信的故鄉淮陰只有百里,兩人也算半個老鄉。一見面,武涉就拉著韓信聊起家鄉舊事,回憶當年在項羽帳下一起共事的場景。韓信也是個念舊之人,他想起自己在淮陰的落魄遭遇,心中沒來由一陣感傷。

兩人寒暄一陣,武涉開始步入正題,他首先列舉了劉邦的兩個缺點。

第一,劉邦胃口很大,貪得無厭。

當初各路諸侯勠力攻秦,秦朝滅亡後大家論功行賞,劉邦被封漢王,坐擁巴蜀及漢中之地。可他仍不滿足,還要重出三秦,出關與項王作對,這擺明是不獨吞天下誓不甘休啊!

第二,劉邦不值得韓信信任。

漢王曾多次落到項羽的手裡,項羽心軟,才給了他一條生路。然而,漢王一脫離危險,立刻違背約定攻擊項王。足下自以為和漢王情誼深厚,替他東征西討,到頭來一定會被他所擒的。

韓信靜靜地聽著武涉發言,若有所思。

武涉見韓信毫無反應,繼續說道:

「您自以為與漢王交情深厚,供其驅策,卻不知道您能有今日,全是因為項王還在。眼下劉、項二王相爭,勝負完全取決於您,您幫助漢王則漢王勝,幫助項王則項王勝。但是您要知道,如果項王被消滅,下一個要消滅的就輪到您了。您曾經在項王手下任職,與項王有交情,為何不反漢聯楚,三分天下呢?您是聰明睿智的人,難道不知道應該怎麼做嗎?」

第十三章　龍戰於野

　　武涉的口才沒話說，他站在韓信的立場上，已經將局勢分析得相當透徹。假如韓信稍微有點政治野心，楚漢爭霸就變成了漢、楚、齊的三國演義了。

　　可是，面對武涉提議，韓信說：「不！」

　　他不接受。

　　為什麼？

　　韓信前半生貧窮落魄，他最恨別人看不起自己。他對武涉說道：

　　「先生之言，聽起來頗有道理，但是我不能接受。昔日我在項王手下做事，官不過郎中，爵不過執戟，言不聽，計不從，因此背楚而歸漢。漢王授我上將軍印，予我數萬眾，解衣衣我，推食食我，言聽計用，因此我才得以至於此。漢王信任我，待我恩重如山，我豈能背叛他？我就算是死，也不會有負於漢王，煩請先生為我深謝項王。」

　　這句話看似很決絕，但其中似乎也有一些無可奈何的傷感。韓信是一個很念舊情的人，他念念於劉邦曾經給他的溫暖，始終無法做出違背自己意志的決定。

　　武涉見韓信心意已決，明白此行目的絕無實現的可能，只好告辭。

　　武涉前腳剛離開齊國，謀士蒯通又上場了。

　　蒯通不僅僅是一個縱橫家，他還懂得陰陽之術。一見面，蒯通先開口了：「在下曾經學過相面之術。」

　　韓信頗感興趣，問道：「先生給人看相用什麼方法？」

　　蒯通道：「人的高貴卑賤在於骨骼，憂愁喜悅見於臉上，成敗得失在於決斷。以此三點相人，萬無一失。」

　　「先生看我的相如何？」

面對三分天下的誘惑，韓信猶豫了

蒯通端詳韓信許久，欲言又止：「希望隨從暫時迴避一下。」

「都退下吧。」

待身邊的人都退下後，蒯通這才說道：「看您的面相，位不過封侯，而且有鳥盡弓藏之險；但看您的背相，真是貴不可言。」

蒯通這段話是一語雙關，所謂「背」就是後背，除此之外還有「背叛」之意。

傻子都聽得出來，蒯通這是要告訴韓信，如果你還跟著劉邦混，將來一定會被他收拾，只有叛漢自立，才是唯一的出路。

韓信聽後，沒有半點激動，問道：「此話怎講？」

「當初秦失其鹿，天下共逐之，英雄豪傑振臂一呼，天下之士爭相回應。當時百姓所憂慮的，是何時能推翻暴秦。豈料秦亡之後，楚漢相爭，無辜百姓飽受牽連，父子手足暴死荒野，黎民蒼生又陷入了一場浩劫。」

韓信默然無語。

「楚人起兵彭城，轉戰四方，以摧枯拉朽之勢席捲天下，然而京索之戰過後，卻被困在京縣與索縣之間無法前進一步，算來已有三年。漢王在鞏縣、洛陽一帶設防，憑藉雄關險隘與楚軍一日數戰，然而兵鋒頓挫，久戰無功，糧倉將竭，民怨沸騰。依在下看來，這非常之亂只有非常之人才能平息。」

看著韓信陷入沉思，蒯通繼續說道：

「如今，漢王與項王的命運都握在您手裡，您助漢則漢王勝，助楚則項王勝。更何況，您才智過人，又有一支強大的軍隊，統領燕、趙，牽制著項劉兩家的後方，如果能聽我的意見，據齊自立，制止楚漢之爭，形成三分天下的局面，天下百姓都會感念您的恩德。然後您可以分割大國的領土，用來分封諸侯，諸侯得到好處，就會聽命於齊，前來朝拜

第十三章　龍戰於野

您。天予不取，反受其咎，希望您仔細考慮一下這件事。」

韓信聽後，表情頓然嚴肅起來：「漢王待我有如手足，讓我乘坐他的馬車，穿他的衣服，吃他的飯菜。我聽說，乘人之車要共患難，穿人衣服要為其分憂，吃人的飯要為他獻身。我怎麼能為了利益而背叛義氣呢？」

蒯通冷笑：「大王自以為漢王對您很好，以此可以建立萬世功業，但是在下認為您的想法是錯的。請問大王，如果從朋友的角度來說，你和漢王有張耳及陳餘的關係牢靠嗎？」

韓信：「當然沒有，張耳和陳餘可是結拜的生死兄弟。」

蒯通：「這就對了，張耳和陳餘貴有生死之盟，後來卻反目成仇，不共戴天。為何？因為人貪得無厭且人心難測。范蠡和文種當初輔佐越王勾踐稱霸，到頭來卻一個逃亡，一個被殺。以交情而論，您和漢王比不上張耳和陳餘；以忠義而言，您和漢王比不上文種、范蠡和越王勾踐。且臣聞：功蓋天下者身危，勇略震主者不賞。如今大王涉西河，虜魏王，擒夏說，引兵下井陘，誅成安君，徇趙，脅燕，定齊，南摧楚人之兵二十萬，東殺龍且，西向以報，此所謂功無二於天下，而略不世出者也。足下危矣！」

講完這些話，蒯通盯著韓信，該說的他已經說了，下面就要看韓信如何抉擇了。

韓信低頭飲酒，不發一言。

人生有些事，錯過一時，就錯過一世，現在就是韓信人生中最重要的時刻。

過了好久，韓信才抬起頭來，對蒯通敷衍道：「先生先回去休息吧，我會認真考慮你的意見的。」

蒯通一聲長嘆，黯然不言，轉身退出大帳。他知道韓信心意已決，不會背叛劉邦，他很清楚韓信若不背漢，將來定有橫禍，與其給韓信陪葬，不如趁早離開⋯⋯

常言道：狡兔死，走狗烹；敵國破，謀臣亡。韓信不是不懂這個道理，只是他過於感情用事，自以為有功於劉邦，肯定不會遭到劉邦的秋後算帳，在該做出決斷的時候猶豫不決，錯失了大好機遇。

為什麼說韓信走錯了一步棋？後來的歷史告訴我們，劉邦一統天下後，韓信馬上被貶為淮陰侯，之後被誣衊謀反處死，死前嘆息說：「我真後悔沒聽蒯通的話。」

第十三章　龍戰於野

第十四章　垓下悲歌

劉邦耍起無賴，項羽也無可奈何

　　武涉無功而返，項羽見韓信軟硬不吃，心中越發焦慮。戰爭打到現在，雙方都已筋疲力盡，劉邦堅守不戰，項羽只能望城興嘆。劉邦兵源和糧草充足，守個三、五年不成問題，可項羽就不一樣了，楚軍本就遠離大本營彭城，糧草不足，偏偏彭越還隔三差五出來襲擾一下楚軍糧道，使得項羽很是惱火。

　　楚漢戰爭這時已進入第三個年頭。從戰爭開始後不久，即漢敗彭城後，以劉邦為首的漢軍主力就與項羽為首的楚軍主力相持於滎陽一線。其間，韓信帶領一部分人馬已陸續平定了北方。天下的大勢是，楚漢依舊相持在滎陽一帶，但漢的後方關中很穩定，魏、代、趙已為漢平定，燕國也表示臣服，劉邦可以集中精力與項羽對抗。

　　再看項羽，形勢已今非昔比。九江雖然併入了楚，但九江王英布叛楚歸漢，被項羽擊敗後，仍在劉邦的支持下，持續在九江一帶繼續作戰，牽制楚軍。而楚的另兩個盟國衡山、臨江在整個戰爭期間保持中立。

　　眼下，雙方在廣武形成對峙。

　　廣武是一座山名，東連滎澤，西接汜水，地勢險阻，山中有一斷澗劃開，劉邦在西邊依澗自固，項羽在澗東邊築壘，與漢軍對峙。

　　項羽想速戰速決，劉邦偏偏不上當。

第十四章　垓下悲歌

怎麼辦？再這樣煎熬下去，這仗恐怕都不要打了，只憑飢餓就足以把楚軍擊垮！

有道是，人窮志短，馬瘦毛長。到了這步境地，就不能再顧什麼面子了，在身邊人的建議下，項羽想到了一個不要臉的招來。

這一天，項羽命人在兩軍陣前架起了一口鍋，盛滿水，下面用柴火點著，把隨軍當人質的劉邦老爹和媳婦推到鍋前，然後派人通知劉邦：

「劉邦，你小子聽著，項王有令，命令你馬上投降，敢說半個不字，就把你老爹和媳婦兒給烹了！」

這一幕，是不是覺得很熟悉？

救，還是不救？

對面是自己年邁的老父親和哭成淚人的妻子，身後是追隨自己征戰多年的弟兄們，劉邦該怎麼辦？

難道真要向項羽舉手投降？要是這樣做，如何對得起自己身後的這幫哥們兒弟兄們？

不行，絕對不可以就此認輸！

劉邦將繁雜的念頭壓下去，重新抖擻精神，找回了那個一貫嬉皮笑臉的無賴樣，望著對面的楚軍笑道：「煩請轉告項王，我與項王曾經同為懷王之臣，合力攻秦，那時便是同生共死的兄弟。既是兄弟，我爹就是他爹了，他要是真把他爹煮了，記得給我也分一杯羹啊！」

聽到這句話，項羽差點氣到昏厥，這劉老三竟然連自己的老爹都不要，還能說出這麼不要臉的話來！

劉邦的這句話的確很無情，但不得不承認這是解決人質問題最好的方案：沉住氣，不慌亂！

劉邦耍起無賴，項羽也無可奈何

沉得住氣，就要克服內心的焦躁。做事情往往欲速則不達，因為急躁會使人失去清醒的頭腦。只有遇事不慌亂，才能穩住陣腳，做出科學合理的決策。

項羽勃然大怒，你不是口口聲聲不在乎嗎？你不是想喝湯嗎？我成全你！拔出佩劍，作勢就要殺劉太公。

關鍵時刻，項伯又一次出場了，他攔住了項羽的劍，勸道：「這個仗將來打成什麼樣，都還不好說呢，咱不至於這樣做。再者，為天下者不顧家，您就算殺了太公也沒用，只會增加仇恨。」

這招不行，項羽又想了個招，他派人過去給劉邦傳話：「你我二人打了這麼多年了，弄得天下動盪，百姓遭罪。不如咱倆單挑吧，你打贏了，天下歸你；我打贏了，天下歸我，如何？」

劉邦一聽，這哪能行？比肌肉，我十個劉邦也比不上你項羽，他回復道：「你想多了，我寧可鬥智，也不會跟你硬碰硬！」

見這一招也不頂用，項羽只得讓手下的將領出城挑戰，不料均被漢軍的神箭手射殺。眼見自己帳下的勇士未及一戰就身死箭下，項羽大怒，親自披掛出陣，一聲暴喝，漢軍嚇得魂飛魄散，躲進大營再也不敢出來。

劉邦得知此事，為了給將士們打打氣，他來到陣前，與項羽隔澗對視。

望著對岸那個如同天神一般的漢子，劉邦有一種恍若隔世之感。四年了，項羽還是沒有任何改變，他還是那樣血氣方剛，意氣行事，腎上腺素滿溢。

既然項羽這麼容易被情緒帶動，那我不妨再添一把柴！想到這裡，劉邦開始當面指責項羽犯下的十大罪狀：

第十四章　垓下悲歌

負懷王之約，遷我於巴蜀之地，罪之一也；

矯殺卿子冠軍，罪之二也；

救趙不報而擅劫諸侯入關，罪之三也；

燒秦宮室，掘始皇墓，私其財物，罪之四也；

殺秦降王子嬰，罪之五也；

詐坑秦子弟二十萬於新安，罪之六也；

王諸將善地而徙逐其故主，罪之七也；

放逐義帝，自都彭城，奪韓梁地以自王，罪之八也；

使人陰弒義帝於江南，罪之九也；

為政不平，主約不信，天下所不容，大逆無道，罪之十也。

劉邦滔滔不絕，一口氣說出了項羽的十大罪狀，義正辭嚴地告訴項羽：「我是正義的化身，以刑餘罪人擊殺你就可以了，何苦要和你單打獨鬥？」

確實，論個人能力，西楚霸王項羽「力能扛鼎」，泗水亭長出身的劉邦根本不是他的對手。但正如劉邦所言，戰場上不是比試個人武功的優劣，而是各自團隊綜合實力的較量，不是畢其功於一役，而是持久的內功比試。

項羽罵街不行，動手可是內行，就在劉邦數落完後，一支冷箭突然襲來，正中劉邦胸口。

廣武澗西，劉邦摀住胸口痛苦地伏在地上。幸虧是個小箭，力道也小，要不就立即被射死了。他腦子裡飛快地轉了一圈，伸手摁住腳，喊了一嗓子：

這混蛋射中我的腳趾了！

不得不說，劉邦是一個天生的好演員，明明箭中其胸，他卻心一狠

拔掉箭矢，說是射中了腳趾，撥馬逃回本陣，回到大帳就起不來了。

然而，這一箭畢竟是眾目睽睽之下射出的，士卒在私下裡難免議論紛紛，軍心有些浮動。

張良見此，急忙來見劉邦，讓他咬著牙強打精神，做出沒事的樣子到軍中巡視一番，以安軍心。為了霸業，劉邦只得咬牙忍痛，裝作滿臉輕鬆的樣子，出來和大家見了一面，勉勵了大家幾句，隨後立即轉往大後方養病去了。

從這場隔空對話中，我們不難看出，隨著韓信在北方戰場節節勝利，劉邦已經掌握了這場戰爭的主動權，他不需要急切地透過一場戰爭來決定勝負，為了最終的勝利，他可以耐心等待。反觀項羽，在這場持久戰中已經耗盡了最後的耐心，他像一頭憤怒的獅子，面對劉邦這只狡猾的狐狸，總使不上力，這讓他產生了深深的挫敗感。

項羽前腳剛走，劉邦就撕毀了盟約

就在劉邦赴成皋休養之時，北方傳來消息：韓信一舉擊敗了楚國名將龍且，殲滅楚軍二十餘萬，全定三齊之地。

得知這個消息，劉邦激動得從床上坐了起來，他知道，項羽最重要的一支臂膀已被斬斷，是時候給他施加一點壓力了。

與此同時，項羽也得知了龍且戰敗身亡的消息。齊國丟失後，楚國北面屏障全數淪於漢軍之手，劉邦與韓信可以從西、北兩個方向直接威脅楚軍，嗚呼，西楚危矣！

從漢二年到漢四年，劉邦與項羽在滎陽、成皋一線對峙了兩年多，眼下這場戰爭已經沒辦法再打下去了，楚軍不僅精銳盡喪，而且前線糧草幾近吃光，他已經沒有了跟劉邦爭霸天下的本錢。

第十四章　垓下悲歌

　　雙方的力量對比再次立場對調，擺在項羽面前的只有一條路——和談。

　　這一天，一個叫陸賈的人從漢軍大營出發，前往楚軍大營。他是應劉邦要求面見項羽，解救劉邦家人的。

　　然而，項羽似乎並沒有釋放人質的意思，在他看來，這是他手中僅剩的一張牌，如果輕易就放走他們，還拿什麼要脅劉邦？

　　陸賈無功而返，項伯對項羽提醒道：項王，眼下漢軍勢頭正盛，既然您有意議和，何不放了劉邦的家人？何況，拿對方家人要脅，非男子漢所為！

　　項羽臉上一陣赧然。

　　幾天後，劉邦派出了第二位談判專家侯公，再次面見項羽，商議釋放人質及議和之事。

　　在侯公的協調下，項羽與劉邦正式達成協議，約定中分天下，割鴻溝以西者為漢，鴻溝而東者為楚，雙方約定互不侵犯。

　　劉邦大喜，封侯公為「平國君」，對他有這樣一句評語：此天下辯士，所居傾國！然而，當報喜的使者推開侯公的門後，卻發現裡面空無一人，他早已離開。

　　在巨大的榮耀面前，侯公保持著難得的清醒。他深知，伴君如伴虎，眼下劉邦封賞自己，只是因為自己對他還有用，待將來劉邦坐穩了江山，指不定哪天自己就人頭落地了。

　　和平條約順利簽訂，項羽也遵守諾言，將羈押了很久的劉太公和呂雉放回漢營。

　　看到年邁的父親顫顫巍巍下了車，劉邦趕緊迎了上去，長拜哭倒於地，妻子呂雉也露出了難得的笑容。這一家子，終於可以團聚了。

項羽前腳剛走，劉邦就撕毀了盟約

望著對岸楚軍漸漸離去的背影，劉邦心中若有所思。放眼望去，故鄉正值晚秋，但見一川夕陽中，千峰如簇。而今兵戈已息，擾攘既定，劉邦帶著家人開始收拾東西，準備回關中。久違的和平即將到來，亂世終於要結束了。

就在此時，張良和陳平來找劉邦，反對西撤，並勸劉邦趁項羽東歸不備之際，大舉東進，一舉拿下項羽！

劉邦心中仍有疑慮，這，恐怕不妥吧？從內心深處講，他當然不甘心就此罷手，但一來擔心自己未必能打得過項羽，二來也擔心予人口實，才勉強接受了罷兵休戰的方案。

張良、陳平攻楚的理由是：現如今天下三分，漢有其二，漢軍士氣旺盛，兵精糧足，反觀楚軍，營中無糧，人心渙散。如果漢軍趁項羽不備之時發動突襲，必能致項羽之首於麾下。項羽者，豺虎也，今日縱入山，明日必為我患，不若早除之！

劉邦陷入了猶豫之中。

如果換作是項羽，在面臨這種抉擇時，必定會一口回絕，他是個重情重義之人，他心中的道德感不允許自己背信棄義。而劉邦則不同，他心中沒有那麼多的框架約束，在聽完張良與陳平二人的分析後，忽然覺得楚軍並沒有想像的那麼強大，如果正式開打，自己贏的牌面還是很大的！

要不要搏一把？

如果失敗了，大不了從頭再來，反正自己之前不是沒有失敗過，對於失敗，早就習以為常了。可如果僥倖成功了呢？

眼下，項羽已經整頓軍隊，準備回彭城。楚軍跟隨項羽南征北戰這麼多年，身上傷痕累累，他們早已厭倦了戰場的廝殺，他們的心中渴望安定的生活，希望有一天能解甲歸田，回到自己的父母與妻兒身邊。

第十四章 垓下悲歌

這一刻的楚軍，是最為鬆懈的！

劉邦開始反問自己：我真的盡力了嗎？

好像並沒有。

狼群是選擇時機的天才，總是在對手最薄弱的時刻出擊，在最沒有防備的時間和地點上，時機最成熟時一擊得手，老辣而果決。

那還等什麼呢？趕緊出兵吧！

漢軍隊伍來不及休整，就接到了劉邦發出的繼續追擊的命令。沒辦法，將士們只好即刻拔營啟程。

儘管漢軍的行動十分隱祕，但還是沒能瞞住項羽。走到固陵的時候，項羽得知了漢軍背信棄義的消息，一怒之下，率軍殺了個回馬槍，給漢軍以迎頭重擊。劉邦再一次吃了虧，但他並不打算撤退，他以損失數萬漢兵的代價，逃回了陽夏壁壘之中，堅守不出，繼續與楚軍形成了對峙局面。

任憑楚軍如何叫罵，漢軍就是不出戰。

守城，可是劉邦的拿手好戲。

韓信和彭越的心思

十月的北方，秋雨連綿。

劉邦獨自坐在帳中自斟自酌，一籌莫展。眼下，楚漢戰爭又一次陷入了僵局，劉邦不想放棄，既然已經與項羽撕破了臉皮，那就沒必要再假惺惺遵守什麼協議了。

打又打不過，退又不願退，劉邦心裡到底在想些什麼？

他在等兩個人。

韓信和彭越的心思

為了增加勝算，完成對項羽的包圍，早在漢軍準備出擊時，劉邦就派人聯絡了北方的韓信和彭越，徵召他們率軍前來參戰。然而，一連數十天過去了，劉邦望穿了秋水，也沒看到兩人的半點影子。

這一日，劉邦找來張良，二人聊起了韓信與彭越之事。

「子房，我已徵召韓信與彭越合擊項羽，但二人至今仍無動靜，為之奈何？」劉邦靠在軟榻上，語氣中有些無可奈何。他身上的箭傷還沒好，一直還在養病。

張良心中黯然一嘆，他當然清楚韓信與彭越為何要爽約了。面對劉邦的疑問，他答道：「漢王，眼下楚軍敗亡在即，而韓信、彭越兩家卻連一塊封地都沒有拿到，他們當然不會來參戰了。」

「依子房的意思是……」劉邦心中若有所悟。

張良進一步分析道：「韓信被立為齊王，不是您的本意，韓信內心也不踏實；彭越平定了梁地，當初您因魏豹的緣故封彭越為相國，現在魏豹已死，彭越也希望封王，而您並沒有滿足他的願望。如果漢王能夠將陳地（今河南周口市淮陽）以東直至東海邊的地都給韓信，將睢陽（今河南商丘）以北直至穀城（今山東濟寧一帶）封給彭越，再督促他們參戰，楚軍很容易就能被擊敗了。」

三年前，劉邦敗亡之時，張良給他提出了「下邑之謀」，劉邦主動捐出函谷關以東的土地封給功臣，這才得到了韓信、彭越與英布的大力援助，成功挽回了局面。如今項羽被困在陽夏，面對已成氣候的韓信與彭越二人，劉邦卻沒有任何封地的表示，只是一味地督促二人出兵，怎麼可能？

張良洞悉劉邦的心態，也明白韓信、彭越的想法。張良婉轉地提醒劉邦，戰爭快要結束了，你的承諾還沒兌現，人家怎麼會來？

第十四章　垓下悲歌

劉邦恍然大悟。

次日，兩匹快馬載著劉邦的信使馳往北方。韓信親自接見了信使，得知劉邦將陳縣以東直到大海的廣袤土地都給了自己，喜不自勝，連忙表示：請漢王放寬心，我這就整頓軍隊，即日南下，協助漢王合擊項羽！

韓信滿心歡喜，他只看到了劉邦的封賞，卻沒有察覺到這背後劉邦對他的不滿，而這，才是最為致命的！

與此同時，彭越也接到了劉邦的信，他答應立即出兵，絕不拖延。

性格決定命運

漢五年的冬天，比任何時候都來得早。

固陵之戰過後，項羽幾乎每天都會收到此處失守、彼處歸降之類的壞消息。這一天，他又接到一個消息：漢軍大將劉賈（劉邦堂兄）渡過淮河，包圍壽春（今安徽六安市壽縣），派人勸降了自己的大司馬周殷。

周殷是項羽安排在南方的最高軍事長官，統帥九江兵，負責守衛楚軍的後方。周殷向漢軍投降後，調舒縣（今安徽巢湖廬江縣）之兵攻克六縣（今安徽六安市北），屠殺全城。然後又率九江郡的部隊北上與英布匯合，攻克城父（今安徽亳州境內），屠城。隨後與壽春的劉賈會師，共十萬眾，北上合擊項羽。

周殷的背叛，切斷了項羽所有的退路。

與此同時，看到形勢變化對漢有利，韓信、彭越終於出兵了。

這年十一月，韓信帶著三十萬大軍從齊地南下，一路勢如破竹，攻至楚都彭城，俘虜楚柱國項他、亞將周蘭，盡占淮河南北之地，徹底扼

性格決定命運

斷了項羽的東歸之路。

彭越率軍從穀城南下，攻克昌邑（今山東金鄉縣西）旁二十餘城，從北向南夾擊項羽。

東有韓信，西有劉邦，北有彭越，南有英布、劉賈，四路漢軍合計近六十萬之眾，一步步朝項羽軍圍逼而來。

那麼此時，項羽的麾下有多少兵力呢？

只有十萬楚軍健兒。

怎麼辦？難道要坐以待斃？

不，這絕不是項羽的風格。

他想到了江東，那個他發跡的地方。

十二月，項羽引軍東撤，原本想撤往江東，但是劉邦四面包圍計畫，讓項羽被迫改變了行軍路線。無奈之下，項羽只得向東突圍，一直退到垓下，終於走不了了。

中國歷史上最悲壯的一幕，即將上演。

漢軍雖然從東、北、南三個方向會師垓下，以近六十萬的絕對優勢兵力將項羽團團圍住，但是這場仗該如何指揮？劉邦心裡沒有任何底氣。這麼多年來，他與項羽交戰，還沒有打贏過一次，項羽就是他的噩夢，項羽就是他的地獄。

他想到了韓信。他很清楚，韓信一路橫掃北方戰場，滅了魏、代、趙，拿下燕、齊，已經證明了他卓越的軍事能力。毫不客氣地說，眼下韓信是唯一一個能與項羽一較高下的軍事天才了。

兵仙對決霸王，一個是謀戰派的代表人物，一個是勇戰派的巔峰，兩個人都是絕世名將，這場歷史上級別最高、最值得一看的對決即將開始！

第十四章　垓下悲歌

然而，這場對決從一開始就是不對等的，漢軍這邊，光韓信麾下就有三十萬大軍，而項羽只有十萬。

韓信將自己的三十萬大軍分成三部：一部分由自己親自率領，直接向項羽挑戰；一部由大將孔熙率領，埋伏在左側；一路由大將陳賀率領，埋伏在右側。那麼劉邦呢？他帶著十萬部隊作為後軍，周勃與陳武兩支預備隊則安排在最後。

在決戰開始之前，我們先來看一下雙方的實力對比。

漢軍這邊，幾乎集結了全體群雄，論謀略，有張良、陳平；論指揮，有不世出的軍事天才韓信；論名將，有彭越、英布、灌嬰、樊噲、周勃一眾人，可謂是將星雲集。

再看楚軍這方，項羽手下原本有五位驍勇善戰的猛將，跟隨項羽出生入死，征戰沙場，為項羽立下顯赫戰功，他們分別是龍且、季布、鍾離昧、英布、項莊（有種說法是虞子期，即虞姬的哥哥，但史書並無記載）。

但如今，龍且在與韓信的對決中已陣亡，英布叛楚歸漢——曾經的兄弟已變成對手，鍾離昧逃離楚軍的陣營，只有季布與項莊還陪伴在左右。那個脾氣耿直的老頭子范增也早已離世，想到這裡，項羽一陣感傷。

為什麼項羽會淪落到眾叛親離的境地？很簡單，他的性格害了他。而性格，往往決定了一個人最終的命運。

首先，項羽自恃智勇，打仗親力親為，不聽勸諫，凡事一意孤行，很難留住人才。

讀《史記·項羽本紀》可以看到項羽是一個有本事、有理想、有霸氣、有傲骨、有情有義，又淺薄無知的理想主義者，他身懷絕技、勇武絕倫，

又暴戾凶殘、殺伐無度。不可否認，項羽本身是個軍事奇才，自封為西楚霸王，在行軍打仗上，可以說他幾乎不把任何人放在眼裡。亞父范增可謂對項羽忠心耿耿，項羽前期對他也是十分信任，可是再多的信任也抵擋不了內心那顆多疑善妒的心，在劉邦集團使用離間計後，范增憤然離去，抑鬱而死。正如高起、王陵所言：「項羽妒賢嫉能，有功者害之，賢者疑之，戰勝而不予人功，得地而不予人利，此所以失天下也。」

在項羽的世界裡，自己就是最強悍的人，誰不服，我一個人滅了他就是了，哪裡還需要旁人來指手畫腳？

反觀劉邦集團，雖然劉邦是平民出身，「智不比張良、勇不如韓信、才不敵蕭何」，但他很謙虛，他知道自己的缺點，所以他很善於揚長避短，只要對自己有幫助，他可以聽取任何人的意見，重用一切有才之人。他很清楚，要想成事靠自己一個人不行，最能依靠的是自己的死黨弟兄，最能仰仗的是有能力的幹將，最能利用的就是合縱連橫的外部夥伴。也唯有在劉邦這裡，底下的人才會有一種被尊重、被需要的感覺，從而有機會實現畢生的抱負。

蕭何曾問過韓信，為什麼會從項羽陣營跳槽到劉邦陣營？

韓信的回答是：「項羽是神，是無所不能的戰神，攻必克，戰必勝，所以不需要人幫他。劉邦是人，一介俗人，所以需要人援助，而我就是那個能幫他的人。」

項羽的過於自負，使得他留不住身邊的人才，一個個都離他而去，最終成了孤家寡人。

其次，項羽遇事過於衝動，在失敗面前往往沉不住氣，心浮氣躁。

西元前 206 年，楚漢戰爭發生時，項羽二十六歲，劉邦五十歲。

可以說，楚漢戰爭是一場青年人與老年人的對決，項羽是單純的青

第十四章 垓下悲歌

春人格，年輕氣盛；劉邦是標準的老年人格，老奸巨猾。

項羽二十四歲時，便與叔父項梁在江東起兵反秦，他敢於破釜沉舟，毫不考慮退路，這是年輕人勇往直前的大無畏精神，但這也往往顯示出他不具備劉邦那種權衡利弊的政治理性，做事不計後果。

楚漢戰爭中，項羽和劉邦相持不下，就在軍前架起了一口大鍋，把劉邦的父親劉太公五花大綁地推到了陣前，然後喊話：「劉邦，你再不投降，我就把你父親下油鍋了！」

劉邦怎麼回應呢？他不緊不慢地說：「項老弟，別忘了，我們兩個在懷王手下曾約為兄弟。既然是兄弟，我爹就是你爹。你要是打算把咱爹煮了，別忘了給哥哥留碗肉湯喝！」

項羽憋了一肚子氣，想拿家人威脅劉邦，可劉邦卻是一副嬉皮笑臉的神情——我是流氓我怕誰——從心理上講，項羽就已經輸給了劉邦。

在挫折面前，項羽表現出來的是心浮氣躁，容易衝動，還希望展現個人英雄主義，想約劉邦單挑。而這一切，在劉邦眼裡是何其幼稚的行為！

為什麼最後贏的是劉邦

面對周邊越來越多的漢軍，項羽知道自己已經陷入了絕境。

但是項羽不怕。他堅信，自己還沒有輸呢，六十萬又怎樣？彭城之戰，我項羽還不是帶著三萬騎兵把五十六萬漢軍打了個落花流水？

項羽錯了，此一時彼一時也！他不知道，當年劉邦雖然五十六萬輸給了自己的三萬，但那個時候劉邦所領導的是諸侯聯軍，說穿了就是一

群烏合之眾。而此刻，劉邦透過裂土封王等一系列股權激勵手段，成功團結了韓信、英布、彭越等地方實力派老大。各方利益已達成一致，目標只有一個：除掉項羽！

如果說彭城之戰時劉邦的隊伍只是一群烏合之眾，眼下他已經成功組織了自己的團隊。他堅信，成功靠的是團隊的力量，而不是單打獨鬥。

氣韻沉雄的戰鼓擂響了，項羽一揮手，騎兵前鋒發出炸雷般一聲暴喝，像山洪一樣湧向敵軍。韓信舉起一面令旗，漢軍一層層地壓上來，根本不給項羽喘息的機會。楚軍騎兵攻勢很猛，但韓信對此早有準備，他以連環陣重重防禦，然後故意誘使楚軍突入，接著左右大軍合圍，把楚軍圍得水洩不通。

經過一天的廝殺，項羽沒能突破韓信布下的三層防禦體系，楚軍損失慘重，只得退回垓下。沙場上，橫七豎八地躺滿了屍體。

一晃又過去了好多天，楚軍大營內的糧食早已吃光，不得已只能殺馬充飢。而漢軍這邊，韓信也為遲遲無法攻破項羽而愁悶無比。

這一晚，張良來見韓信，給他出了個計策：

西楚士兵離家已久，眼下走投無路，思鄉之情最是迫切。將軍可派數名樂師在夜闌人靜的時候吹簫，激發他們的思鄉之情。一吹之後，數萬楚軍必定無心作戰，自然離散。

韓信聞言，大喜，立即照辦！

夜已經很深了，楚軍士兵們都窩在營帳內，擠在一起互相取暖。項羽沒有睡意，他獨自一人站在帳外，望著不遠處的點點星火，目光深沉。

有雪花靜靜飄落，落在他的眼睫上，化成冰水流入眼睛。項羽抬頭望著無垠的天空，兩行淚水無聲滑落。

第十四章　垓下悲歌

忽然間，從漢營那邊傳來一陣嗚嗚咽咽的簫聲，如泣如訴，低回悲涼。楚軍士兵聽了，更無睡意，抬頭一看，幾個巨大的風箏在天空飛舞著，上面綁著的竹哨隨風響起，與簫聲相和，更添幾分悲涼。

不多時，四面的漢營裡又傳出楚歌聲：

臘月寒冬兮，四野飛霜；天高水涸兮，寒雁悲愴。
最苦戍邊兮，日夜傍徨；披堅執銳兮，骨立沙崗！
離家十年兮，父母生別；妻子何堪兮，獨宿孤房。
雖有腴田兮，孰與之守？鄰家酒熟兮，孰與之嘗？
白髮倚門兮，望穿秋水；稚子憶念兮，淚斷肝腸。
胡馬嘶風兮，尚知戀土；人生客久兮，寧忘故鄉？
一旦交兵兮，蹈刃而死；骨肉為泥兮，衰草濠梁。
魂魄悠悠兮，不知所倚；壯志寥寥兮，付之荒唐。
當此永夜兮，追思返省；急早散楚兮，免死殊方。
我歌豈誕兮，天遣告汝；汝其知命兮，勿謂渺茫！
漢王有德兮，降軍不殺；哀告歸情兮，放汝翱翔。
勿守空營兮，糧道已絕；指日擒羽兮，玉石俱傷。

這歌聲如怨如訴，把人的離情引動，愈聞而愈感，愈感而愈悲，雖鐵石之肝腸為之摧裂，雖冰霜之節操為之改易，果真是傷感悲懷，思鄉之情更加迫切。

眾軍士在私下裡開始騷動起來，我們追隨項王奮勇殺敵，多年來並無一日安定，何日能平安回家？現如今陷入絕境，倒不如各自逃命，好歹還有活下來的機會。

眾人三五成群商定，亂紛紛各棄鎧甲離了大營，霎時八千子弟十有八九皆騷動，就連許多楚將也離開了楚營。

項羽聽聞歌聲，大驚道：「漢軍已盡得楚乎？為何楚人如此之多？」

回到帳內，項羽飲了幾觴酒，看著一旁楚楚可憐的虞姬，心中一陣絞痛，突然淚如泉湧，不能自制，他情緒激動地走到案前，拔出長劍，慷慨賦歌：

力拔山兮氣蓋世，

時不利兮騅不逝。

騅不逝兮可奈何，

虞兮虞兮奈若何！

項羽，這位一生叱吒風雲的英雄人物，面對此情此景，竟也流露出兒女情長、英雄氣短的哀嘆。

看到項羽如此悲傷，虞姬淒然拔劍起舞，含淚唱和道：

漢兵已略地，

四方楚歌聲。

大王意氣盡，

賤妾何聊生！

虞姬唱罷，望著孤獨而偉岸的項羽，淒然一笑，拔劍自刎。

「虞姬……」項羽衝上去，抱著虞姬痛哭失聲。

是夜，項羽率領八百騎兵突圍而出，一直被漢軍追至烏江，烏江亭長勸說項羽渡過烏江，以圖東山再起。但項羽說自己已無顏面再見江東父老，把自己心愛的烏騅馬交給亭長，然後與他告別。

望著漸漸圍上來的漢軍，項羽一橫手中的長戟，傲然道：「諸公！吾起兵至今八歲矣，身七十餘戰，所當者破，所擊者服，未嘗敗北，遂霸有天下。然今卒困於此，此天之亡我，非戰之罪也。今日固決死，願為

第十四章　垓下悲歌

諸君快戰，必三勝之，為諸君潰圍，斬將，刈旗，令諸君知天亡我，非戰之罪也。」

好一個天亡我，非戰之罪！

在千金萬戶的刺激下，殺紅了眼的漢軍源源不斷地湧上來。經過一輪輪反覆衝鋒，項羽身邊的二十七名楚國勇士一個個倒了下去，到最後只剩下了他一人。

身後是滔滔江水，眼前是黑壓壓的漢軍將士。項羽最後望了一眼大江對岸的故土，別了，我心愛的虞姬；別了，我出生入死的將士們！咱們來世有緣再見！

鋒利的劍鋒劃過頸項，在眾人的目瞪口呆之中，項羽轟然倒地。

他失敗了。

當項羽的人頭被送到自己面前時，劉邦百感交集。面對這個有萬夫不當之勇的強大對手，劉邦在之前的較量中幾乎沒有占到什麼便宜，每一次正面對抗，劉邦一直是被項羽打得滿地找牙，從來沒嘗到過勝利的滋味。有幾次還特別慘，幾十萬大軍被打得灰飛煙滅，自己惶惶如喪家之犬，連老爹老婆都被項羽抓走了。

但不得不佩服，劉邦的心態特別頑強，用現在的話說就是：他哪懂什麼堅持，還不就是死扛！隊伍打沒了，沒關係，接著招兵買馬，繼續打！只要自己還活著，總是有希望的！他已經習慣了失敗的滋味，習慣了逃亡的落魄，這一切，他都不在乎。

為什麼最後一次，贏的人是屢戰屢敗的劉邦，而不是屢戰屢勝的項羽？

原因其實很簡單，劉邦沒皮沒臉，經得起失敗。對他來說，前面失

敗多少次都沒關係，只要贏最後一次就是勝利者。

而項羽過於自負，經不起失敗，對他來說，前面勝利多少次都不管用，只要輸了最後一仗那就是失敗者。

電視劇《楚漢傳奇》中，劉邦在一次失敗逃跑時說：「我也不是敗一次了，我也不是逃跑一次了，我還差這一次嗎？」劉邦不怕失敗，不怕逃跑，面對最壞的結局，他從來不曾放棄過，擦乾眼淚從頭再來。正是這種永不言棄和敢於重來的態度，讓他最後取得了勝利。

再看項羽，這方面的差距就太大了，也許是出身高貴，先天條件太好，路又走得太順，出道以來正如他所說「身七十餘戰，所當者破，所擊者服，未嘗敗北」。正是由於他此前的軍事生涯太過順利，使得他無法接受自己的失敗，也絕不容忍自己的失敗。

垓下之戰時，項羽完全可以東渡烏江突圍出去，烏江亭長都講得很清楚了：「江東雖小，地方千里，眾數十萬人，亦足王也。願大王急渡。今獨臣有船，漢軍至，無以渡。」

然而，項羽是什麼態度呢？

他搖頭道：「天之亡我，我何渡為！且籍與江東子弟八千人渡江而西，今無一人還，縱江東父兄憐而王我，我何面目見之？縱彼不言，籍獨不愧於心乎？」

一句無顏見江東父老，項羽便自刎烏江，親手把劉邦毫無懸念地送上了皇帝寶座，可嘆可恨！

與項羽相比，越王勾踐臥薪嘗膽，「三千越甲吞吳」的壯舉更讓人景仰。

人的一生不可能永遠一帆風順，失敗只是一個階段，只是一個分岔

第十四章 垓下悲歌

路口,而非終點站。現在你成功了,不代表未來還會成功;現在失敗了,不代表未來還會失敗。在困難、挫折和失敗面前,能救我們的只有從頭再來的信心和勇氣,而項羽顯然缺乏這種從頭來過的勇氣,這也就註定了他一生的悲劇!

第十五章　君臨天下

有一份堅守叫作道義

西元前 202 年，項羽烏江自刎，為時四年半的楚漢之爭，以劉邦的勝利宣告結束。

項羽死後，楚地大部分都被平定，唯有魯縣（今山東曲阜）寧死不降，欲為項王死節，氣得劉邦想率兵屠城。為什麼魯地對項羽如此忠心耿耿？因為項羽最初被楚懷王熊心封為魯公時，他的封地就在那裡。直到最後，劉邦派人挑著項羽的人頭昭示魯地百姓，才得以收服魯縣。

在魯城平定之後，劉邦以魯公之禮安葬了項羽，親自為項羽主持了一場盛大的葬禮，並在項羽墓前哭得稀里嘩啦，誰都拉不起來。

都說男兒有淚不輕彈，何況項羽還是劉邦朝思暮想必欲除之而後快的宿敵，劉邦怎麼可能哭祭項羽呢？是英雄相惜，是內心有愧，還是大功告成、喜極而泣？

劉項之仇，由來已久，劉邦為了除掉項羽更是不惜代價，現在項羽已死，劉邦心中真可謂樂不可支，怎麼可能有傷痛之情呢？

清代的史學家王鳴盛也對劉邦的這種做法提出過質疑，他說：為義帝發喪，尚可理解。逼死項羽，然後又用魯公之禮發喪，痛哭而去，天底下豈有將其殺死又為之痛哭者？不知從哪裡來的眼淚，千載之下讀來令人發笑。

第十五章　君臨天下

綜合以上分析，我們不難看出，劉邦哭祭項羽，絕非傷痛，而是一場政治作秀。

劉邦是一位天生的好演員，他很擅長演哭戲。當初劉邦一出關，就立刻為被項羽害死的義帝熊心舉行隆重的葬禮，一哭就是三天，彼時的他，迫切需要一面正義的旗幟。果不其然，「哭」的程序完成之後，他立刻舉起為義帝復仇的大旗，東伐項羽。

面對項羽的墳頭，劉邦再一次獻上了影帝級的表演：他先是深情回憶與項羽共同抗秦的那段艱難歲月，稱讚了項羽不避矢石、永遠衝在第一線的大無畏精神，為自己這位曾經的戰友點了個大大的讚。繼而，他又惋惜項羽濫殺無辜、盡失民心，進而為自己的「正義」行為找藉口。

劉邦的哭戲演得極為逼真，讓周圍的人也忍不住動容，大家心裡都在暗暗感慨：漢王真是仁義啊！對待自己的敵人也能如此仁至義盡，還準備了這麼一場盛大的葬禮，也算對得起霸王項羽了。

然而，熟知內情的人正在暗暗發笑：貓哭耗子——假慈悲！

為什麼我一定要說劉邦的哭戲完全是一場作秀？很簡單，因為他對項羽毫無半分惺惺相惜之情，這從後面的故事中可以得到驗證。

項羽死後，他手下的大多數將領和士卒都投降於劉邦。而劉邦卻下令，原楚軍將士在提到項羽時，不許叫「項羽」，更不許稱「項王」，只能直呼其名「項籍」。

要知道，古人稱字、稱號、稱官職、稱籍貫，絕對不直呼對方的名，因為這是一種很失禮的行為。現實生活中往往有因為稱呼不當，而引起不快的現象出現。因此，恰當而禮貌地稱呼別人，是人際交往中最基本的禮儀。

項羽面前，劉邦是自卑的，為了樹立自己權威法統，唯有一條道

路，就是徹底毀壞項羽的名聲。

劉邦臣下中有相當數量的項羽舊部，讓他們直呼其名，就是要求他們與過去劃清界限。

即便如此，有一個人站了出來，對劉邦說了不！

他叫鄭君，是項羽最忠實的部下。

面對劉邦的旨意，鄭君依然堅守自己作為楚國臣子的禮節，每次提到項羽時，都尊稱「項羽」、「項王」。劉邦很是惱火，既然你心中還有項羽，那就從我眼前消失！

最終，鄭君被趕出了朝堂，病死家中。

鄭君錯了嗎？並沒有錯，在那個阿諛奉承、馬屁連篇的年代，他用自己的堅守詮釋了什麼才是真正的道義！

與其亡羊補牢，不如防患於未然

在處理完楚漢之爭的後事後，劉邦匆匆忙忙趕回了定陶（今山東定陶），策馬飛奔至齊王韓信的軍營內，做了一件了卻心事的大事。

什麼事？收兵權！

為什麼劉邦要著急收回兵權？原因也不難理解，韓信麾下的二十萬軍隊一直以來都是劉邦心中的一塊心病。到滅楚前夕，韓信已經成為與劉邦、項羽鼎足而立的強大勢力。

我們都知道，權力是領導活動的槓桿，放權與收權是領導者運用權力藝術的重要方面。放與收本來是既對立又一體的兩個面向，但在通常情況下，越是才高的人越難駕馭。在劉邦看來，韓信就是這個才高難以駕馭的人。

第十五章　君臨天下

　　劉邦深知，放權容易收權難。但該收時必須要收，不收可能就代表喪失更大的權力，甚至被架空，只有趁其不備時果斷出擊，掌握主動權，才能防患於未然。

　　有人或許要問了，韓信是劉邦發掘的，在帶兵打仗方面給予了他無條件的信任，韓信的齊王還是劉邦親自封的，現在收回韓信的兵權，有那麼複雜嗎？

　　要知道，古代大將被奪兵權分為兩種情況。一種是委任大將，比如王翦、岳飛、年羹堯等人都是屬於這個類型。這種兵權是由皇帝直接任命，指令將士聽令於他們，要想罷免他們，只要皇帝一句話就行了。因為這些兵將理論上都是皇帝的兵，而大將只有管權沒有治權。

　　第二種則是幕府大將，比如唐朝的節度使，管轄數州，總攬轄區內的軍事、民政、財政，權力極大，這種狀況歷史上有一個專有名詞來形容，叫「藩鎮割據」或者「軍閥割據」。他們的兵馬全部是自己招募的，他們的將士都是自己一手帶出來的，這兵權就不是那麼好奪的了。

　　在楚漢戰爭陷入膠著之際，韓信獨自開闢了北方第二戰場，他出征時所帶兵力並不多，大部分兵力都是在當地徵召的，經過不斷累積，才有了如今的二十萬大軍。可以說，這些部隊中的軍官都是韓信一手提拔上來的，他們只效忠於韓信一人。

　　既然如此，劉邦為何還能輕鬆奪了韓信的兵權？

　　原因其實很簡單：韓信從來都沒有想過反叛。

　　韓信是個很感性的人，他能將天下大勢說得頭頭是道，但對於溫情又沒有抵抗力。在楚漢戰爭的艱難歲月裡，劉邦屢戰屢敗，而韓信卻在北方高歌猛進，論實力，彼時的韓信不輸於劉邦。

　　在他打敗龍且之後，項羽第一次感到了恐懼，派了身邊的謀士武涉

> 與其亡羊補牢，不如防患於未然

去遊說。武涉跟韓信分析天下形勢：「當今二王之事，權在足下。足下右投則漢王勝，左投則項王勝。」又警告他，一旦項羽完蛋了，劉邦下一個收拾的肯定是他：「何不反漢與楚聯合，三分天下王之？」

然而，面對這個千載難逢的機遇，韓信卻輕輕搖了搖頭，念起了劉邦的好來。

無論韓信心中如何感激，劉邦始終不信任韓信，對韓信終留著一手。項羽一死，劉邦就迫不及待地率禁衛軍直入齊王大營，輕鬆奪了韓信的軍權。

這裡是韓信的地盤，韓信如果要殺劉邦，輕而易舉，但他並沒有這樣做。

大局已定，天下再無戰亂，韓信已經完成了自己的使命，還要兵權做什麼？

劉邦的內心顯然沒有韓信這樣坦然，自古以來，兵權對於帝王而言極其敏感，沒有任何一個帝王能放心大膽地把兵權交給領兵將領，尤其是在天下安定之後。為了防患於未然，每個帝王都會採取一定的措施，只是手法略有差異。

趙匡胤登基的第二年，有一次在宮中宴請禁軍將領石守信等人。

飲到一半，趙匡胤感慨道：「當初要不是靠眾將擁立，我不會有今日。但是當了天子，日子也實在難受，還不如當節度使逍遙自在，如今我幾乎沒有一夜睡得安穩。」

石守信等人問道：「陛下如今貴為天子，還有什麼憂慮？」

趙匡胤道：「我這個位置，誰不想坐啊。」

石守信等聽出話中有話，忙表白說：「如今天命已定，誰還敢有異心？」

303

第十五章　君臨天下

趙匡胤苦笑著道：「你們雖然不會有異心，但是，假如有朝一日部下將黃袍披到你們身上，你們即使不想做皇帝，恐怕也不行吧！」

石守信等一聽，大驚失色，慌忙下跪拜叩，流淚道：「臣等愚昧，沒有想到這一點，請陛下為我們指出一條生路。」

趙匡胤說道：「人生苦短，白駒過隙。眾愛卿不如多積財富，廣置良田美宅，以終天年。如此，君臣之間再無嫌猜，可以兩全。」

石守信等人聽了這一番恩威並施的話，第二天就知趣地稱病辭職，交出了兵權。

論大度，劉邦顯然不及趙匡胤，但他同樣深知，居安思危、防患於未然才是智者避免災禍的良方，是降低損失的最佳手段。與其在韓信叛亂發生之後再採取措施來彌補，不如在其之前就對可能發生的危機進行防範，先奪了他的兵權。試想一下，如果養羊人在狼來了之前，先把羊圈的漏洞補好，又怎麼會讓狼有可乘之機把羊叼走呢？未雨綢繆，在風暴來臨之前就趕緊修房補屋，比起在風暴之後重建吹倒的房屋，防患於未然豈不是更好的選擇嗎？

當然，劉邦也知道貿然奪權，必定會讓韓信心生不快。為了妥善安置韓信，劉邦重新給他安排了職務：

如今楚地已被平定，楚地百姓亟須安撫，需要一位治楚者走馬上任。韓將軍熟悉楚地風俗，現任命你為楚王，統轄淮北之地，定都下邳（今江蘇邳州市）。彭越破楚有功，封梁王，定都定陶。

劉邦兌現了他的承諾，韓信、彭越也該投桃報李了。

「勸進」是門技術活

兵權在手，讓劉邦心中有了一絲安全感。此時的他，將目光投向了那個至高無上的位置。

隨著韓信和彭越封王，天下已經有了七位異姓諸侯王，他們分別是：楚王韓信、韓王信、淮南王英布、梁王彭越、趙王張敖、衡山王吳芮和燕王臧荼。這七位在目睹了劉邦一系列雷厲風行的手段後，心中忐忑不安，經過初步的商議，他們最終達成協議，聯名上書：恭請劉邦早日稱帝！

這是歷史的必然規律，也是劉邦的必然選擇。

經歷了這麼多年的奮鬥打拚，劉邦已經累積了足夠的人脈和實力，也唯有他，能讓各路諸侯心服口服。讓他當皇帝，也是天下人心所向。

諸侯們一致上書，理由無非是三條：

一、漢王率先入關，穩定了關中大地，功勞最大；

二、漢王存亡定危，救敗繼絕，以安萬民，功盛德厚；

三、漢王加惠於諸侯王有功者，使得立社稷，如今各路諸侯已獲得分封，但漢王卻和其他諸侯王名義上處於平等的地位，無法區分尊卑上下。

總而言之，言而總之，為了突顯漢王的功勳和功德，只能百尺竿頭更進一步，請他坐上龍椅，這樣大家心裡才踏實。

面對眾人的盛意推舉，劉邦是什麼反應呢？

他使勁咽了口唾沫，這才回過神來，婉言推辭道：「我聽聞，皇帝的尊號是賢能的人才能擁有的，我出身卑微，又無才能，可承擔不起這尊貴的稱號啊！你們這些諸侯王把我捧得那麼高，使得我很被動啊！」

第十五章　君臨天下

劉邦想當皇帝嗎？做夢都想！

早在鴻門宴前，項羽身邊的第一謀臣范增就看出了劉邦的政治野心：沛公起兵前，貪於財貨，好美姬。到了關中卻財物無所取，還紮緊褲帶，沒有寵幸咸陽城內的美姬，這說明其志不在小！接著，他又找望氣者觀察天象，皆為龍虎，成五彩，此天子之氣也！

既然如此，面對眾人的勸進，劉邦為何還要推辭？

很簡單，這是中國歷代政治的遊戲規則。無論劉邦有多迫切想坐上龍椅，他都必須表現出自己謙讓的一面。多年的歷練讓劉邦有了一顆冷靜的心，狂喜之中，他心裡還有一個聲音一直在提醒自己：要謙虛，要謙虛，要注意吃相。

對於這套勸進的遊戲規則，諸侯們是深諳其中奧妙的，一次不行，那就再來一次！緊接著，他們又一次給劉邦上書：

大王起於細微，滅亂秦，威動海內。又以辟陋之地，自漢中行威德，誅不義，立有功，平定海內，功臣皆受地食邑，非私之地。大王德施四海，諸侯王不足以道之，居帝位甚實宜，願大王以幸天下。

這一次，劉邦不得不裝作無奈地說道：「既然諸君覺得我適合當皇帝，那我就勉為其難，多為國家做點貢獻了。」

之所以要這麼大費周章，無非是為了向天下人表明心意：當皇帝不是我自己的本意，而是順應人心。

不得不說，「勸進」是中國文化特色，從劉邦稱帝、劉秀稱帝直到曹丕稱帝、趙匡胤稱帝，無不需要群臣「勸進」。大臣們甚至還會擺出一副「大哥」不當皇帝，大家沒有活路的架勢。

劉秀稱帝前，耿純就直言道，大家拋妻別子跟著大王就是為了「攀龍附鳳」，你不稱帝這些人只能一哄而散，各回各家，原地解散，你說怎

麼辦吧！使得劉秀只好「勉為其難」稱帝。

與上面這兩位相比，趙匡胤更像是一位天才導演。為了披上龍袍，趙匡胤先是製造祥瑞，緊接著又製造所謂契丹入侵的謊言，最後順理成章地帶兵出征。根據司馬光的《涑水紀聞》記載：

就在這一天清晨，一大群底層士兵破門而入，闖入趙匡胤的臥室。這些人亂哄哄地衝到床前，直接對著趙匡胤大吼道：「諸將無主，願策太尉為天子。」

趙匡胤當時裝作宿醉未醒，故作驚慌道：「你們拿著朝廷的俸祿，又不是什麼綠林好漢，怎麼就『無主』了呢？」

這些人根本不容趙匡胤反駁，扒掉了趙匡胤的衣服，給他披上了一件龍袍，一看，正合身！

在經過一場反覆的拉鋸戰後，劉邦命令叔孫通擇選良辰吉日，在泗水南岸舉行登基大典。

時逢二月，淺春裡的陰霾與寒冷，終是抵不住溫暖陽光的驅趕，初春的齊魯大地，正蘊含著勃勃生機。

祭天神壇中央，放著一個高大的銅鼎。劉邦緩步拾級而上，心中並沒有多少狂喜之情，更多的是不安，還有無邊無際的孤獨。

這一年，劉邦已經五十四歲了，早過了知天命之年，生命已經流逝了大半，幾絲華髮，盤踞在歲月的鬢角，他已經不再年輕了。

回憶如潮水般襲來，那些遺失的碎片重新組合，形成一幕幕熟悉的畫面。

那一天，他第一次到帝國的都城咸陽，恰巧碰到始皇帝出巡。望著只比自己大三歲的嬴政身上自然散發出的威嚴氣勢，劉邦感到體內有一股洪荒之力，幾欲噴薄而出，不由得脫口而出道：「嗟乎！大丈夫當如此也！」

第十五章　君臨天下

那時的他，只是一名小小的泗水亭長，誰能想到，自己有一天也能比肩秦始皇？

嬴政，你可曾想到過，你的江山，有一天會交到我劉邦的手上？

他看著高臺下的芸芸眾生，猶如眾蟻聚於腳下。

劉邦穿著新制的袍服，戴著冕旒，心潮澎湃地接受著諸侯與群臣的朝拜，看著他們對自己三跪九叩，聽著他們對自己高呼萬歲，萬歲，萬萬歲！

一個新的皇帝，終於誕生。

有等級才會有秩序

劉邦當上了皇帝，但他過得並不舒心。

當皇帝，必須要有一輛體面的御輦，方便自己出行。然而，當劉邦看到屬於自己的那輛御輦時，心中立刻涼了半截：這輛車居然是用四匹毛色雜亂的馬拉的！

劉邦很是窩火：「天下之大，難道就找不出四匹毛色一樣的馬嗎？」

底下人答道：「還真是沒有。如今民生凋弊，能找到四匹馬拉車就算不錯了，諸侯和大臣們出行都是坐牛車。」

劉邦沉默了。他這才意識到，自己接手的是個千瘡百孔的帝國，眼下還不是享樂的時候，自己的首要任務就是恢復民生，調養生息。

可是，要治理一個這麼龐大的國家，該從何處著手呢？

這一天，劉邦召集文武大臣開會。說好了是卯時準點到場，結果劉邦左等右等，都過去兩刻鐘了，大臣們才吊兒郎當地陸續到場。這也不能怪他們，將軍、丞相都窮得坐牛車，低級別的官員只能步行。

劉邦坐在龍椅上,看到大臣們懶懶散散,有的蓬頭垢面臉都沒洗,有的在人群中大聲說話,心中很是不快。

也難怪,劉邦本人以前就是個地痞無賴,他手下這幫弟兄自然也好不到哪去。大將軍樊噲跟劉邦是連襟,屠狗賣肉為生;太尉周勃跟劉邦是同鄉,偶爾幫紅白喜事人家吹個嗩吶什麼的;蕭何在縣衙打雜,曹參是個獄卒,夏侯嬰是個車夫,指望著這幫粗人在自己面前規規矩矩站好,怎麼可能?

晚上,劉邦在宮中舉辦宴會,宴請朝中大臣。

眾人一開始還算守規矩,酒過三巡、菜過五味,這幫人就開始不安分了,為了評出誰的功勞最大,大夥爭得臉紅脖子粗,最後破口大罵,樊噲吹噓起當年自己夜闖鴻門宴、營救劉邦一事,說到興起處,拔出佩劍對著桌子、柱子一頓亂剁;周勃也喝多了,面紅耳赤,拉著劉邦就要跟他劃拳;曹參嫌官封得小,喝醉了要跟劉邦爭功,還「三哥」、「三哥」地亂叫。一時間酒杯茶杯亂飛,大多數人看熱鬧不嫌事大,拍手跺腳起哄叫好,把金殿攪得和菜市場一樣嘈雜。

劉邦君臣起自閭閻,多年征戰,彼此之間本來就沒有什麼規矩。打下天下以後依然如故,前朝那些禮儀也都一概廢去。

看著眼前這亂哄哄的場面,劉邦一開始還好言相勸,可大家似乎都沒把劉邦當皇帝。在眾人眼中,劉邦還是那個跟大家同吃同住的漢王!當了皇帝,有什麼不一樣嗎?

劉邦的火條然升起了,他拍著桌子吼道:「滾滾滾,都給我滾,都給我滾!」大夥一聽,滾就滾,一哄而散,只剩下劉邦一個人在風中凌亂。

劉邦鬱悶地坐在龍椅上,簡直開始懷疑人生了,這幫人也太不尊重自己了,得找個方法約束一下他們。

第十五章　君臨天下

就在此時，一名儒生上前，對他說道：「我知道陛下為何苦惱，這些大臣太沒規矩了，臣有方法幫陛下整整他們。」

劉邦一看，原來是叔孫通。

叔孫通本是秦朝的儒者，待詔博士。當初，陳勝起義的消息傳到宮中後，博士諸生三十餘人建議二世皇帝趕緊出兵鎮壓。秦二世聽了很不高興，大臣們一個個膽戰心驚。叔孫通察言觀色，上前說道：「聽他們瞎說！天下一統，太平盛世，哪裡有什麼亂臣賊子！陛下不必擔心，這只不過是鼠竊狗盜的小毛賊，何足掛齒！」二世皇帝這才轉怒為喜，把那些說有人造反的儒生關進監獄，轉而賞賜叔孫通，拜為博士。

叔孫通出宮之後，儒生們一起責問他：「先生為何說這種言不由衷的討好話？」叔孫通回答：「你們懂什麼？我差點就逃不出虎口了。」一轉身就不見了蹤影。

在劉邦眼裡，叔孫通就是一個見風使舵的人，又是自己最討厭的儒生，這種人能給出什麼好建議？

「說說看。」劉邦一臉抑鬱。

叔孫通：「打天下的時候儒生們沒用，守天下時就有用了。臣願意去魯地徵召儒生，與臣的弟子一起制定禮儀和規矩。」

劉邦一向看不上儒生，聽聞這話，便對叔孫通說：「不會很複雜吧？」

叔孫通：「陛下放心，五帝能異樂，三王亦不同禮，禮這玩意，不是僵死的老古董，而是根據時代人情世故定下一個法則，教導人們去遵守罷了。臣願參照古時禮儀，再加進一些秦朝的規則，重新編制出一套禮儀。」

劉邦：「那就試試看。」

在徵得劉邦的同意後，叔孫通回到了魯地，徵召儒生三十多人，其

> 有等級才會有秩序

中有兩人不肯同行，對叔孫通說：「您侍奉過的君主將近十人（叔孫通曾在秦始皇、秦二世、陳勝、項梁、楚懷王、項羽等手下為臣，後來才投靠劉邦），都靠當面討好君王而得到寵信富貴。現在天下初定，死者未葬，傷者未癒，又要制定禮、樂。禮、樂的產生，必須積德百年而後可興，我們不願意做您所做的事，您走吧，不要玷汙我們！」

叔孫通哈哈一笑：「你們真是腐儒，不知時代已變！」帶著門下弟子編制出了一套朝廷禮儀，與儒生弟子百餘人一起演練，並在長樂宮建成之日引導王侯將相朝拜劉邦。

這一套朝廷禮儀在經過劉邦的檢驗後，終於在一次國家慶典得到了驗證。

這一年，長樂宮建成，劉邦召集各諸侯王和文武百官朝會。司馬遷在《史記》中詳細描寫了這一次朝儀莊嚴肅穆的場面和複雜的程序：

天微微亮，在悠揚的禮樂聲中，大臣們穿上正裝，在侍者的引領下按次序進入殿門，分文武排列於東西兩側。皇宮侍衛官兵沿大殿臺階兩邊站立，直至殿中，一律手持兵器，豎立旗幟。

在左右侍衛一聲又一聲的通報中，劉邦乘著御輦出現在眾人眼前，緩步踏上龍椅。懾於朝儀威嚴，諸侯王以下莫不震恐肅敬，大殿上的群臣也伏身低首，大氣都不敢出。在叔孫通的指引下，大夥齊刷刷作揖鞠躬，跪倒磕頭。劉邦一擺手，群臣口稱謝恩，低著頭退到兩旁站立。

朝賀典禮結束，酒宴開始。侍者奉上皇帝專用的美酒，群臣按照儀軌宴飲，之後又按照地位高低和級別大小，依次向劉邦敬酒。在這個過程中，御史執法，把那些行為不符合禮儀的人拉出去 —— 再也沒有人敢沒大沒小、大呼小叫了。

劉邦心中很是得意，不由得感慨道：「朕今天才知道做皇帝的尊貴

第十五章　君臨天下

啊！」拜叔孫通為太常，賜五百金。

叔孫通趁劉邦正高興時，提出了自己的一點請求：「我的弟子跟隨我很久了，這次和我一起制訂、操演上朝的禮儀，費了不少心思，希望陛下能重用他們。」

劉邦大手一揮，准了，都封他們為「郎」吧！

回去之後，叔孫通把劉邦賞的五百金分給那些弟子們，弟子們皆大歡喜：「叔孫通先生真是聖人，懂得什麼是當務之急。」

經此一事，叔孫通一舉成名，被奉為「漢家儒宗」。

一個好漢三個幫

在楚漢戰爭中，劉邦和項羽相比，幾乎全面處於下風，無論從個人能力、聲望、前期業績，還是所掌握的基礎資源來看，劉邦都比項羽差太多。論出身，項羽是楚國貴族之後，而劉邦則是草根出身；論為人，項羽恭敬愛人，而劉邦輕慢而少禮。可為什麼，劉邦最後能完成對項羽的逆襲呢？

對於這個問題，不只是後人，連當事人也在苦苦思索原因。

漢五年（西元前 202 年）五月，劉邦在洛陽的南宮開慶功宴。宴席上，他和眾人分析楚漢戰爭勝敗的經驗教訓：「各位諸侯將領們，你們不要隱瞞朕，大家都坦率說說，朕為什麼能成功，而項羽為何失敗了？」

高起、王陵兩位率先回答：「陛下慢而侮人，項羽仁而愛人。可是陛下派人攻城掠地，打下來的地方就直接賞給部下，大家一起發財。項羽呢？妒賢嫉能，見不得別人比自己能幹，戰勝了不論功行賞，打下地盤了也不分給部下，所以最後失敗了。」

這個點評可以說是很到位了，對於那些追隨你拋頭顱、灑熱血的夥伴而言，他們要的當然是加官晉爵，要錢、要地、要女人。跟著你無非就是等你發達了，自己也能跟著光宗耀祖，過上好日子。比起只是噓寒問暖、送湯送飯的慰問，用實實在在的物質作為獎勵，才能讓別人心甘情願為你賣命。正如管仲所說「倉廩實則知禮節，衣食足則知榮辱」，只有肚子填飽了，有好處先分給大家，大家才會在意榮譽感，願意聽你說理念、說理想，赴湯蹈火陪你實踐。

對於團隊的領導者而言，你對團隊越大方，就越容易吸引人才，越能匯聚人心，創業越容易成功。這一個重要的前提就是，你得認為每一位夥伴都是來幫助你成功的，大家都有功勞，都應該享受成果，而不是看作搶你功勞、分你利益的敵人。

不料，劉邦聽完，卻搖了搖頭，說道：「你們只知其一，不知其二啊！」

劉邦為什麼能贏？對於這個問題，他自己有個回答。

夫運籌策帷帳之中，決勝於千里之外，吾不如子房；鎮國家，撫百姓，給饋餉，不絕糧道，吾不如蕭何；連百萬之軍，戰必勝，攻必取，吾不如韓信。這三人都是人傑，卻能為我所用，這才是我最後能贏的原因。

說白了，劉邦最終能戰勝項羽，靠的是積極分配利益，團結眾人。

一個高明的政治家，他只需掌握大方向即可，計謀和方法交給手下去想、去做，手下人做得才帶勁，才有成就感。天下能人皆為我所用，又何必像項羽一樣親自衝鋒陷陣打天下呢？

那不是勇敢，那是傻子，是愚人。

劉邦，出生於一個小農民家庭，祖上沒有什麼貴人。相比他招納的能人賢才來說，他的能力實屬平庸，身上還有很多缺點。司馬遷就直言

第十五章　君臨天下

劉邦粗魯無禮，好酒又好色。對於投奔他的儒者，劉邦甚至解其儒冠，小便於其中。有一次，周昌奏事，打擾了劉邦和戚姬的宴飲，劉邦起身追打周昌，還騎在周昌脖子上，這些都是「慢而侮人」的表現。

問題在於，劉邦雖然品德有瑕疵，但卻是一個有自知之明的人。古希臘物理學家阿基米德說過：「給我一個支點，我可以抬起地球。」劉邦成功的支點就是合理運用了人才，能夠將天下人才集結在自己的周圍，為己所用：會帶兵的韓信，他敢放手給兵；善於謀略的張良，在他手下能夠運籌帷幄；會管帳的蕭何，他能放手給錢。

企業最大的資本是人，最重要的資源是人才，最重要的經營是對人才的經營。彼得·杜拉克說：「管理者的任務不是去改變人，而在於運用每個人的才幹。」

我們先來看張良。

張良是戰國秦漢間「謀士」的代表。在遇到劉邦之前，他原本是打算去投奔景駒的，透過他人的借力，幫助自己恢復韓國，途中正好遇上劉邦，兩人開始聊了起來。張良自從悟透《太公兵法》後，向他人講解別人都聽不懂，唯獨劉邦能聽懂，張良很高興，果斷改變主意，決定跟從劉邦。為了輔佐劉邦，張良可以暫時丟下韓王成，入關中為劉邦排憂解難。或許他已知曉，自己滿心期待並為之拚搏的復韓大業終究是鏡花水月，眼下這位知人善用的劉邦，才是自己真正的伯樂。

再看韓信。

韓信是從項羽陣營跳槽到劉邦陣營的。韓信跳槽時，項羽的勢力正如日中天，但韓信在項羽處沒有用武之地。為了找到施展自己抱負的舞臺，韓信跳槽到了劉邦集團。在夏侯嬰的推薦下，劉邦任命韓信為治粟都尉。蕭何透過幾次談話看中了韓信，認為應當重用，在他的大力引薦

下，韓信終於被封為大將軍。

劉邦摸準了韓信性格的弱點，給他了父兄一般的關懷。在楚漢戰爭陷入膠著之際，一眾謀士紛紛前往遊說韓信叛漢自立，可韓信卻說，漢王授我上將軍印，予我數萬眾，解衣衣我，推食食我，言聽計用，故吾得以至於此。夫人深親信我，我倍之不祥，雖死不易。

韓信在這裡說的幾句話，總結起來依然是那幾個字 —— 士為知己者死。

能識人、能用人、能駕馭，在用韓信的決定上，劉邦的領袖風範表現得淋漓盡致。

最後再看蕭何。

蕭何是劉邦集團的元老，劉邦做亭長的時候，蕭何是縣主吏掾，兩人就有交情。劉邦說：「鎮國家，撫百姓，給饋餉，不絕糧道，吾不如蕭何。」毫不誇張地說，沒有蕭何鎮守後方，徵兵納糧，劉邦就不可能在外安心打仗，奪取天下。李嘉誠曾經說過：承認他人的長處，得到他人的幫助，這便是古人說的「有容乃大」的道理。成就事業最關鍵的是要有人幫助你，樂意跟你工作。

俗話說，一個好漢三個幫，一個籬笆三個樁。在社會上打滾這麼多年，你會發現成功人士身上都有著一個共同的特質，那就是他們善於籠絡各種人才，讓這些人各展所長，心甘情願為自己做事。

春秋時齊桓公之所以能九合諸侯，一匡天下，成為諸侯霸主，也是因為身邊有以管仲為首的出色的人才團隊。這些人才各展所長、盡忠職守，共同推動齊桓公的霸業，終至走向成功。

第十五章 君臨天下

第十六章　翻雲覆雨

田橫：氣節比性命更重要

　　劉邦的一生中，有兩個最大的對手，一個是項羽，一個是韓信。

　　眼下，項羽已經兵敗垓下，自殺身亡；韓信也被奪了兵權，徙封楚王。按理說，內憂外患已除，劉邦可以高枕無憂了。

　　然而，每當夜深人靜的時候，劉邦獨自一人看著帝國的萬里江山圖，時常心緒不寧，唉聲嘆氣。

　　為何劉邦睡不著覺？難道他心中還有什麼遺憾？

　　有的，這個人叫田橫，此刻位於遠在千里之外的一個孤島上。

　　田橫一直都是劉邦的一個心病。為什麼這麼說？只因他是齊國最後的王族。

　　田橫是狄縣（今山東高青東南）人，本是齊國舊王族，齊王田氏的後裔。田橫與哥哥田榮及堂兄田儋是當地的強宗大族，田氏三兄弟都是人中豪傑，能服眾而得人擁護，隱然是當地民間社會的領袖。

　　西元前209年，陳勝、吳廣首先點燃了民間反秦的導火線，田橫三兄弟趁機殺掉狄縣縣令，舉起了造反的大旗，宣言恢復齊國，由田儋出任齊王。戰亂之中，田儋被秦將章邯所殺，田榮也被項羽擊敗，死於亂軍之中。

　　田氏三兄弟中，田橫年紀最小，在兩位兄長先後稱王主政期間，他身為齊軍大將，默默領軍支撐著田齊政權。田榮死後，田橫聚集齊軍殘

第十六章　翻雲覆雨

部,繼續與楚軍對抗,讓項羽深陷齊地不能抽身。當時,劉邦也抓準時機,出巴蜀還定三秦,一舉攻入了彭城。迫於無奈的項羽只得掉過頭來,全力應對劉邦。

借著劉邦與項羽爭鋒的空隙,田橫重新收復鞏固了齊地,擁立姪兒,即田榮的兒子田廣為新齊王。田橫為相,「政無巨細皆斷於相」,也就是一切都是田橫說了算。

三年後,劉邦為統一天下,派出了縱橫家酈食其出使齊國,與田橫講和。田橫被說服,放鬆了對漢軍的防禦。而就在此時,韓信領兵襲擊田橫的歷下防軍,一舉攻占了齊都臨淄。田橫正在宮中宴請酈食其,聽到消息,怒髮衝冠,大罵酈食其欺騙他,將其處死,並分兵退卻。

龍且戰死後,田橫眼見自己不是韓信的對手,只好帶領殘部投靠老朋友彭越,以圖東山再起。

這之後,劉邦即皇帝位,彭越被封為梁王。田橫無法在彭越處繼續躲藏,悄悄帶著五百個親信離開,遠遠地躲到黃海的一座小島上。這座島位於現在山東即墨以東,就叫田橫島。

劉邦心中始終有一個心結,田氏兄弟在齊國頗有威望,又與自己有仇怨,萬一田橫來個回馬槍再殺回家鄉,一聲號召,齊地一定有人跟著叛亂。

為了消除田橫這個潛在的隱患,劉邦特意派使者前去招降,表示自己願意赦免田橫等人以前的罪過,並讓田橫入朝覲見。

田橫召集手下眾人商議去留,結果沒有一個人願意投降。

面對劉邦的使者和詔書,田橫委婉辭謝道:「罪臣曾經烹殺了陛下的使者酈食其先生,罪行不可不謂深重。如今聽說酈先生的弟弟酈商身為漢將,賢明而為陛下所親近。罪臣實在是恐懼不安,不敢奉詔前往,只

想懇請陛下恩准臣做一個普通的老百姓。」

使者回到洛陽將田橫的話轉告劉邦，劉邦當著酈商的面當即下詔書：「我要招原來的齊王田橫進京，如果有人敢動他一根毫毛，或者得罪他的隨從人員，滿門抄斬！」

隨後，劉邦又派人轉告田橫：「若回來，大者為王小者侯；若不回，即刻發兵誅盡。」

田橫陷入了兩難之中。事實上，他不放心的不是酈商，而恰恰是劉邦。之所以拿酈商當擋箭牌，無非是找個藉口。可眼下，劉邦的態度已經很明確了，要麼回，要麼死。

田橫的部下聽聞劉邦又一次下詔逼田橫入宮，堅決表示反對，他們寧可與漢軍拚死一戰，也不願意眼睜睜看著田橫去送死。

田橫心中衡量決定，他擺擺手，動情地說道：「從齊國臨淄到這荒涼的海島，你們願意追隨我，我很感激。如果我不去，劉邦一定會派大軍前來討伐，到時候大家都受到牽連，我於心何忍？」

在婉拒了眾人的好意後，田橫只帶著兩個門客，跟隨著劉邦的使者踏上了前往都城洛陽的路。

當一行人踏上岸時，田橫回首望去，只見一片汪洋中，遠處的海島已變成一個小黑點，在風雨中顯得更為淒清落寞。他知道，這一去，怕是再也回不來了。

在距離洛陽只有三十里的時候，田橫停下腳步，對使者說，為了表達對皇帝的尊敬，自己需要沐浴一番，再去覲見。

在附近的驛館住下來後，田橫對兩個門客道：「我是齊國人，現在齊國被漢軍滅了國，曾經的齊王也被漢軍殺了，我如果去投奔仇人，那還算是個人嗎？還有臉面活在世上嗎？如果後世的人都學我不知羞恥、毫

第十六章　翻雲覆雨

無原則，只知侍奉強權，天下還有忠義嗎？」

悲憤之餘，田橫平靜地交代道：「想當初我和劉邦都是王，現在他成了天子，我卻成了亡國奴，這本來就是莫大的恥辱了。何況我還曾烹殺了酈食其，雖然酈商害怕皇帝的命令，現在不敢對我怎麼樣，但是終究是個死敵啊。劉邦召見我，不過是想要看看我的面貌，展現他的威風罷了。我若不來，必將牽連到我們的族人。現在我來了，距離洛陽只有三十里，割下我的人頭，快馬送到他面前，容貌不會變，還能讓他看得清。」

說完，田橫面向齊國的方向，跪拜於地，慷慨悲歌曰：

「大義載天，守信覆地，人生遭適志耳。」

祭拜完畢，田橫拔劍自刎。

兩個門客哭拜完畢，捧著他的頭，跟隨使者飛馳入朝，奏知劉邦。

身在洛陽的劉邦一心想見到田橫，體驗王者匍匐腳下的滿足感。當他看到呈上來的田橫的人頭時，大驚失色，感慨道：「田橫自布衣起兵，兄弟三人相繼為王，都是大賢啊！」隨後派了兩千兵卒，以諸侯的規格安葬了田橫，又封田橫的兩個門客為都尉。

豈料，兩個門客在安葬完田橫後，也舉劍自殺，追隨田橫而去了。

劉邦聞之大驚，由此認定田橫的門客都是不可多得的賢士，在將兩個客妥善安葬後，第三次派人去海島，招剩餘的五百人回朝。

使者抵達田橫島，五百名部下得知田橫的死訊後，一個個悲憤莫名，在遙祭主公的悲恨中選擇了集體自殺，再一次震驚了遠在洛陽的劉邦。

一向崇拜英雄的太史公司馬遷稱讚田橫說：「田橫之高節，賓客慕義而從橫死，豈非至賢！」

稱讚之餘，司馬遷又惋惜道：「不無善畫者，莫能圖，何哉？」他質疑天下的畫家，為何無人為田橫及其賓客作畫，將這一段可歌可泣的歷史用圖像留存下來？兩千年後，徐悲鴻完成了〈田橫五百士〉，用巨幅油畫的莊嚴之美，回復太史公的質疑之聲，古今千年呼應。

　　田橫，這位在楚漢戰爭中的失敗者，選擇了保留自己的尊嚴氣節，輕生死重大義，將不屈強權的精神薪火相傳，兩千多年來一直被仁人志士所推崇。

季布：你的寬容必定會有回報

　　劉邦當上皇帝後，天下初定，一條通緝令就從洛陽發出，迅速傳向全國，再一次讓那些剛投奔劉邦的各路諸侯和將軍們心中惴惴不安起來。

　　這條通緝令內容不長，可分量卻很重：挖地三尺，也要找到季布！誰敢窩藏季布，滅三族！

　　季布是誰？為什麼這麼招劉邦記恨？

　　季布是楚國人，平素愛打抱不平，在楚地很有名氣，後來追隨項羽南征北戰，在楚軍中擔任領兵大將，作戰勇猛，曾好幾次打得劉邦叫天不應叫地不靈。

　　更難得的是，季布還是個重然諾、講信用的俠客。楚人流傳一句話：得黃金百斤，不如得季布一諾！這就是成語一諾千金的由來。

　　劉邦建立大漢當上皇帝後，第一個通緝的要犯就是季布。可想而知，劉邦對他的恨，簡直是恨到了骨頭血液裡去了。

　　季布無處可去，最後只得躲到濮陽一戶周姓人家，但漢兵全城搜

第十六章　翻雲覆雨

索，危險迫在眉睫。周家主人對季布說：「將軍，我有一計可令您脫身，但一定要聽我安排。如若將軍不信任我，我立刻死在您面前！」

季布心中大為感動，道：「我信你，你來安排吧！」

在周家主人的安排下，季布剃了光頭，脖子戴上鐵箍，穿上粗布衣服，打扮成一副犯人模樣，被放在運貨的大車裡，和周家的幾十個奴僕一同賣給了魯地的朱家。

剃掉頭髮，用鐵箍束住脖子，是古代一種叫作「髡鉗」的刑罰，也是奴隸身分的象徵。周家把季布作為奴隸賣給朱家，是因為朱家比自己更有實力和辦法保護季布。

那麼我們不禁要問了，朱家是誰？他願意保護這樣一個被朝廷通緝的要犯嗎？

朱家，秦漢之際的遊俠。在古老的社會中，遊俠是一群跳出了綱紀法度的存在，他們有著自己的獨立觀念和原則，行為雖然常常出入於律法之間，但言必信、行必果、諾必誠，可以為了毫不相干的人赴湯蹈火，也可以為了國之存亡勞苦奔波。

朱家為人重義氣，在看到送來的奴隸時，已心知此人就是被劉邦通緝的要犯季布，但並沒有當場說破，只是囑咐兒子：幹活時，此人可隨意，但你記得，吃飯時，一定要和他一起。

在安排好家中事務後，朱家驅車赴洛陽拜見汝陰侯滕公，也就是夏侯嬰。

夏侯嬰長期位居太僕，早年即追隨劉邦，又在亂軍中救過劉邦的兒女，所以極得劉邦信任。他久聞朱家大名，得知他上門求見，立即出門迎接。

一見面，朱家開門見山：「敢問滕公，季布到底犯了什麼罪，陛下這

季布：你的寬容必定會有回報

麼著急捉拿他？」

夏侯嬰答：「只因季布屢次將陛下逼至困境，所以對其恨之入骨，必欲除之而後快。」

朱家又問：「滕公您怎麼看季布這個人？」

夏侯嬰：「季布的名聲我早有聽聞，是個賢人。」

朱家一聽，心裡有底了。他接過夏侯嬰的話，道：「我聽說身為人臣的，應盡忠職守。當日季布在項羽麾下聽命，楚漢相爭，季布也只是盡其職責而已。如今天下初定，陛下為個人恩怨搜捕季布，反而顯得心胸狹隘。您也說了，季布是個賢人，如其情急投敵，北有匈奴，南有南越，反而不美。得天下者，最忌諱的就是逼人太甚，當年伍子胥被迫逃離楚國，後又殺回楚國鞭屍楚平王，就是前車之鑑啊！」

夏侯嬰聽到這裡，心中一動，知道朱家主人心有所指。兩人四目相對，笑而不語。

這之後，夏侯嬰找了個單獨面見劉邦的機會，委婉地將朱家之意向劉邦講明。劉邦一聽，確實有道理，於是下令赦免了季布，還給他封了官。

不得不說，劉邦這個人雖然有時候有些無賴，但有一個優點，從善如流。只要別人講得有道理，他就聽取。而他對季布的寬容也在此後得到了回報。

劉邦去世後，漢惠帝劉盈繼位，季布時任中郎將。

這一日，匈奴單于寄來了一封書信，信中對呂后多有侮慢之意：

「我這個孤獨之君，生於濕澤之中，長在平野牛馬之地，幾次曾到達邊境，希望能到你們中原遊歷。陛下現在無夫，一個人獨守空房，一定身心寂寞，乾脆和我一起過算了！」

第十六章　翻雲覆雨

呂后是脾氣暴躁，看到單于的來信，火冒三丈，立即召集群臣商議對策。

上將軍樊噲站出來第一個回應道：陛下，末將願帶十萬兵馬，去匈奴境內殺他個幾回！

此言頗合呂后心意，「鳳顏」大悅，群臣會意，紛紛同聲應合。

此時的樊噲還有另一層身分，他的妻子是呂后之妹，從這層關係上講，樊噲是呂后的妹夫。看到樊噲放出豪言，一時之間朝堂上群情振奮，紛紛說匈奴小兒欺人太甚，樊將軍神勇無敵，此次出征必能得勝歸來云云。

就在一片恭維聲中，有一人突然出列，高聲道：樊噲可斬也！

群臣一聽大驚，誰啊，敢出此狂言？眾人循聲看去，發現是中郎將季布。

中郎將的職位和上將軍差了許多，而且樊噲又是呂后的妹夫，季布怎麼敢這樣理直氣壯？

在眾人的瞠目結舌中，季布繼續大聲說道：「當日高祖在時，曾親率四十萬大軍，不料卻被匈奴兵困平城，費盡周折，險得脫。今樊噲怎可能以十萬兵力在匈奴中殺個幾回？況且當年秦朝覆滅，原因之一即是始皇帝窮兵黷武，連年對胡人用兵，才引起陳勝起義。舊時之創，今日猶在。如今我大漢新君剛剛上位，國基不穩，如果現在和匈奴打仗，吃虧的必定是我們。匈奴人的習性本就如此野蠻，太后您又何必在意呢？」

季布說完，朝廷上再無人敢言。

呂后臉色一陣難看，拂袖而去，她也知道此時不是逞血氣之勇的時候，只好命謁者張澤以她的名義寫了一封信給匈奴，還送去宗室女和大量財物。信中說：

「我已年老色衰，怕玷汙了單于，不敢前去侍奉。漢朝從來沒得罪過您，還希望您能原諒漢朝，我送您幾輛車馬，您先用著吧！」

平心而論，以當時漢朝力量，絕無可能與匈奴抗衡。此時劉邦已故去，韓信已死，漢軍帳下可謂人才凋零。倘若樊噲貿然帶十萬兵出擊，必然如羊入狼群，有去無回。這一點，呂后知道，群臣也知道。

但只有季布一人能夠秉義執言，不徇私情、不阿權貴，真正從漢家天下角度來考慮，避免了一場戰爭。如果劉邦地下有知，想必他也會為當日的赦免而感到欣慰吧！

丁公：如果沒有忠誠，能力無足輕重

田橫與五百壯士的氣節贏得了劉邦的敬仰；季布屈身為奴，在大俠朱家和夏侯嬰的斡旋下，獲得了劉邦的寬容。然而，不是所有人都有這樣的運氣，比如，這位季布的親舅舅丁公就搞砸了。

丁公原本是項羽手下的將領，頗有軍事才能。漢二年（西元前205年）四月，楚漢雙方在彭城展開了一場大戰。趁著劉邦在彭城內志得意滿、鬥志最為鬆懈之際，項羽帶著三萬精兵日夜兼程趕往彭城，大破劉邦率領的五十六萬諸侯聯軍，打得劉邦丟妻棄子，父母老婆都成為項羽的俘虜。

劉邦見形勢不對，一路狂奔，被楚軍追得窮途末路，恰碰上飛沙走石，天昏地暗，在一片混亂中才得以逃脫。

然而，楚軍並沒有忘記劉邦這條大魚。項羽手下大將帶著一隊人馬，緊緊咬著劉邦不放，領兵之人正是丁公。

劉邦坐著馬車在前面跑，丁公帶著騎兵在後面追，不多時就追上了劉邦。劉邦回頭一看，大聲喊道：「這不是丁公嘛！你為什麼追得這麼緊啊？

第十六章　翻雲覆雨

咱們兩個都是聰明人，做人留一線，日後好相見，不要太過相逼嘛！」

按理說，丁公此時拿下劉邦可謂輕而易舉之事，可偏偏劉邦的幾句話竟然起作用了，丁公居然放緩了馬，回軍了！

看到此情此景，劉邦先是愣了一下，然後立刻催促夏侯嬰拚了老命飛馳而去，終於撿回一條性命。

項羽滅亡以後，劉邦成了大漢帝國的皇帝。這一日，丁公前來拜見劉邦，看能不能混個一官半職。出人意料的是，劉邦一看到他，立即下令把他拿下，到軍營中示眾，並貼出公告：「丁公做項羽的臣下而不能盡忠，使項羽失去天下的就是丁公！」

示眾之後，劉邦斬殺了曾經對他有恩的丁公，並且告誡他的臣子：「讓後代做臣下的人不要仿效丁公！」

看到這裡，很多人都會覺得劉邦的確不厚道，當初丁公手下留情，放了他一條生路，如今他稱霸天下，連仇人都能封賞，對待自己的救命恩人卻這樣絕情，遠遠不如三國時的曹操對關羽。

那麼，劉邦為什麼要恩將仇報呢？

很簡單，因為忠誠！

從劉邦的角度來說，忠誠是作為集團成員的首要素養，人才的好壞除了看能力，就是看品格德行了。

對於丁公被殺一事，司馬光的解釋是：夫進取之與守成，其勢不同。

當群雄角逐的時候，民眾沒有固定的君主，誰來投奔就接受誰。待到貴為天子、四海臣服的時候，如果不樹立規矩，致使身為臣子的人，人人心懷二心以圖厚利，那麼國家還能長治久安嗎？

劉邦據大義而做出決斷，使天下之人都清楚地知道：身為人臣卻不忠誠的人，沒有自己的藏身之處；心懷私人目的布施恩惠給他人的人，

儘管救過自己的性命，依然按照禮義，不予寬容。

簡單來說就是，打天下與坐天下的謀略完全不一樣，打天下是為了生存，因此招降納叛要不拘一格。坐天下是為了發展，為後世的長治久安考量，因此需要上下一致、忠心不二。

丁公過去在項羽手下做事，和劉邦沒有什麼交往，他放劉邦不過是出於他自己的私心，這樣的人做事目的性太強，也容易反覆無常。眼看劉邦當了皇帝得了勢，就想著依託過去的功勞混個一官半職，不料卻被劉邦一眼看穿了他的這點小心思！在劉邦眼裡，如果沒有忠誠，能力再大也無足輕重。

對於小人的處理方式，劉邦和曹操類似，用則用之，用後殺之，不留後患。從這一點來看，丁公明顯是打錯了算盤。

韓信：成在疆場，敗在官場

當劉邦在洛陽忙於遷都、處置項羽舊部等一系列繁雜事務時，韓信也踏上了衣錦還鄉之路。

劉邦在定陶稱帝後，韓信就離開了劉邦，直接從定陶南下去下邳（今江蘇邳州市東）就國。下邳也是個大縣，街巷繁華，但韓信魂牽夢繞的依舊是自己的家鄉──淮陰。韓信生於斯，長於斯，雖然由於家道敗落，自己在淮陰並不受人待見，但那裡總歸是自己的家鄉。那裡有捨飯相贈的漂母，他曾給漂母許下重諾：「將來自己富貴後，必定會報答她！」韓信是個正人君子，他一定要實現自己當初的承諾。

楚王韓信衣錦還鄉，轟動了整個淮陰。

很快，淮陰縣衙貼出了一則尋人啟事，要求在當地尋找一個屠戶、一個亭長、一個漂母。

第十六章　翻雲覆雨

韓信聲名鵲起後，其事蹟在當地廣為流傳，不多時，這三個與韓信有關係的人被送到了縣衙。

最先受到接見的是漂母。當年邁的漂母見到那個偉岸的身影時，她沒有看到高高在上的倨傲，而是一張滿是淚水的面龐。

韓信跪謝道：「當年若沒有您的關照，就沒有今日的韓信！贈飯之恩，永世難忘！」一招手，僕從呈上一個木盤，上面全是珠寶首飾。

漂母卻淡淡地看著他，搖頭道：「你錯了，大丈夫不能養活自己，我給你飯吃是可憐你，難道是希望你回報嗎？

孩子，你能在這個亂世之中活下來，我已經很欣慰了，我不求什麼富貴，只要你好好活下去，就是對我最大的回報了！」

亭長進來了，韓信看著這位昔日的朋友，心中頗為複雜。那時的他三餐無以為繼，有一段時間經常到這個亭長家蹭早飯，日子久了，亭長的妻子心生厭惡，一大早就起來做好飯菜和一家人吃光，只留給韓信一個冷灶台。一怒之下，韓信與他斷絕了往來。此時此刻，在接見這個亭長時，韓信沒假以辭色，給了他幾百個銅錢，冷冷道：「你是小人，做好事有始無終。」

最後進來的是當年曾欺侮過他的屠戶。看著昔日的落魄青年如今搖身一變，成了大漢帝國的一方諸侯，屠戶額頭上的冷汗止不住地往外冒，心中滿是懊悔。

不料，韓信卻一臉平靜地看著他，對身邊眾人說道：「這是個壯士，當年他侮辱我的時候，我難道不能殺了他嗎？只是那樣做沒有意義，所以我才能忍受一時的侮辱而成就今天的功業。」不僅沒有懲罰他，還讓他出任楚國中尉。

當年的胯下之辱雖讓韓信一時出醜，但是在經歷了這麼多年的腥風

血雨後,他的內心早已趨於平靜,仇恨早已釋然。

遠離政治中心的韓信回到家鄉,終於獲得了片刻難得的清閒,但已遷都咸陽的劉邦顯然並不打算就此放過他。每當想起遠在楚國的韓信手上還有一支軍隊,劉邦就整宿睡不著覺,必須要想個辦法,將他牢牢控制在自己手中!

這一天,項羽的昔日部將鍾離昧走投無路,找到了韓信。兩人是故交,朋友落了難,當然不能見死不救,他避開眾人,將鍾離昧悄悄接入府中。

可是,這世上沒有不透風的牆。時日久了,鍾離昧的消息還是洩露了出去。有人給劉邦寫了一封密信,說韓信窩藏通緝犯鍾離昧,意圖謀反!

這還了得!劉邦立即召集諸將,商量應該如何處置韓信。諸將紛紛表示:發兵收拾他,捉到就地活埋!

退朝後,劉邦又問謀士陳平,陳平為人圓滑,不願發表意見,就反問劉邦說:「其他人都怎麼說?」

劉邦據實相告,陳平問:「陛下想想,您的將領中有能打過韓信的嗎?」

劉邦回答:「沒有。」

陳平又問:「你的兵能打過韓信的兵嗎?」

劉邦回答:「不能。」

陳平告訴劉邦,陛下的兵不如人家,將不如人家,這個仗還怎麼打?何況韓信身邊還有個鍾離昧,兩個人聯手,陛下根本沒有勝算。

劉邦一想也對,不能打,那怎麼辦?

第十六章　翻雲覆雨

陳平說道：「古時天子巡視四方，都會接見諸侯的習慣。陛下只要假裝巡視雲夢澤，並在陳縣召見諸侯，韓信肯定不會有疑心，必定會親自前來拜見陛下。到那時，陛下只需要派一名武士便可以擒獲韓信！」

劉邦一聽，辦法不錯，那就依計而行吧。

劉邦要到雲夢澤出巡的消息很快就傳到了韓信這裡。聽聞劉邦要來巡遊，韓信隱約覺得大事不好，召集自己的手下商議如何應對。

有一人告訴他，陛下此次前來是為了鍾離昧，只要將軍把鍾離昧交出去就沒事了。

韓信猶豫不決，回去後將此事告訴了鍾離昧。鍾離昧指責韓信說：「漢王之所以不攻打楚國，就是因為我在你這裡！沒想到如今你卻想拿我取悅漢王！如果我今天死了，你離死期也不遠了！」

說罷，鍾離昧拔出劍，含恨自殺。

事已至此，韓信只得提著鍾離昧的人頭去陳縣拜見劉邦。一到陳縣，就被武士給捆了起來。

韓信仰天長嘆：「果然像人們說的那樣，『狡兔死，走狗烹；飛鳥盡，良弓藏；敵國破，謀臣亡。』如今天下已經平定，我本來就該被烹殺啊！」

劉邦看著悲憤的韓信，只是淡淡地回了句：「有人舉報你謀反！」

證據呢？你窩藏鍾離昧，他的人頭就是證據！

事實上，韓信並沒有謀反的意圖，劉邦沒有抓到把柄，只好把他押解到長安，意圖再明白不過——剷除異姓諸侯王，勢在必行！

韓信在獄中被關了好幾個月，始終找不出謀反的確鑿證據，最後只得將他的爵位由「王」降為「侯」，即由楚王降職為淮陰侯。

雖然被封為淮陰侯，但韓信一直被限制在長安城內，不許回家鄉。所謂的淮陰侯，在韓信眼裡不過是虛名而已。在長安城的日子裡，韓信依然不被信任、不被重視，即便是在第二年，劉邦率大軍親征匈奴時，也沒有帶上他。

每當面對劉邦的時候，韓信心中總有些迷茫，他念念於劉邦曾經給他的溫暖，卻對眼前這位態度威嚴的老人感覺有些陌生。

在長安城，韓信一待就是數年，對於不甘於平庸的韓信而言，這無異於一場折磨。由於他是劉邦的頭號猜忌對象，朝中大臣也很少與他來往。韓信只得整日守在家中，讀讀兵書，排遣心中的苦悶。

第十六章　翻雲覆雨

第十七章　北疆憂患

懂得隱忍，見得月明

當韓信在家中消磨時日時，外面的世界正發生翻天覆地的變化。

讓我們將視野移到北方遼闊的草原上。

在大漢帝國的北面，有一片茫茫的荒漠地帶，稱為大漠，那裡居住著一個遊牧民族──匈奴。他們人數稀少，但生命力異常頑強，他們和戰國時期的李牧交戰過，和西漢時期的衛青、霍去病交戰過，和東漢時期的竇固交戰過，直到南北朝時期他們的主要部隊才被殲滅。

劉邦這一生，從不缺對手，當項羽倒下後，另一個更為強大的對手正在北方荒漠崛起。他的名字，叫冒頓（讀ㄇㄛˋ ㄉㄨˊ）。

早在春秋戰國時代，匈奴就是中原華夏諸國的勁敵。戰國晚期，趙國名將李牧出擊匈奴，匈奴損失慘重，十萬騎兵被殲滅，然後開始衰落。秦朝建立後，蒙恬率三十萬之眾北伐匈奴，奪取河南地，繼續修築長城，以防止匈奴的反撲，此後「胡人不敢南下而牧馬」，由此獲得了數十年的和平。

秦末漢初，中原正值楚漢爭霸，天下大亂，無暇北顧，被逐出大漠之北的匈奴在首領頭曼單于的帶領下，逐漸恢復了元氣。當時在廣袤的草原上，還有兩個部落非常強大，一個是匈奴東部的東胡，另一個是西部的月氏（讀ㄩㄝˋ ㄓ）。頭曼單于的兒子冒頓單于，就在月氏充當人質。

第十七章　北疆憂患

頭曼單于一天天老去，他特別喜歡幼子，閼氏又不斷在他耳邊吹枕邊風，想讓自己的兒子取代冒頓的太子地位，老單于猶豫了。

頭曼單于想出了一條毒計，他出動大軍侵入月氏，故意激怒月氏人。月氏一看，剛送來人質就進攻，明顯是個圈套啊，準備殺冒頓祭旗。危急時刻，冒頓拚死逃了出來，偷了匹馬，穿越數百里蠻荒之地，一個人逃回了匈奴地盤。

草原部落崇拜的永遠都是以一當千的勇士，見冒頓平安歸來，頭曼心中生出幾分愧疚。作為補償，他將一支一萬人的精銳騎兵交給冒頓，作為冒頓的親兵。

冒頓沒有任何怨言，面對強有力的父親，他知道此時還不是反擊的時候，唯有隱忍和蟄伏。

冒頓開始訓練這支精兵，他設計了鳴鏑，一種會發出聲響的箭，然後命令道：「響箭即是軍令，只要響箭射出，眾騎兵必須將手中的箭射向響箭的方向，違令者，斬！」

他先用自己的戰馬來考驗騎兵。一次訓練中，冒頓將鳴鏑射向了自己心愛的戰馬，左右之人有不敢射擊的，冒頓立即殺了他們。這之後，他又把自己的寵妾推上祭臺，鳴鏑聲起，數千支利箭刺穿了她的身體，冒頓照例將不敢放箭的騎兵斬首示眾。最後一次，他把頭曼單于的坐騎偷了出來，將手中的響箭射向單于的坐騎。這一次，沒有人猶豫遲疑，萬箭齊發。

冒頓知道，時機成熟了！

盛夏五月，正是狩獵的好時節。這一天，頭曼單于帶著自己的護衛隊到草原上，準備一展身手。他卻不知道，自己正是冒頓眼中的獵物。

當頭曼單于策馬馳騁，逐漸遠離了自己的護衛隊時，冒頓冷靜地搭

上鳴鏑，向頭曼單于射出。剎那間，千百支利箭直撲向頭曼單于，將他射成了個刺蝟。

冒頓終於坐上了單于的寶座，而此時的匈奴還面臨著兩面夾擊的威脅。

當冒頓自立為單于的消息傳到鄰國東胡時，東胡也想來坐收漁翁之利，派使者到匈奴索要頭曼在世時騎的那匹千里馬。

冒頓手下紛紛說：「那匹馬是咱們匈奴最好的寶馬，怎能輕易地送給東胡？」

冒頓卻說：「東胡和咱們是鄰國，不該為了一匹馬而傷了和氣。」就把千里馬送給了東胡王。

過了不久，東胡又來了一個使者，說想得到冒頓的一個寵妾，大臣們一聽，個個義憤填膺：「東胡王欺人太甚，竟然連我王的閼氏也要奪去，是可忍孰不可忍！請單于殺了來使，我們踏平東胡！」但冒頓卻說：「何必因為一個女人而破壞兩國的邦交呢？」一轉身，又把自己的寵妾送給了東胡人。

東胡王得到冒頓的閼氏後，更加驕橫起來，不時派兵騷擾匈奴的邊境。

當時，在東胡和匈奴之間有一塊廣闊的荒涼之地，由於缺乏水與植被，沒有人居住。東胡王又派使者去匈奴對冒頓說：「你們匈奴人再不准到我們邊界堡壘以外的那塊空地，那片地以後歸我們東胡所有。」

冒頓不出聲，讓大臣議論此事，有人說：「那是一片廢棄的土地，給不給東胡都可以。」

冒頓聽了勃然大怒：「土地是國家的根本，絕不能送給別人！」說完，下令把東胡使者及主張割讓土地的大臣處死，然後立即整頓軍馬，

第十七章　北疆憂患

集齊了三十萬兵馬攻打東胡。

自以為強大的東胡從來就不把匈奴放在眼裡，所以在東胡和匈奴的邊境上，東胡也從不設防。然而，當東胡人發現來勢洶洶的匈奴騎兵時，一切都晚了。幾乎在一夜之間，匈奴占領了東胡的土地，直搗王庭，殺死東胡王。

緊接著，冒頓將矛頭調轉方向，直指西部的月氏國。

曾幾何時，月氏也是一支強大的部落，與匈奴、東胡三強鼎立於北方的荒原，而此時，匈奴的騎兵卻已不是當年的樣子，一場戰爭下來，月氏的軍隊全線潰敗。

匈奴在接連拔掉了東胡與月氏兩顆眼中釘後，經過一系列的征伐，建立了強大的帝國。疆域東至遼河流域，西達蔥嶺（現帕米爾高原），南達秦長城，北抵貝加爾湖一帶，其版圖幾乎可以與漢帝國相媲美。然而，冒頓的胃口遠不止此，他把目標瞄向了南方。

北方的匈奴與南方的大漢帝國，即將燃起三百年綿綿的烽火。

玩什麼都別自負

戰爭的機器很快運轉起來，冒頓集結了三十萬控弦之士，對漢朝用兵。對於匈奴而言，這是傾國之兵。

匈奴兵鋒南下，首當其衝的是北方韓國。韓國是漢帝國的封國，主政的是韓王信。這一年，匈奴對韓王信鎮守的馬邑（今山西朔縣）發動了進攻。

面對氣勢洶洶、來去如風的匈奴騎兵，韓王信自知不是對手，一面緊急向劉邦求救，一面與匈奴暗中聯繫，要求與匈奴和談。

明眼人都能看得出來,這是韓王信的緩兵之計,目的在於延緩匈奴的進攻,為漢軍的準備贏得時間。

可是,劉邦不這麼想。

隨著歲月的流逝,劉邦一天天衰老下去,對異姓諸侯王的不信任感也與日俱增。就在韓王信敷衍冒頓單于之際,早有軍中的密探將韓王信祕密聯絡匈奴的消息告訴了劉邦。

接到密信,劉邦心中更加不安。大戰在即,韓王信卻三番五次向匈奴派出信使,居心何在?

遠在馬邑的韓王信還在苦苦支撐,他沒有等來援軍,卻等來了劉邦的使臣。使臣以皇帝的口吻,斥責韓王信心懷二志,與匈奴私自聯絡,意欲何為?

韓王信怒了!老子好歹也是韓國王室的後裔,正宗王族血統,你劉邦不過是鄉巴佬出身,有什麼資格懷疑我?

憤怒的韓王信斬殺了漢使,打開馬邑城門,投降了匈奴。匈奴騎兵在進駐馬邑後,略做休整,隨即大舉南下,圍攻太原,進逼晉陽。韓王信更是甘做急先鋒,從晉陽南下,直達銅鞮(今山西沁縣)。

劉邦坐不住了。這一年,新建的長樂宮剛剛落成,劉邦已經五十五歲了,垂垂老矣,他完全可以在宮中繼續享受自己的晚年生活,將戰事交給手下能征善戰的將領們。

但是,他沒有這樣做。劉邦平民出身,他也喜歡那些美酒與美女,但卻可以不沉溺其中。即便年近六旬,他依然保持著旺盛的戰鬥精神。

劉邦親率大軍,直奔韓王信的所在地:銅鞮。

韓王信的兵團雖然推進速度很快,但論作戰能力,不是劉邦的對手,剛一接觸就被打敗,韓王信一路向北狂奔,逃進了匈奴在代谷(今

第十七章　北疆憂患

山西大同市東）的大本營。韓王信的部將勉強將打散的士兵收攏起來，然後向匈奴冒頓單于求援。

冒頓單于聽聞漢帝國皇帝劉邦率兵親征，不敢輕視，以左、右賢王率領一萬騎兵緊急救援，在廣武（今山西代縣）至晉陽一帶構築了防禦線。

漢軍抵達晉陽城下，未及休整，隨即對晉陽城展開猛攻。匈奴騎兵在北方戰場上無往不勝，自以為神勇無敵，不料卻在漢軍面前碰了釘子，遭遇重創不說，還損失了一名高級將領。

漢軍的前鋒繼續向前攻擊，匈奴騎兵抵擋不住，向北撤退，一直退到了硌石。漢軍的車騎部隊緊咬不放，對匈奴軍隊再度發起強攻，迫使匈奴騎兵再嘗敗績，繼續向北逃竄。

就在漢軍準備一鼓作氣、繼續追擊之際，一股強大的寒潮席捲了北方大陸，草木凋零，天地間一片肅殺。漢軍中有不少人皆被凍傷，戰鬥力大大下降。

是繼續進攻，還是退兵等待來年開春再戰？劉邦陷入了沉思之中。

就在此時，一條重要情報傳到劉邦手中：匈奴的大本營就在代谷，由冒頓單于親自駐守。劉邦急忙命人展開地圖，他欣喜地發現代谷離漢軍前鋒不足百里！

這可是天賜良機！劉邦深吸一口氣，匈奴在北方盤踞多年，是中原王朝在北部最強悍的對手，歷史上只有名將李牧與蒙恬曾給予匈奴致命一擊，如果能夠在這一戰中擊敗冒頓單于，必將嚴重挫傷匈奴的銳氣，換來此後數十年的和平。

可萬一，情報有誤呢？

為了確定情報的真實性，劉邦連續派出了十撥偵察兵潛到代谷附

近，偵察匈奴的軍事部署和戰鬥力。

與此同時，駐紮在代谷的匈奴也截獲了一份情報，劉邦的大軍即將對匈奴大本營開展總攻，並且已經派出好幾撥偵察兵前來查看虛實。

冒頓單于心中狂喜，他決定將計就計，將匈奴主力隱藏起來，營中只留下老弱病殘防守。

劉邦派出的偵察兵陸續返回，帶來的消息出奇地一致：匈奴的大本營中只有一些老弱病殘，未發現主力部隊。

劉邦心中充滿狐疑，帳下將領們卻早已按捺不住，紛紛請戰。劉邦搖了搖頭，他決定派出非常能幹的婁敬潛入代谷，進行最後一次偵察。

婁敬原本是一名關西戍卒，頗有膽略。劉邦最初定都洛陽，婁敬有一次路過這裡，認為定都洛陽大大不妥，進城後就穿著羊皮襖去見老鄉虞將軍，要求面見劉邦。

換作別的朝代，這種請求一般不會受到重視，提出這樣要求的人不被人嘲笑就不錯了。可草根出身的劉邦最大的特點就是接地氣，只要你說得有道理，他都願意採納。

婁敬的請求得到了劉邦的許可。為了起碼的形象考慮，虞將軍要給婁敬換上一件光鮮的衣服，不料婁敬卻說：「我穿著絲綢衣服來，就穿著絲綢衣服去拜見；穿著粗布短衣來，就穿著粗布短衣去拜見，我是絕不會換衣服的。」

劉邦倒是很大度，沒有計較這些，第一次見面就問婁敬吃了嗎。婁敬說沒有，劉邦於是先賞他一桌子菜，讓他吃完再談。婁敬吃完飯，才開口問道：「陛下建都洛陽，難道是要學習周朝嗎？」

劉邦：「沒錯。」

婁敬：「陛下學不了周朝！」

第十七章　北疆憂患

劉邦一愣,「這是為何?」

婁敬:「周朝靠德治天下,萬民仰慕,所以才可以把洛陽作為都城。而今陛下起兵以來,歷經多次戰爭,老百姓死傷無數,哪裡能比得上周朝?」這種話如果換成心眼小的君主,婁敬的腦袋早搬家了。

然而,劉邦就是劉邦,他不會因為一句冒犯就大發雷霆,面對婁敬的質疑,他虛心請教道:「那該怎麼辦?」

婁敬:「把國都遷到關中,那裡地勢險要,易守難攻,遇到危急情況可以保全。」

劉邦有些猶豫,轉而徵求張良的意見。張良聽完,表示認可,劉邦這才決定定都關中。

這一次,婁敬帶著劉邦的指示,再一次深入代谷打探情況。同樣地,他看到的也是老弱病殘在營中值勤,無精打采。

然而,婁敬憑著超乎常人的嗅覺,敏感地意識到了這裡面的不一樣。兩國交兵,從來都是耀武揚威居多,匈奴為何反其道而行之?這種示弱很顯然是個圈套!

婁敬迅速南返,半路上卻碰到了劉邦,漢軍已經傾巢出動了。

劉邦是個不達目的絕不善罷甘休之人,他之前擊敗了不可一世的項羽,統一了天下,對自己的軍事能力充滿信心。加之一向看不上蠻夷之人,在這種不利漢軍作戰的天氣和局勢之下,仍然不想退兵歇戰。

婁敬趕緊攔住劉邦:「陛下速下令停止進軍,匈奴有詐!」

劉邦吃了一驚,問道:「你在代谷的大本營發現匈奴的主力部隊了?」

婁敬答道:「這倒沒有。」

劉邦點了點頭,道:「既然沒有發現,為何說匈奴有詐?」

婁敬：「冒頓單于弒父繼位以來，滅東胡、破月氏，南下吞併樓煩與白羊，占領河南之地，圍馬邑、降韓王，軍力是何等強大！可是臣近窺其營地，發現只有老弱殘兵，根本不可作戰，現在漢匈兩國開戰，按常理，敵人一定會耀其兵威，壯其聲勢以鼓舞士氣，但實際匈奴軍隊卻十分低調，看不到主力部隊，可見其用意正是向我方示弱，以誘使我軍進行攻擊。他們的主力部隊必定已經埋伏在某個地方，準備對我方實施伏擊。故此，臣認為，決不可以貿然出擊。」

　　不料，劉邦卻根本沒有耐心聽婁敬分析，見他一意阻攔，怒道：「你這儒生，今天竟敢妖言惑眾，擾動軍心，該當何罪？」一揮手，命手下人將婁敬抓了起來，投入廣武監獄中，準備凱旋後再收拾他。

　　隨後，劉邦帶著大軍，直奔虎穴！

學會選擇，懂得適時放棄

　　劉邦此次出兵，分了兩路，主力部隊由周勃和樊噲率領，進擊硌石以北，尋找並殲匈奴主力與韓王信的殘部；自己率領夏侯嬰與灌嬰的部隊一路北進，直奔匈奴的大本營代谷。

　　這一日，劉邦到達了平城，這裡和代谷近在咫尺。平城附近有一座山，叫白登山，是一處制高點，上面有戰國時趙國為抵禦匈奴修建的城牆和防禦工事，仍保存相當完好。

　　劉邦將部隊駐紮在白登山上，帶著護衛隊登上最高處，眺望著遠方。十月的北方氣候寒冷徹骨，但好在這天天氣不錯，積雪在陽光的照耀下，閃爍著晶瑩剔透的光芒。放眼望去，原野也披上了銀色的盛裝，山舞銀蛇，原馳蠟象。

　　久違了，美麗的北國風光！

第十七章　北疆憂患

劉邦雖然是鄉巴佬出身，看不起儒生，但幾年的戰場歷練也讓他懂得了知識的重要性，戎馬之餘，自己也常常向張良請教，讀了一些詩書。此情此景，讓劉邦感到莫名地興奮，他正要高歌一曲，不料卻聽到四周隱隱傳來了馬蹄聲。

這馬蹄聲由遠及近，越來越急，猶如鼓槌一樣敲擊著耳膜。劉邦循聲望去，只見在白登山的周圍，不知從哪冒出來千萬匹戰馬，四蹄翻騰，長鬃飛揚。馬背上都是身著胡裝的匈奴騎兵，一個個高舉著彎刀與弓箭，霎時間將白登山圍得如同鐵桶一般。

「不好，中計了！」劉邦眼前一黑，差點暈倒在地，心中突突亂跳。他急忙召集眾將領，商議防禦一事。所有的漢軍士兵，都從匈奴的鐵蹄聲中感到了震撼與恐慌，連握矛的手都在微微顫抖。

那麼圍困白登山的匈奴有多少人呢？匈奴號稱兵力有四十萬，這數字多半是虛張聲勢，但對付山上的漢軍綽綽有餘。漢軍這邊有多少人呢？史書沒有記載，但劉邦此次親征，帶了三十二萬的軍隊，主力部隊被周勃和樊噲帶去追擊匈奴主力和韓王信的殘部，劉邦只帶著一部分士兵突襲匈奴大本營，預計人數只有十萬左右。

匈奴這方，冒頓單于望著山上飄揚的漢軍旗幟，露出一絲貪婪的笑容。他已透過情報得知，漢朝皇帝劉邦就在山上，如果能活捉劉邦，必將重挫漢軍的信心，這是何等輝煌的勝利。

沒有片刻猶豫，冒頓單于立即下令對漢軍展開猛攻，漢軍兵團憑藉趙國遺留下來的防禦工事，頂住了匈奴一輪又一輪的進攻。在堅固的防禦工事面前，匈奴的騎兵優勢完全施展不開，而且漢軍所使用的勁弩射程遠、威力大，其性能遠遠優於匈奴人的弓箭，匈奴人穿的獸皮甲冑在強悍的勁弩面前毫無抵抗之力。

匈奴騎兵將漢軍圍困了七天七夜，始終無法突破漢軍的防禦。滿心以為逮住獵物的冒頓單于，卻撞上了啃不動的硬骨頭。

匈奴人損失慘重，山上的漢軍將士們也不好受。好幾次漢軍試著突圍，都淹沒在了匈奴的人潮中。眼看著軍中的飲水和糧食逐漸見底，劉邦的心更加不安起來，周勃和樊噲的主力大部隊到底在哪啊？

這一刻，他忽然很想念關中被削了軍權的淮陰侯韓信。假使韓信在此，想必自己也不會淪落到這一步吧？

彤雲密布，朔風漸起。雪更大了，綿密的雪花打得人睜不開眼。劉邦披著一件黑色的大氅，獨自在室外徘徊著，忽然踩到一堆軟綿綿的積雪，腳一軟，差點跌倒。一個身影疾步向前，一把扶住了劉邦。他回頭一看，原來是謀士陳平。

「眼下漢軍被圍困於此，糧草將盡，突圍無望，想我劉邦征戰多年，難道要命喪於此不成？」劉邦喃喃說道。

陳平一抱拳，躬身道：「陛下切不可失去信心，我有一計，可助陛下脫困。」

「哦？快快說來！」

陳平將自己的想法和盤托出，劉邦聽罷連連稱善。

入夜時分，單于最寵愛的閼氏的帳篷外，閃過一道黑影。

「什麼人？」身邊的侍女叫道。

簾子一閃，那道黑影閃進帳篷內，立刻就跪下磕頭。

「你是何人？」閼氏厲聲問道。

「在下是大漢皇帝劉邦派來的密使，奉陛下差遣，向娘娘獻上微薄之禮。」說著，從懷中取出一個錦盒，雙手遞上。

第十七章　北疆憂患

侍女接過錦盒，遞給閼氏。

閼氏小心翼翼地打開錦盒，光彩熠熠的各色首飾珠寶出現在眼前，一看就是上品中的上品。

莎士比亞曾說：「珠寶沉默不語，卻比任何語言更能打動女人心。」女人都對珠寶首飾天生沒有免疫力，看到這些珍寶，閼氏嘴角露出了笑意。

「說吧，找我何事？」

密使說道：「大漢天子被單于圍困在山上無法脫身，願意將國內最美的女人獻於單于，以求脫困。」說完，從懷中取出一幅畫，遞給閼氏。

閼氏展開一看，確實是一位嬌豔欲滴的美貌女子。一看到畫中人，閼氏的醋勁兒就上來了。如果單于有了她，只怕是要見異思遷、喜新厭舊了。

這一晚，閼氏對冒頓單于說：「你把漢朝皇帝除掉，漢朝那片土地你能吃得下來嗎？那邊不適合我們遊牧民族居住，漢主劉邦也是有神靈護佑的，你還是放了他吧。」

令人驚訝的是，冒頓單于竟然答應了！

次日，漢軍發現西南方向的包圍圈上忽然出現了一道缺口，冷靜的漢軍拉滿勁弩，護衛著帝國皇帝劉邦，在匈奴的馬刀前穩穩撤退。而匈奴似乎並沒有圍攻的意思，只是目送著漢軍緩緩離開。

險象環生的白登之戰，便就此結束。「劉邦靠枕邊風逃命」的說法也就流傳起來，但事情真這麼簡單？

要知道，那位苦心設計了包圍圈的匈奴冒頓單于，可不是什麼愛美人不愛江山的模範丈夫。當年做王子時，為了訓練精銳衛隊，敢拿自己的老婆當箭靶子。如此冷血之人，怎能因為閼氏幾句話，就吐出到嘴的肥肉？

事情一定沒這麼簡單。

如果我們仔細分析當時的局勢，很容易就能獲得答案。

真實的情況是，劉邦在白登山只有一部分兵力，主力部隊都在周勃和樊噲手上。匈奴猛攻七晝夜，依然無法突破守軍的防線，而此時漢軍的主力部隊已經在趕往白登山的路上，即將在周邊對匈奴形成反包圍。《資治通鑑》在提到白登山之圍時，有一句話：「（高帝逃離白登後）至平城，漢大軍亦到，胡騎遂解去。」《漢書》也提道：「（周勃）後擊韓信軍於磑石，破之，追北八十里。還攻樓煩三城，因擊胡騎平城下。」

由此可知，劉邦白登山突圍後，一路向南，到達了離白登山不遠的平城。而此時，漢軍的主力兵團也已經到達了平城。

不得不說，冒頓單于非常明智。在白登山的七天七夜裡，匈奴人雖然占據兵力優勢，卻也無法立即消滅包圍圈中的漢軍。周勃、樊噲率領的漢軍主力步兵正在趕來救援的路上，本來約定前來會師的韓王信的軍隊也遲遲未到，這讓冒頓單于更加有疑慮，懷疑韓軍可能在形勢變動下再次反叛。

而從眼下的情況來看，匈奴成功地將漢帝國皇帝困在了山上，漢軍在匈奴人面前吃了大虧。如果繼續耗下去，匈奴人也許有機會活捉劉邦，但這樣一來，極有可能陷入漢軍主力的反包圍中。當冒頓單于下令打開一個缺口，看著劉邦的漢軍落荒而逃時，他已經取得了這場心理戰的勝利。

「堅持就是勝利」這句話是很多人從小聽到大的，聽多了、看多了，以至於現在的我們都把「堅持」當成是一種理所當然，或者說成功者必備的特質。

然而，推崇堅持，並不等於不能放棄。比如職業選擇，如果方向不

第十七章 北疆憂患

對,繼續堅持就等於繼續錯下去,股票市場也有及時停損的說法。這裡面強調的都不是堅持,而是放棄。在追求成功的道路上,秉持著不放棄的精神是應該的,但在過程中適時放棄一些東西是一種策略,也是一種手段,是為了更好地實現目標而做的靈活應變。

第十八章　未央風雲

管理者如何穩定人心

　　白登山之圍，成了劉邦的一塊心病，經此一役，匈奴對漢朝的戰略優勢正式形成。白登之戰後第二年，匈奴再次入侵代地，劉邦的二哥代王劉喜棄國而逃。劉邦只好聽從婁敬的建議，派出公主（由於呂后的反對，以宗室女子代替）嫁給冒頓單于，以每年奉送財物為條件向匈奴求和，用和親政策換取雙方邊境的和平。

　　這是劉邦在內憂外患之下無奈的選擇，這種屈辱的外交政策，直到漢武帝時才有所改變。

　　回到長安的劉邦才喘了口氣，又遇到了一個難題：分封。

　　劉邦剛剛取得天下的時候，一口氣冊封了二十多個大功臣，那麼誰是第一功臣呢？就在眾人議論紛紛之時，劉邦一聲不吭，將這個榮譽給了蕭何。

　　得知這個消息，許多大臣紛紛表示不服。這些人多是行伍出身，跟隨劉邦從沛縣起兵，南征北戰多年，身上舊傷未癒，又添新傷，從一個個小兵逐漸成長為經驗豐富的一方將領。在他們看來，自己追隨劉邦出生入死，這文弱的書生蕭何從未領過兵、打過仗，大多數時候都遠離前線，獨自躲在大後方，憑什麼算第一功臣？

　　這一日，劉邦在朝會上說道：「近來聽聞諸位對朕的分封多有不滿，諸位知道朕為何封蕭何為第一功臣嗎？」

第十八章　未央風雲

　　底下的人開始竊竊私語，只見樊噲站了出來，說道：「陛下，臣等披甲帶兵，衝鋒陷陣，多者身經百戰，少者數十戰。蕭何沒有汗馬之勞，沒有經歷征戰之苦，沒有打過一次仗，只靠舞文弄墨，出出主意，論功封賞時反而在我們之上，臣等不服！」

　　劉邦點了點頭，目光掃過眾人，開口道：「各位知道狩獵嗎？狩獵時，追殺野獸、野兔的，是獵狗；而放狗追擊，指示獵物方向者，是獵人。諸君只能捕捉走獸，是有功之狗；至於蕭何，發號施令，指示追蹤目標，是有功之人。當年與項羽爭奪天下時，要是沒有蕭何管理大後方關中，提供源源不斷的軍糧和士兵，哪有各位後來的屢敗屢戰？」

　　此言一出，群臣皆不敢言。

　　劉邦坐在龍椅之上，以一個帝王的心態審視群臣，將那些身經百戰的武將比作「功狗」，而把蕭何比作「功人」，此番比喻形象獨特，又暗藏玄機。

　　雖然劉邦暫時堵住了悠悠之口，但時間長了，難免又有流言蜚語傳了出來。也難怪，追隨劉邦打天下的人那麼多，其中表現突出、立了功的沒有一千也有八百，這幫人憑什麼跟你賣命？不就是指望著有一天你發達了，自己也能跟著分一杯羹嗎？

　　可眼下，劉邦只封了自己身邊的二十多位近臣，其餘的人怎麼分？如何分？天下就這麼大，曹參、蕭何、周勃、張良等人一封就是食邑一萬戶。照著這個程度分下去，肯定輪到下面的人時，就沒地可分了。隨著時日的推移，越來越多的人加入議論中，卻總不見上面給個回復。

　　這一天，劉邦在張良的陪伴下在洛陽南宮散步，發現不遠處很多將領東一堆、西一堆地坐在地上，激烈地議論著什麼。劉邦頗感奇怪，就問張良：「那些人圍在一起在議論什麼？」

管理者如何穩定人心

張良不假思索地回答:「陛下難道不知道嗎?他們在謀劃造反哪!」

劉邦嚇了一跳,說道:「天下剛剛安定,現在是和平時代,放著好好的日子不過,他們為什麼要造反呀?」

張良徐徐道來:「陛下,您以布衣之身獲得了天下,貴為天子,所封的人都是蕭何、曹參等與您親近的故舊元老,而所殺的人都是您一直仇恨的人。現在,這些將軍們都有軍功在身,可是天下沒有那麼多地方可以分封,他們擔心自己不能獲得封地,同時也擔心您計較他們過去的一些過失而誅殺他們,所以聚在一起商量著造反哪!」

劉邦面露憂慮之色,忙問道:「那怎麼辦呀?」

張良問:「陛下平時和誰的仇恨最大,而且還是大家所熟知的?」

劉邦道:「肯定是雍齒了!這傢伙很早就跟著我,常常背叛我。我早就想殺了他,只是這小子功勞很大,我沒有什麼理由,也不忍心殺他。」

張良眼睛一亮:「既然如此,我建議陛下趕緊封雍齒為侯,他們看到雍齒這樣的人都能夠獲封,肯定心裡就踏實了!」

劉邦一聽就明白了,當天晚上便安排了一場酒宴,封雍齒為什方侯,並安排丞相加快定功行封的進度。

宴會結束後,不少功臣議論紛紛:「連雍齒這麼被皇帝痛恨的人都能封侯,我們就更沒有問題了。」

張良的妙策道出了一條簡單的問題:如何才能穩定人心?

作為公司的管理者,往往會遇到這樣一道難題:在某些特定時刻,員工著急要福利,但是你沒有時間,沒有空間給他們分。怎麼辦?這個時候,你可以選擇跟你關係不是特別好的,甚至跟你有過衝突的骨幹員工,先給他們發一份福利,這樣別人才能放下心來。

第十八章　未央風雲

對於劉邦而言，要想保持天下太平，必須做到利益均衡，安撫好底下的文臣武將，而且要讓人們感受到公平，不能僅僅照顧元老故舊，更不能根據自身的好惡隨意獎罰，在人心未定的情勢下更是如此！

韓信：鋒芒太盛遭人妒

當那些昔日的功臣宿將日夜爭功，在朝堂之上喋喋不休之時，獨有韓信偏居長安城一隅，享受著難得的清靜。

從昔日的齊王到後來的楚王，再到眼下的淮陰侯，韓信的地位一天天下降，對於功名利祿，他已經看破，他不想去爭，也無力去爭。儘管劉邦對他一直不信任，但韓信自始至終都沒有與劉邦逐鹿問鼎的野心。要不然，早在武涉與蒯通遊說時，韓信早已叛漢獨立，與劉邦、項羽三分天下了，何必等到今日？

閒暇的時候，他會想起那段戎馬倥傯的歲月，他見證了項羽的崛起，也親手結束了項羽的軍事生涯。能與這樣一位天下敬仰的英雄正面對決，而且最後還贏了，此生足矣！

帶著這份驕傲，韓信徘徊在長安街頭，卻找不到一個可以傾訴的人。蕭何嗎？對於韓信而言，他確實是一位伯樂。因為蕭何，韓信擺脫了沉淪草野的命運，才有了後來的一切。他很感念蕭何的賞識和提攜，以為這是友情和欣賞，卻不知，在蕭何眼中，這只是自己為漢帝國延攬人才的手段而已。

這一日，韓信在長安街上漫無目的地走著，不知不覺逛到樊噲府前，他不由自主地停下了腳步。

早有府上的家丁將此事報告給樊噲，樊噲一聽自己的偶像韓信在門前，連忙出門迎接，一見韓信，二話不說竟撲通跪了下來，激動萬分地

說道：「大王乃肯臨臣！臣實不勝欣幸。」

面對樊噲的如此大禮，韓信竟有些受寵若驚，只得被樊噲邀請進府，兩人暢聊一番。出了門，韓信回頭看了一眼還在門前目送自己的樊噲，忍不住揶揄道：「想不到我這輩子竟淪落到與樊噲為伍，真是悲哀！」

劉邦偶爾也會想起這位功高蓋世的大將軍。對於閒置韓信，劉邦也心有不甘，但他比任何人都更明白韓信身上所潛藏的巨大能量。韓信的優秀在於，他既擅長於從大局入手規劃戰略，又擅於從小處入手制定戰術，他可以因地制宜、避敵鋒芒，用最小的代價換取最大的勝利。如果說項羽是一頭勇猛的雄獅，那韓信就是一隻狡猾的狐狸。而狐狸，往往比獅子更讓人防不勝防！

每當自己閒暇的時候，劉邦總會找來韓信，與他聊聊軍事，聽他對朝中的將領做一番點評。有一次，兩人在未央宮談得興致盎然時，劉邦問道：「以朕的能力，能統率多少兵馬？」

韓信隨口說道：「十萬。」

「你呢？」劉邦反問道。

韓信一時沒有反應過來，在這個氣氛微妙的關頭順口說道：「我自然是越多越好。」

劉邦的笑容有些複雜：「既然你的能力這麼大，怎麼還會成為我的俘虜？」

韓信悚然一驚，這才意識到失言，慘然嘆道：「陛下不善於帶兵，卻善於統御將領，這就是我被陛下俘虜的原因。況且陛下的能力是天賜予的，不是人力所能為之。」

在察覺到劉邦的不滿後，韓信雖然急中生智趕緊恭維了劉邦一番，但垂垂老矣的劉邦顯然對這個問題很上心，他知道韓信說的是真話，可

第十八章　未央風雲

在聽慣了恭維的劉邦耳中，卻是那麼的刺耳！

望著韓信離去時的背影，劉邦的眼中不經意地閃過一絲殺意。

從白登山回來後，劉邦一直悶悶不樂。這一戰，雖然自己全身而退，但被凍死的漢軍士卒不計其數，而且堂堂的大漢天子竟然被匈奴圍困在山上七天七夜，每每想起，都讓劉邦咽不下這口氣。

回朝之後，劉邦拔擢一個叫陳豨的人為列侯，代替韓王信鎮守北部邊疆。臨行前，陳豨去拜訪韓信，畢竟韓信曾橫掃北方，封為齊王，他對當地的內政和外務是最為熟悉的。陳豨上任之前拜訪他，也在情理之中。

不料，就是這次正常拜訪，卻給韓信埋下了危機。

韓信被滅族之後，依據漢帝國發布的官方聲明，陳豨拜會他時雙方有一番密談。

韓信拉著陳豨的手，屏退左右，仰天長嘆：「你想聽聽我的心裡話嗎？我有幾句話想跟你聊聊。」

「一切聽從大將軍吩咐。」

「你管轄的地區，精兵集結，而你是陛下信任的大臣。如果有人告發你反叛，陛下一定不信；再次告發，陛下就會懷疑；第三次告發，陛下必定會親自帶兵去討伐你。我願意為你在京城做內應，助你取得天下。」

「我一定聽從您的指教。」

這段官方聲明很可疑，且不說密談的內容是如何洩露的，單論兩人的交情，雖然同朝為官，但礙於韓信的特殊身分，絕不至於好到可以說心裡話的地步。將韓信與陳豨後來的反叛牽連到一起，很顯然是漢帝國給他強加的罪名。

韓信：鋒芒太盛遭人妒

漢十年八月，陳豨發動叛亂，劉邦震怒，親自帶兵出征。為了確保萬無一失，劉邦找來韓信，想帶他一起出征，畢竟韓信的軍事能力是舉世公認的。不料，韓信卻以生病為由，拒絕了劉邦的盛情邀請。

韓信不想謀反，但也不想再為劉邦賣命了。拒絕劉邦，是為了向劉邦表達無聲的抗議。

不得已，年邁的劉邦只得再次親征，而他心中對韓信的容忍也已經到了極限。

這之後，韓信的一位門客得罪了韓信，韓信將其逮捕並準備殺了他，不料那位門客的弟弟情急之下，跑到呂后面前密告韓信要謀反！

呂后慌了，此時劉邦出征在外，如果韓信要行不軌之事，誰能降服得了他？

只有一個人，蕭何！

漢十一年，萬物肅殺的冬天裡，韓信落寞地度過了人生中的最後一個冬月。

這一日，大雪紛飛，蕭何忽然登門拜訪，告訴韓信一個消息：邊關傳來捷報，陳豨已被俘獲處死，呂后明晚將在宮中設宴招待群臣，希望韓信也能準時赴宴。

如果換作別人，韓信一定會拒絕，因為他已經遠離朝堂很久了，可這次來請他的是蕭何，他的伯樂、他的大恩人，韓信沒辦法拒絕。

次日晚，韓信迎著大雪，獨自一人出了門。

長樂宮前，韓信輕輕推開厚重的宮門，卻發現裡面空無一人。正在疑惑之際，四周突然衝出數十個全副武裝的武士，二話不說將他捉住，拖進了旁邊長樂鍾室之中。

韓信掙扎著大叫道：「臣得何罪，為何縛臣？」他艱難抬起頭，赫然

第十八章　未央風雲

發現呂后臉若冰霜，就站在不遠處。她示意旁邊的內監宣旨，聲稱陳豨叛亂期間，韓信密謀在長安城挑起內亂，與陳豨裡應外合，意圖顛覆大漢，論罪當斬，並誅三族。

韓信仰天悲嘆：「我後悔當初不聽蒯通的計謀，以至於被一介婦人所欺，這難道不是天意嗎？」

一切都是天意，一切都是命運，韓信就這樣死在了呂后手中。當劉邦回朝得知韓信已被處死後，他的反應是「喜且憂」。劉邦欣賞韓信的才能，卻又時刻忌憚著韓信；明知道韓信不會造反，卻又心存萬一，怕他造反。很明顯，呂雉之所以敢動韓信，是因為她懂得劉邦的心思，為了避免那萬一，她願意替劉邦除去這塊心病。至於韓信是不是真的謀反，並不重要。

事實上，韓信的命運正是他自己造成的。縱觀韓信的一生，如同巨鯨，置身於浩瀚的海洋，乘風破浪；一旦陷於淺海沙灘，便束手無策、一無所能。

張良：前半生拿得起，後半生放得下

從韓信被劉邦忌憚，到被呂后處死，張良淡然地看著這一切，無悲無喜，然後，轉身離開。

如果我們剖析張良的一生，可以用兩句話來概括：前半生拿得起，後半生放得下。

曾幾何時，張良也是一名熱血少年。他出身於六國貴族，弱冠之年國破家亡。復國，成了他最大的志向。

年輕的張良曾像項羽一樣血氣方剛，對暴秦恨之入骨，他最初的計畫很簡單，就是直接行刺秦始皇。

他找到一個不怕死的大力士，在博浪沙扔出大鐵鎚，擊中了秦始皇的副車——秦始皇倖免於難，但對此事十分惱怒，下令全國緝捕刺客，他上了「全國通緝名單榜首」。

　　那一年，張良之名，威震天下。明人陳仁錫在提到博浪沙刺秦事件時，更是拍案叫絕：「子房一鎚，宇宙生色！」

　　張良選擇了躲，這一躲，就是十年。再出山時，他已不再是當年那個熱血少年，而是蛻變為運籌帷幄的羸弱書生。

　　鴻門宴上，觥籌交錯，劍矢暗藏，危機四伏。項莊舞劍，意在沛公，談笑間，張良透過一系列布局，巧妙助劉邦脫困。

　　暴秦滅亡，對張良來說，他前半生的目標已經完成了，後半生的目標只有一個：復韓。為了這個目標，張良奉韓王為主，在起義軍中出謀劃策，無時無刻不在面對血與火的考驗。可惜，項羽一怒，砍了韓王的腦袋，也斬斷了張良的希望。

　　此後的楚漢相爭，已經背離了他的人生命題。他早該抽身離去，歸隱山林。可是，他心中還牽掛著劉邦，那個知他懂他，始終敬重他的草莽英雄。

　　張良心中深知，這世間除了夢想外，還有恩義。

　　無數次，每當劉邦被項羽逼到絕境之時，張良總會挺身而出，殫精竭慮，幫劉邦釐清思路，破解困局。最終，垓下一戰，項羽兵敗身死，劉邦以勝利者的姿態，郊天祭地，正式稱帝，國號為「漢」。

　　在本應思圖榮華富貴的時候，張良卻倦了。張良沒有實現年輕時復國的理想，但是他卻有幸參與締造了一個更偉大的帝國。於他而言，他的使命已經結束了。

　　開國一年內，功臣們為了爭利益、爭功勳，在朝堂之上喋喋不休，

第十八章　未央風雲

爭得頭破血流。曾經一起創業的夥伴，為了利益已經爭得像獵食的野犬，一個個面目可憎。張良越發看清了人性，也越發孤獨。

劉邦登基的時候，張良被尊為「帝師」，封地三萬戶，在大漢的朝堂之上，張良的功勳和地位不比蕭何、韓信差多少，甚至在劉邦的心底，張良才是頭號功臣。按理說，張良實至名歸，他拿得起也受得起。可是這時候，張良卻偏偏選擇了放下。

或許是曾師從黃石公，或許是身纏病魔、體弱多疾，又或許是天生智慧，他比任何人更懂得「兔死狗烹，鳥盡弓藏」的哲理。

回顧一生，從貴族子弟到亡命江湖，從一介布衣為帝王師，位列侯，已達人生的極致，足矣。從此盡拋俗事，雲遊天下。

面對劉邦三萬戶的封賞，張良說了這樣一段話：

「我家五世相韓，韓國滅亡之後，我不吝萬金家財，替韓國向強秦報仇，令天下為之震動。如今以三寸不爛之舌為帝王之師，封萬戶，位列侯，已經做到了一介布衣所能夠做到的極致，我已經心滿意足。現在我只願拋棄人間俗事，跟隨赤松子去雲遊天下。」

劉邦不肯，執意要給他封賞，張良只好說，陛下與我是在留縣相遇的，如果執意要封，那就把留縣賞給我吧！

那麼劉邦呢？他能理解張良的選擇嗎？

劉邦病危之際，呂后拉著他的手，急切地問道：「蕭何死後，由誰來接替他呢？」劉邦說曹參。

曹參之後呢？劉邦說：王陵可以在曹參之後接任，但王陵智謀不足，可以由陳平輔佐。陳平雖有智謀，但不能決斷大事。呂后又追問以後怎麼辦，劉邦輕嘆說：以後的事，就不用妳操心了。自始至終，劉邦都沒有提到張良，這位遠離朝堂的智者。

在長安城的歲月裡，張良託詞多病，閉門不出。隨著劉邦皇位的逐漸穩固，張良逐步從「帝者師」退居「帝者賓」的地位，遵循著可有可無、時進時止的處事原則。在漢初劉邦剷滅異姓王的殘酷鬥爭中，張良也極少參與謀劃。

反觀另外兩位「三傑」，一位糾纏於功名利祿，鋒芒太盛，背負謀反的罵名，被滅了三族；一位是天生的政客，儘管一生小心翼翼，也曾被劉邦懷疑，為求自保不惜自汙名節，還蹲過監獄。唯張良功成身退，完美謝幕。

司馬光很讚賞張良，他這樣評價張良：

夫生之有死，譬猶夜旦之必然；自古及今，固未有超然而獨存者也。以子房之明辨達理，足以知神仙之為虛詭矣；然其欲從赤松子遊者，其智可知也。夫功名之際，人臣之所難處。如高帝所稱者，三傑而已。淮陰誅夷，蕭何繫獄，非以履盛滿而不止耶！故子房托於神仙，遺棄人間，等功名於外物，置榮利而不顧，所謂明哲保身者，子房有焉。

前半生拿得起，拿的是一份能力和責任，積極入世，敢於擔待；後半生放得下，是建不世之功，立千秋之業，閱盡人間冷暖之後，放手的從容。

在名利場上，能在功成名就之後激流而退，不見疑君王，能惠及子孫，讀史三千年，鮮有能及者。

唯有不懈奮鬥，才是人生的常態

一場大雪，凍結了朝陽的光，邈遠了山峰的影，摧落了枝頭的葉。這一年，劉邦已經六十歲了，他剛剛征伐陳豨歸來。當上皇帝後，劉邦並沒有因此過上太平日子，相反地，在他剩餘的歲月裡，他人生的關鍵

第十八章 未央風雲

字仍然是忙碌和奔波。

至尊之位,給他帶來了無上的榮耀和權威,卻並沒有給他帶來舒適安心的生活。

這年正月,淮陰侯韓信被呂后和蕭何聯合設計,誘殺於宮中,夷三族。

三月,彭越也被夷三族,劉邦把他的肉製成肉醬,分賜各地諸侯。

至此,劉邦當初所封的異姓王中,除了長沙王吳芮因國力弱小而不被劉邦忌憚外,當初被封的七位諸侯王,只剩下淮南王英布一人。

當劉邦派來的使者來到淮南時,英布正在打獵,見了肉醬,魂飛魄散。眼看著這些諸侯王被劉邦一個個斬草除根,英布心中的恐懼可想而知,韓信和彭越相繼被害,只怕自己也是時日無多了吧。

想到這裡,英布終於坐不住了,他趕緊祕密部署軍隊,加強戒備。此時的英布還是以防禦為主的,但是沒想到,劉邦那邊還沒動,自己這邊先出問題了!

事情的起因是這樣的,英布有個寵姬因病去就醫,醫生剛好與中大夫賁赫住對門,賁赫便備著厚禮陪同那寵姬在醫生家喝酒。英布得知後,懷疑賁赫與寵姬私通,想捉拿賁赫。賁赫覺察,急忙逃跑。

既然你想殺我,我何不先下手為強?賁赫一路逃向長安,向劉邦報告:「淮南王英布有謀反的跡象,要趁他未動手前先下手翦滅禍患啊!」

好在蕭何還是個明白人,對劉邦說道:「英布沒緣由不至於做這種事,萬一是小人汙衊呢?不如先派人打探清楚再說。」劉邦深以為然,將賁赫關了起來,派人去調查淮南王英布。

如果是幾年前,英布或許不會這麼敏感,然而在韓信和彭越相繼被處死後,英布按捺不住了。與其等著別人下手,不如自己先下手為強,

反了！英布乾脆一不做，二不休，砍了賁赫全家，而後公然造反。

為了鼓勵將士，也為了給自己打氣，英布召集手下眾將，分析形勢：「如今皇帝劉邦已經老了（此時的劉邦已經六十一歲），身體也不好，即使知道我們造反，也不可能親自領軍出戰了。他手下的將領中，只有韓信、彭越本領最高，是將帥之才，但已經死在他手中。所以現在的漢軍中，已經沒有本領出眾、值得我們擔心的將領了，這正是我們的好機會。只要大家同心協力，奪取萬里江山指日可待，到時候我們共享榮華富貴。」

英布的話極大地提振了手下將領的士氣，大家摩拳擦掌，躍躍欲試。

消息傳到長安城，劉邦黯然一嘆，好啊，終於還是反了。

多年的征戰、平叛，早已耗盡了劉邦的精力，也給他留下了一身的傷病，他本想讓太子劉盈帶兵前去平叛，順便鍛鍊一下這位未來的帝國接班人。

可劉盈才十五歲，去帶兵打仗就是開玩笑。呂雉得知後，哭哭啼啼地去求劉邦：「英布是天下猛將，用兵很厲害。讓太子率領桀驁不馴的武將們，肯定是打不過的。」

緊接著，呂雉說了一句讓人心酸的話：

「上雖苦，為妻子自強。」

意思是：老頭子，我知道你不容易，但是為了老婆孩子，還是要再辛苦你一下。

劉邦還能怎麼辦？罵了一句，「我就知道這孩子靠不住，還是老子自己去吧！」咬咬牙，撐著一把老骨頭又一次上了戰場。

在劉邦當上皇帝後的這八年時間裡，他一刻都沒有閒過，幾乎每年都有人起兵跟他作對，而他就像一個救火隊員，到處撲火滅火。考慮到

第十八章　未央風雲

他六十歲的高齡，不得不感慨，即使是皇帝，為了老婆孩子，為了江山穩固，還得繼續奮鬥打拚。

唯有奮鬥，才是人生的常態。

劉邦帶兵迎擊英布，雙方在蘄西對陣。得知劉邦親征，英布倒是很意外，不過到了眼下這一步，後退是不可能了，只能硬著頭皮繼續上。

年老的劉邦站在陣前望去，遠遠看見了身披甲冑的英布，大聲道：「英布，你不好好做你的淮南王，何苦要造反？」

英布笑道：「我也想嘗嘗做皇帝的滋味！」二人陣前相見，英布竟毫無懼色！

雙方即刻開戰。混亂中，一枝冷箭直奔劉邦而來，劉邦躲閃不及，正中胸口，血流不止。

劉邦想起當年滎陽之戰中，被項羽的冷箭射中的那一次，驚懼之餘，怒火更盛。皇帝受傷，底下的將領們都嚇壞了，這可是殺頭的大罪啊，於是無不奮勇拚殺，希望將功補過。

也許是劉邦的親征激勵了漢軍將士的血性，總之，這場戰鬥英布慘敗，最終兵敗被殺。

打敗英布之後，劉邦順路回了一趟老家沛縣。

得知皇帝親臨，沛縣上下無不振奮，家鄉父老紛紛出城迎接。小地方出了大人物，又貴為皇帝，自當沾點喜氣，同享榮光，以顯示這裡風水好，可以提升門面。

元曲《高祖還鄉》中，有這麼一段調侃劉邦的對話：

你本身做亭長，耽幾杯酒，你丈人教村學，讀幾卷書。

曾在俺莊東住，也曾與我餵牛切草，拽壩扶鋤。

只通劉三誰肯把你揪扯住,

白甚麼改了姓、更了名、喚作漢高祖。

面對家鄉父老的隆重接待,劉邦召集了沛縣的父老子弟痛飲一場,還選了一百二十個年輕人,教他們唱歌。

喝到興起處,劉邦親自擊筑,自寫自唱了一首歌,這就是著名的《大風歌》:

大風起兮雲飛揚,

威加海內兮歸故鄉,

安得猛士兮守四方!

古來帝王多才藝,且不論治國治軍水準高低,情到深處時,不管悲情、柔情、豪情,總喜歡歌一曲、詠個詩、寫個詞。劉邦是鄉巴佬出身,文化水準不高,但在戎馬之餘,他也沒忘努力學習。這首《大風歌》有勝利的歡喜,有遊子歸故鄉的榮耀,也有事業未盡的遺憾。篇幅雖短,卻氣勢磅礡,被後人譽為冠絕千古之作。

高中時,初讀此詩,我為劉邦的意氣干雲和滿腔豪情所感染,而如今再讀此詩,我卻讀出了劉邦內心世界的孤獨,忍不住淚流滿面。

安得猛士兮守四方,是一種願望,也是一種無奈:劉邦已經老了,可環顧左右,上有白髮蒼蒼的父母,下有少不更事的孩子,身邊還有日漸滄桑的妻子。每天醒來,四周都是需要依靠他的人,而他自己卻沒有一個可以依靠的人。放眼望去,帝國的邊疆依然不穩,強悍的匈奴在北方伺機而動,國內各諸侯王各懷心思,日漸坐大。什麼時候,才能歇歇呢?

任何時候,唯有不懈奮鬥,才是人生的底色。

劉邦一曲歌罷,讓年輕人都來唱這首歌,他自己則「慷慨傷懷」,一邊聞歌起舞,一邊淚流滿面,不能自已。

第十八章　未央風雲

　　一個遲暮的英雄，在自己的故鄉翩然起舞，似在默默追憶自己漫長而壯烈的一生，不禁哭泣。

　　老驥伏櫪，志在千里，烈士暮年，壯心不已。

　　動情之下，劉邦對沛縣的父老說：「遊子悲故鄉。我雖都關中，但我百年之後，魂魄依然會永遠思念沛縣。」隨後，他下令沛縣世代免賦稅。

　　劉邦這一停留，就是十多天。這一天，劉邦要走了，家鄉父老都哀求他再留幾日。劉邦擔心自己的大軍糧草消耗太大，怕沛縣負擔不了，只得無奈拒絕。

　　接下來發生了感人的一幕，得知劉邦要走，沛縣萬人空巷，所有人都趕到城西來敬獻牛、酒等禮物。劉邦大為感動，於是又停下來，搭起帳篷，和眾人痛飲了三日。

　　三日後，劉邦動身前往長安。在沛縣的這十多日，是他一生中為數不多、最快樂的日子。

借力者強，借勢者智

　　回到長安城後，劉邦的病情越來越嚴重，幾次醫治都不見好轉。他知道自己大限將至，可他還是放不下他心愛的女人，放不下那個乖巧的兒子。

　　這個女人是戚夫人，這個兒子叫劉如意。

　　戚夫人是劉邦兵敗彭城，在逃跑的路上得到的，憑藉著年輕善舞和善解人意，她一點一點占據了劉邦的心，成為他最寵愛的女人。戚夫人顯然也沒讓劉邦失望，沒過多久，就為他生下了一個男孩，取名如意。

　　呂雉是劉邦的原配，楚漢戰爭期間，呂雉曾被項羽扣押兩年多，天

天都有生命危險，直到楚漢議和之後才被釋放。然而，當她千辛萬苦回到劉邦身邊的時候，卻發現劉邦身邊早就有了別的女人。這個女人遠比她年輕貌美，更懂得如何討劉邦的歡心。

一場女人之間的戰爭就此展開。而隨著劉邦登上皇位後，這場後宮大戲愈演愈烈。

早年在關中的時候，劉邦就封了正牌夫人呂雉的兒子劉盈為太子，登基後，他又將戚夫人生的劉如意封為趙王。可是，戚夫人自恃得寵，開始有了政治野心。她經常在劉邦面前哭鬧，要他改立自己的兒子劉如意為太子。

劉邦老了，跟多數的老年人一樣，他特別喜歡幼子劉如意，寵愛的戚夫人又不斷地在他耳邊吹枕邊風，希望自己的兒子能夠取代劉盈的太子地位。劉邦猶豫了。

經過一番痛苦的心理掙扎，為了心愛的女人，劉邦終於下了狠心，準備犧牲劉盈，改立太子。然而，要廢掉劉盈太子位，談何容易？

一場圍繞著太子之爭的宮心計開始了。

西元前197年，劉邦不顧群臣的反對，突然宣布要廢掉太子劉盈，立趙王劉如意為新太子。此言一出，群臣一片譁然，紛紛勸阻，但未能說服劉邦。御史大夫周昌原本口吃，盛怒之下說話更是結結巴巴：「臣口不能言，然臣期期知其不可；陛下雖欲廢太子，臣期期不奉詔。」這一結巴，反而把滿朝文武百官都逗笑了，於是這件事暫且被擱在一邊。

劉邦雖然一笑而過，卻沒有放棄廢立的想法。尤其是擊敗英布回朝之後，劉邦預料自己的時間不多了，改立太子的心也越來越堅定。

這個時候就看出呂雉的手段了。當嬌弱的戚夫人還在劉邦面前哭哭啼啼，給劉邦施壓時，呂雉卻比她看得更為長遠。她知道，僅憑自己目

第十八章　未央風雲

前的能力，根本無法保護太子，如今之際，唯有向「謀聖」請教，幫助自己破局。

誰是呂雉眼中的那位「謀聖」呢？

張良！

說起來，自從劉邦登基後，張良已經遠離朝堂很久了，他功成身退、一心修道，不想再參與朝堂的各種紛爭，所以對於呂澤（呂后的哥哥）的懇請，張良一臉淡然：

「這事我幫不了忙。當初陛下打天下，多次處於危難之中，我給了幾次計策，僥倖被陛下採納，陛下吉人天相，才起了作用。現在天下初定，陛下有意重新廢立太子，這是陛下的家事，我一個做臣子的，不方便出面干涉。」

呂澤百般央求張良，張良被他逼得沒辦法，只得給他出了一計：

「此事不可力爭，不然會把事情越用越糟。據我所知，當今陛下一直對『商山四皓』十分敬重，他們是秦朝末年隱居在商山的四大隱士，陛下本想將四人招來為官，但不想此四人潔身自好，藏匿山中，不願受徵召。如想令太子不致被廢，可卑辭厚禮請這四人出山。」

呂澤問，留侯的意思是請這四人輔佐太子，給太子造勢？

張良一笑。

這一天，劉邦在宮中設酒宴，太子在旁侍奉。

劉邦喝得有點兒高興，四處打量，看到太子身後站著的四個人。這四人均為老者，相貌奇偉，氣宇不凡，絕對不是一般人。

劉邦問太子，此四人為何許人也？

四人不卑不亢，上前自報家門，原來他們就是「商山四皓」。

劉邦聽後大驚失色，多年來我一直徵辟你們，你們都避而不見，如今為什麼來追隨太子呢？

四皓說，陛下一向輕慢士人，動輒辱罵，我們都義不受辱，所以避而不見。如今聽說太子仁孝，恭敬愛士，天下人都願為太子效力，所以我們才來。

劉邦聽了之後，臉色一變，坐在那裡良久才說出一句：「那就請四位好好輔佐太子吧。」

宴會散時，劉邦找到戚夫人，指著四位老者的背影說：「夫人，我本想改立太子，但那四人已經輔佐了太子。太子如今羽翼已成，難以改變，呂后今後要做妳的主人了。」

戚夫人聽了不禁低聲抽泣。劉邦心裡也很不好受，說：「給我跳支楚舞吧！」

伴著戚夫人曼妙的舞姿，劉邦即興做了一首歌：

鴻鵠高飛，一舉千里。

羽翮已就，橫絕四海。

橫絕四海，又可奈何！

雖有矰繳，尚安所施！

話裡話外，都是對太子羽翼已成的無可奈何，劉邦唱著唱著，和戚夫人哭作了一團。

呂后最終保住了太子之位，在這場權力的博弈中，戚夫人慘敗。

呂后雖然是一介女子，但她性格剛強堅毅，劉邦出征，朝中名義上是太子留守，實際上是呂后監國，蕭何輔政。劉邦當皇帝後幾乎年年都在平定叛亂，呂后在朝中行使著皇帝的權力，已經知道了皇帝怎麼當，權力怎樣使。

第十八章 未央風雲

她深知，政治就是一場博弈，即便是貴為天子的劉邦，也不能成一言堂。借力者強，借勢者智！在太子之爭的過程中，戚夫人身邊只有劉邦，除此之外沒有任何支持者。反觀劉盈這邊，除了母親、舅舅、姨丈之外，還有沛縣所有的開國功臣，大家幾乎是一面倒地支持他。呂雉不動聲色地給太子造勢，不斷增加太子的籌碼，直到最後，劉邦才猛然發覺太子羽翼已成，要想強行廢立，談何容易？

人生需要永不言敗

劉邦病了，病得很重。

多年的征戰生涯，劉邦已經疾病纏身，加上南征英布時又被流矢射中，舊傷加新病，讓劉邦不堪重負。傷口的疼痛逐漸讓劉邦喪失了治癒的信心，因此當呂雉為他找來良醫時，他拒絕了。

他說：「吾以布衣之身，提三尺劍而取天下，這難道不是天命嗎？命是由上天決定的，即使扁鵲來了又有何用？」

說完，他賜給醫者五十金，將他打發走了。

不同於歷代帝王痴迷於追求長生之術，劉邦實在是一位獨特的帝王。儘管在登基後，為了彰顯自己受命於天的正統性和神聖性，劉邦不得不配合史官給自己的出生和成長添加了很多異象，但他內心始終清楚，自己只是一個出身農戶的普通人，如果沒有秦始皇死後的天下動盪，自己永遠不會有出頭之日。

是人，都會有生老病死，這是自然界的規律，誰也逃不掉。老子說：「天地不仁，以萬物為芻狗。」荀子也說：「天行有常，不為堯存，不為桀亡。」自己又怎能逃避得了天命呢？

此時此刻，對於劉邦而言，只能恬然地享受生命的剩餘時光了。這

些天來，他總是回憶起許多往事，那一段段溫馨、痛苦、激情燃燒、歷久彌新而又彌足珍貴的回憶就像潮水一樣湧來，那記憶是如此清晰，彷彿就發生在昨天。

他太疲累了！

那一年，他以亭長的身分為沛縣押送徒役到驪山，為秦始皇修築皇陵。路沒走多遠，犯人倒是跑了不少，他乾脆一不做二不休，索性將這些犯人全放了。不過這樣一來，自己就首先變成了逃犯，就這樣，他和幾個不願意離開的追隨者逃入了芒碭山中躲避官兵的追捕，踏出了改變命運的第一步。

那一年，他帶著自己的隊伍匆匆趕路，在留縣遇到了風塵僕僕的張良。他見張良雖然貌似婦人，但舉止文雅、彬彬有禮，於是將張良留下來，與自己攀談數日。這一番促膝長談，兩人一見如故，互相引為知己。張良的謀略、見識及應變能力，令他折服，從此二人相互攜手，共同籌劃天下，張良有了一個好老闆，自己也有了一個好幫手。

對於這位好幫手，自己始終態度恭敬，如果沒有他在關鍵時刻的建言，自己恐怕早就輸了。只是，自從自己登基後，就很少看見張良了，聽說他拋卻一切俗務，一心尋仙訪道去了。哎，真是羨慕啊！

那一年，他第一次見到英雄霸氣的項羽，出身高貴、長得帥氣、才華出眾，二十六歲就以主將的身分指揮了影響天下局勢的鉅鹿之戰，並且在第二年成為威震天下的西楚霸王。當年近五十的自己還在為前途奔波時，項羽已經「醒掌天下權，醉臥美人膝」了，簡直是人生贏家。

可是，那又如何？一帆風順，不是完美的人生。項羽的人生經歷過於順利，缺少面對挫折的磨練，在閱歷上又不如自己。都說性格決定命運，而決定性格的則是閱歷，一個人的成長經歷決定了此人的命運。項

第十八章 未央風雲

羽在攻無不克的軍事神話中養成了剛愎自用、獨斷專行的性格；而自己在屢戰屢敗的坎坷人生中養成了廣開言路、從善如流的性格。在事關天下歸屬的決戰時刻，項羽最終輸給了自己⋯⋯

一縷藥香鑽進了他的鼻孔中，他的意識時而清醒，時而陷入一片模糊。

還有盧綰呢？

盧綰是他最死忠的兄弟，兩人同年同月同日出生，又是鄰居。他和盧綰從小一起長大，後來又一起上學讀書，在同一個老師門下學習。這兩小無猜的感情，好到能穿一條褲子，自然是不用多說的。當年自己還是布衣的時候，常常因為惹上官司而躲躲藏藏，即便如此，盧綰仍跟隨在自己身邊。對於這個最親密的跟班，自己一直都沒有虧待過他，東擊項羽的時候，盧綰就官拜太尉。天下初定後，為了給自己的這位好哥們兒封個王，自己和朝中大臣沒少鬥心思。

可是眼下，盧綰在哪裡？為什麼不來看望我？

旁邊的侍者告訴劉邦：「陛下您忘了？盧綰在北方燕國，早在您平定陳豨叛亂時，他就與匈奴暗中往來，意圖造反哪！」

劉邦心中一陣失落，「盧綰造反，證據確鑿嗎？」

「陛下，前些時日，一些投降過來的匈奴人招供說，盧綰的使節張勝並沒有被處死，他此刻就在匈奴王庭呢！」

劉邦喟然長嘆：「盧綰果反矣！」

不行，自己辛辛苦苦打下的江山，絕不容許有任何人背叛。「樊噲呢？寡人命樊噲以宰相身分率軍攻打燕國，務必要活捉盧綰，押解到長安來見我，改封劉建為燕王！」

當樊噲領兵出征的時候，盧綰帶著自己的家屬和親信，跑到長城邊

上日夜等待著。劉邦是自己最好的哥們兒，自始至終，盧綰從沒有想過背叛，但他也深知兔死狗烹是權力博弈的必然結局，與匈奴暗中聯絡不過是保全自己的權宜之計，他想等劉邦身體好了，自己去謝罪，或許自己的童年玩伴還能饒恕自己呢。

樊噲才走不久，就有人在劉邦的面前說樊噲的壞話，說樊噲串通呂后圖謀不軌，意圖殺害戚氏母子。

戚夫人是自己最喜歡的女人，劉如意是自己最喜愛的兒子，樊噲竟然如此膽大包天！他強撐著病體，找來陳平命他去殺樊噲。

陳平面臨一個燙手的山芋。

劉邦現在就是一頭受傷暴怒的獅子，對身邊的所有人都充滿疑慮。樊噲不是一般人，既是開國元勳還是皇親國戚（樊噲是呂后的親妹夫），劉邦已經奄奄一息了，而呂后在朝中的勢力不可小覷，如果殺了樊噲，呂后會饒過自己嗎？

陳平在途中跟周勃商量，決定將樊噲押解進京，讓劉邦親自處理。

在生命的最後一刻，他還在憋著一口氣，想收拾掉最後一個隱患。這既是一個垂暮帝王的悲哀，也是一個暮年帝王的壯心不已。

自己這輩子啊，與天鬥、與地鬥、與人鬥，鬥到最後，雖然最終變成了孤家寡人，卻總算給子孫留下了一個還算太平的江山。這輩子，值了！

他又想起了呂雉。以前沒有留意，後來才發現，這個女人的權力欲十分強烈，如今在朝中早已權勢滔天，太子劉盈的地位已經穩固，只怕自己走後，戚夫人和劉如意的日子就不好過了。

可是，自己又能怎麼辦呢？沒錯，朕是一代帝王，貌似無比尊貴，卻也不能事事如意，甚至很多事都控制不了。

第十八章　未央風雲

一切已不可為，無所為，無力為。那就隨它去吧！

想到這裡，劉邦安然地閉上了眼睛。當呂后等人進去的時候，發現他在床榻上安靜地睡著了——已經永遠地睡著了。

四月，劉邦駕崩於長樂宮。

訃告一出，天下縞素……

盧綰聽到劉邦駕崩的消息，在長城邊上大哭一場，無奈地逃入了匈奴地盤——唯一還能聽他解釋、給他機會的人已經不在了。機關算盡，傷害的永遠是自己。

陳平聽到劉邦駕崩的消息，連夜趕進皇宮彙報情況。呂后對陳平的辦事能力稱讚有加，再加上劉邦本來也託孤於陳平，於是封他為左丞相。

回顧劉邦的一生，我們能獲得什麼？

只有四個字：永不言敗！

曾經有一篇文章，標題是：年少只知項羽勇，中年方懂劉邦難。

對比其他一流人物，劉邦幾乎可以說是一窮二白，四十歲了還討不到媳婦兒，在鄉里被人瞧不起。

劉邦起兵時，已經四十七歲了，他的一生並不順利，他遭遇過背叛、欺騙、失敗、失意。可是，無論遇到什麼挫折，在多麼難的境遇下，他都沒有放棄過。

半生戎馬奔波，年到半百，還未據寸土。劉邦痛哭過，但是擦乾淚，他又帶著弟兄們迎難而上，即便對手是有萬夫不當之勇的霸王項羽，他也從沒有畏懼過。

連續的失敗沒有消磨掉他的雄心，就好像他早知道自己能成功一樣。

如果不是拚命地堅持和努力，我們就不會在史書上看見這個名字了。他用超一流的努力和堅持，硬生生改變了自己不入流的命運，成為那個時代超一流的大人物，與秦始皇並列。

窮且益堅，不墜青雲之志。

我想，這就是英雄吧！

（全文完）

從酒徒到天子,赤腳帝王劉邦:

從「厚臉皮」到「真英雄」,跟著劉邦學逆襲,草根也能創造奇蹟!

| 作　　　者：朱耀輝
| 責 任 編 輯：高惠娟
| 發 行 人：黃振庭
| 出 版 者：崧燁文化事業有限公司
| 發 行 者：崧燁文化事業有限公司
| E - m a i l：sonbookservice@gmail.com
| 粉 絲 頁：https://www.facebook.com/sonbookss/
| 網　　　址：https://sonbook.net/
| 地　　　址：台北市中正區重慶南路一段 61 號 8 樓
| 8F., No.61, Sec. 1, Chongqing S. Rd., Zhongzheng Dist., Taipei City 100, Taiwan

電　　　話：(02)2370-3310
傳　　　真：(02)2388-1990
印　　　刷：京峯數位服務有限公司
律師顧問：廣華律師事務所 張珮琦律師

-版 權 聲 明────────

本書版權為樂律文化所有授權崧燁文化事業有限公司獨家發行電子書及紙本書。若有其他相關權利及授權需求請與本公司聯繫。

未經書面許可,不得複製、發行。

定　　　價:499 元
發行日期：2024 年 11 月第一版
◎本書以 POD 印製
Design Assets from Freepik.com

國家圖書館出版品預行編目資料

從酒徒到天子,赤腳帝王劉邦:從「厚臉皮」到「真英雄」,跟著劉邦學逆襲,草根也能創造奇蹟! / 朱耀輝 著 .-- 第一版 .-- 臺北市 : 崧燁文化事業有限公司, 2024.11
面;　公分
POD 版
ISBN 978-626-416-085-8(平裝)
1.CST: 漢高祖 2.CST: 傳記
622.1　　　　　113016778

電子書購買

爽讀 APP　　　　臉書